历史教育"新师范"建设丛书

丛书主编：黄牧航

JIAGUO QINGHUAI DE JIAOXUE SHEJI YU XUEYE PINGJIA

家国情怀的教学设计与学业评价

主　编：张庆海
副主编：周朝阳　李瑞锋　唐云波

―― 编 委 会 ――

主　编：张庆海（华南师范大学）
副主编：周朝阳（深圳市宝安区教育科学研究院）　李瑞锋（深圳市宝安第一外国语学校）
　　　　唐云波（深圳市教育科学研究院）
编　委：付华龙（深圳市宝安中学）　　　　　　　王　雪（深圳市宝安中学）
　　　　林　峰（深圳市新安中学）　　　　　　　熊　飞（深圳市新安中学）
　　　　李红玲（深圳市宝安第一外国语学校）　　彭雅琴（深圳市宝安第一外国语学校）
　　　　冯威娜（深圳市西乡中学）　　　　　　　喻芳芳（深圳市西乡中学）
　　　　吴浩亮（深圳市西乡中学）　　　　　　　隆国念（深圳市松岗中学）
　　　　卫　然（深圳市罗湖外国语学校）

广东高等教育出版社
Guangdong Higher Education Press
·广州·

图书在版编目(CIP)数据

家国情怀的教学设计与学业评价/张庆海主编. —广州：
广东高等教育出版社，2020.10（2024.7重印）
（历史教育"新师范"建设丛书/黄牧航主编）
ISBN 978-7-5361-6767-4

Ⅰ. ①家⋯　Ⅱ. ①张⋯　Ⅲ. ①中学历史课–教学设计
②中学历史课–教学评估　Ⅳ. ① G633.512

中国版本图书馆 CIP 数据核字（2020）第 089146 号

出版发行	广东高等教育出版社
	地址：广州市天河区林和西横路
	邮编：510500　营销电话：（020）87551597
	网址：http://www.gdgjs.com.cn
印　刷	广东海洋印刷有限公司
开　本	787 mm×1 092 mm　1/16
印　张	14
字　数	267 千
版　次	2020 年 10 月第 1 版
印　次	2024 年 7 月第 5 次印刷
定　价	43.00 元

（版权所有，翻印必究）

总序

2018年1月20日，中共中央、国务院印发了《关于全面深化新时代教师队伍建设改革的意见》。同年，广东省教育厅出台了《广东"新师范"建设实施方案》，着力建设广东特色"新师范"，助推广东省教育现代化建设。该方案明确到2020年，办好一批高水平、有特色的师范院校和师范类专业，形成在全国具有影响力的教师教育广东新模式，并提出了十大重要举措和三大保障措施。华南师范大学积极响应广东省教育厅的号召，及时推出了《华南师范大学"新师范"建设行动计划（2018—2022年）》。华南师范大学历史文化学院作为学校建校之初就存在的老牌院系之一，在这改革浪潮下，学院上下一心，锐意创新，决心希望通过历史教育"新师范"综合改革体系建设，办出高水平、有特色的历史师范专业，培养出具有道德规范和教育情怀的新时代历史教师。

我认为，用教师教育理念取代原有的师范教育理念，是"新师范"概念最核心的内容。教师教育是把教师一生的成长看成是一个持续发展的过程，在职前培养和职后培训上实现专业化、多样化、终身化和一体化，而不再局限于"完成式"或"终结式"的传统师范教育。在这个理念的指引下，师范院校在教师培养的对象、师资队伍、教学方式、课程内容、课程实施、课程评价、培养模式、培养体系等方面都会做出系列改革。

在"新师范"改革中，历史教师培养的对象将由主要服务于师范生向同时服务于师范生和在职教师转变。师范院校不仅仅是培养师范生的学府，还应该成为全省教师发展的教育智库、教育信息资源中心、教师能力测评中心和教师培训基地。

在"新师范"改革中，历史教师培养的师资队伍将由以高校教师为主转为高校教师、一线名师和优秀教研员的组合团队。与此同时，高校教师的身份又由原来单纯的学科教师向服务于教师教育的教师转型，由原来偏重于职前培养的教师向全面服务于职前培养和职后培训的教师转型。

在"新师范"改革中，历史教师培养的教学方式将由面授教学为主转为混合式教学。具体表现为线上学习与线下教学相整合，信息技术与学科教学相整合，虚拟学习与教学实践相整合。

在"新师范"改革中，历史教师培养的课程内容将由基于学科的课程转为基于师范生全面发展的课程。这就要求，必须改变原有的"学科专业知识＋教育学心理学"的课程内容，打破学科壁垒，重新打造新的教师教育课程，实现举全校之力兴教师教育。

在"新师范"改革中，历史教师培养的课程实施将由偏重理论讲授全面转为偏重实践的教育方式。在全省遴选优质的中小学校，建立教师发展中心，使之成为联结高校和中小学一线的平台，让中小学一线名师走上大学的讲台，让大学的教师深度参与中小学的教学管理工作，让师范生有更多的教学实践机会。

在"新师范"改革中，历史教师培养的课程评价将由单纯的学生、教学指导委员会评价转向基于大数据分析的多元评价。要建设教师教育质量监测平台，通过过程服务、过程管理、过程监控，全面收集、分析和公布教育信息数据，确保教师教育的培养培训质量。

在"新师范"改革中，历史教师培养的模式将由封闭性向开放性发展。师范生的培养，不再单纯依靠师范院校的力量，而是联合"高校—市县区教育发展中心—中小学校"的力量共同培养。

在"新师范"改革中，历史教师培养的体系将实行职前培养和职后培训一体化。师范院校不仅仅着力于职前的师范生培养，也致力于职后的教师培训，用职后培训倒逼职前培养，实行学历教育课程与非学历培训课程衔接学分互认，既全面提高师范生的培养质量，也帮助和促进在职教师实现终身学习。

在"新师范"建设的大好形势下，在新的改革思路的指引下，历史文化学院提出了系列的改革措施。本套丛书的编写，属于本科教学改革和教师职后培训改革的重要内容之一。

2017年，教育部颁行了《普通高中历史课程标准（2017年版）》。此后，根据新标准编撰的教科书在广东省若干所高中试教。2019年秋季，全国部分省区将使用新的高中教科书，2022年之前全国会全部投入使用。如何吃透课程标准的精神？如何使用好新的教科书？如何落实核心素养的教育理念？这都是当前高中历史教师迫切希望解决的问题。同时，学院的本科生和教育硕士，也急需了解课程改革的内容，按照新的课程目标来锻炼提升教学技能。为此，根据"新师范"建设的改革精神，我有以下四个方面的研究思路。

第一，以历史学科核心素养作为研究的主要内容。新的课程改革内容非常丰富，我拟以学科核心素养为抓手，带动整个新课程的教学研究。新的课程标准把中学历史学科的核心素养分为唯物史观、时空观念、史料实证、历史解释和家国情怀五方面。虽然在实际教学中，五方面的内容往往是同时并存的，但又确实可以相对独立。因此，我组织了五个研究团队，分别对五种历史学科核心素养进行研究，目标是以素养为切入点，带动新课程的整体研究。

第二，以教材的编写作为研究的平台。研究一个问题，必须有物化的成果。历史文化学院的领导高瞻远瞩，决定从2019年秋季开始，开设"中学历史核心素养的理论与实践"作为本科生和教育硕士课程。因此，我要求五个团队的研究成果要以教材的样式来呈现，直接作为本科生和研究生的教学用书。希望在校学生通过这一套书，基本掌握中学历史学科核心素养的基本内容和实施方法。同时，这套书还可以用作教师职后培训的用书，让广大教师了解以师范大学为主导的教学研究新成果。

第三，以高校教师、一线名师和优秀教研员的组合作为研究的团队。作为扎实有效的基础教育研究，高校、教研和中学一线教师等三支力量是缺一不可的。本研究的开展，是三支力量协同作战攻关的成果。在短短一年的时间里，各个团队既有分组的研究，也有合组的汇报；既有现场的研讨，也有网络的互动；既有高校的专家讲座，也有中学教师的授课；既有面红耳赤的辩论，也有解决问题的喜悦。大家都深深地感受到，三支力量是同等重要的：没有高校的引领，研究成果显得肤浅；没有教研力量的参与，研究成果显得盲目；没有中学教师的实践，研究成果显得空洞。有效地整合各方面的力量，也正是"新师范"追求的目标之一。

第四，以理论引领和实践创新作为研究的方法。中学历史学科核心素养的提出，是中学历史教学改革的重大变动。这里既包括深刻的学理内容，也包括艰难的实践尝试。如何在研究中实现理论与实践的结合，我们做了三个方面的努力：一是丛书的编写流程按照自上而下的顺序，即先由高校教师撰写第一章的理论阐释，中学教师再依据第一章的理念来总结实践的经验。二是高校教师和中学教师一起研究，突破实践中的难点问题。本丛书所呈现的内容都是中学实践中不可回避的难点问题，如课程的开发、教学的创新、试题的命题、教师的专业发展等。每个问题的解答，都蕴藏着高校和中学教师的智慧。三是把创新突破作为首要目标。核心素养的教学和评价，不能够穿新鞋走老路，不能在原有的做法上贴标签，要力图有新的尝试和创造。作为一个新的事物，我们不求完美，只求有新的做法。

  本丛书的编写，凝聚了一百多位高校教师、历史教研员和中学一线教师的心血。由于时间短、难度大，书中不完善乃至失误之处在所难免。在历史核心素养教学即将全面开展之际，我们暂不求交出一份尽善尽美的答卷，只求提出我们的观点和总结半年的教学实践。希望作为引玉之砖，得到广大读者的批评指正。

  本研究项目能够立项，得到了华南师范大学副校长、历史文化学院院长陈文海教授的鼎力支持，同时得到了广东省历史教研员魏恤民老师和广东高等教育出版社的大力协助。没有他们的帮助，项目不可能在短短半个月内立项启动，没有他们的指导，项目也不可能在短短半年内完成。我和全体参与丛书编写的老师常怀感恩之心，感谢所有支持中学历史教学研究的领导、专家和编辑！也常怀敬畏之心，深知历史教育研究的重要和艰巨，不愿拾人牙慧、曲学阿世，只求埋头苦干、竭尽所能，努力探寻历史教育的原理和规律。

黄牧航
2019 年 6 月于华南师范大学

目 录

第一章 家国情怀与中学历史教学的理论思考 ………… 1
第一节 生命教育与死亡教育 ……………………………… 1
第二节 民族与国家 ………………………………………… 11
第三节 人类命运共同体 …………………………………… 15

第二章 家国情怀素养与历史教师专业发展 …………… 23
第一节 历史教师家国情怀素养的基本特征 …………… 23
第二节 在阅读中提升家国情怀素养 …………………… 29
第三节 在交流讨论中提升家国情怀素养 ……………… 38
第四节 在研学旅行中提升教师的家国情怀素养 ……… 43

第三章 家国情怀素养选修课程的开发 ………………… 51
第一节 家国情怀素养选修课程开发的基本思路 ……… 51
第二节 家国情怀素养选修课程的开发实践 …………… 77

第四章　家国情怀素养与历史教学设计 ·················· 94

第一节　家国情怀素养历史教学设计的要求 ·················· 94
第二节　基于生命意识的教学设计案例 ·················· 112
第三节　基于家国情怀的教学设计案例 ·················· 124
第四节　基于人类命运共同体意识的教学设计案例 ·················· 143

第五章　家国情怀素养的命题研究 ·················· 160

第一节　家国情怀素养命题的内容 ·················· 160
第二节　家国情怀素养命题的方法 ·················· 190

后记 ·················· 216

第一章　家国情怀与中学历史教学的理论思考

　　《普通高中历史课程标准（2017年版）》（以下简称《课程标准》）明确地将"家国情怀"定为中学历史教育的核心素养，并把内容规定为："家国情怀是学习和探究历史应具有的人文追求，体现了对国家富强、人民幸福的情感，以及对国家的高度认同感、归属感、责任感和使命感。"这是历史学科的人文性在中学历史课程中的体现，是把三维目标中"情感、态度与价值观"的内容具体化和明确化，有利于落实历史教育中立德树人的根本任务，使学生成为关心国家命运、关注世界发展、德智体美劳全面发展的社会主义建设者和接班人。家国情怀素养的确定，既给中学历史教学提出了明确的目标，也提出了巨大的挑战。价值观教育不只是认知教育，更重要的是实践教育。无论是教师还是学生，都应该充分认识到历史学的教育功能，通过有效的教学和学习方式，把正确的世界观、人生观、价值观和历史观真正内化到自己的品格中、运用到自己的行动中。

　　《课程标准》除了规定了家国情怀的内容外，还间接地提出了生命教育和树立人类命运共同体意识的内容。我们认为生命教育、家国情怀和人类命运共同体意识是一个问题的三个方面，三者缺一不可，都是中学历史教育中情感、态度和价值观教育的重要内容。我们将依次进行论述。

▶第一节　生命教育与死亡教育

　　生与死的问题是人类共同的永久的命题。人类自有文明记载以来就有关于生死问题的思考和争论。人类对生命的尊重认知程度的提高，标志着人类

文明的进步与发展。

一、生命教育

如果我们问：生命的价值是至高无上的吗？恐怕没有人会给出否定的回答。但是，如果我们高呼生命价值的尊贵，同时又在教学内容和整体思维中贯穿"弱肉强食"的逻辑，生命的价值将得不到尊重而变得虚无缥缈。我们要认识到，历史的主体是人，人是历史的中心，而人的生命和生命价值又是人的价值的中心。这是指导历史研究和历史学习的重要原则。

关于历史是什么的问题和历史主体是什么的问题，许多史家做过大量的论述，笔者最认同的是两个经典的论述。

一个经典论述是马克思和恩格斯在《共产党宣言》中的论述——人类的发展目标就是为每个人的充分发展，"每个人的自由发展是一切人的自由发展的条件"[1]。共产主义思想中闪耀的人性的光辉贯穿两位伟人所有著述的每个观念之中。马克思和恩格斯所强调的不仅是史学研究的目的，而且是人类发展的目的——每个人的充分发展，他们将人作为历史的中心。刘同舫教授一直研究马克思主义与人类解放的关系，他认为马克思主义关于人的价值和人类解放的论述是非常全面的，而且人类自我解放的方式也是迄今为止最具可行性的。"马克思认为人的解放就是以'现实的个人'为出发点，以无产阶级为物质力量，以'每个人的自由发展'为前提条件，以'一切人的自由发展'为终极指向的现实的人的自我解放运动。通过这种运动，才能推翻那些使人成为被侮辱、被奴役、被遗弃和被蔑视的东西的一切关系，使人的世界和人的关系回归于人自身，只有当现实的个人同时也是抽象的公民，并且作为个人在自身的社会生活、个体劳动、个体关系中，成为类存在物的时候，只有当人认识到自己的力量并把这种力量提升为社会力量（不再把社会力量当作政治力量）的时候，人的解放才能完成。"[2]

另一个经典论述是法国年鉴学派的史学大师费弗尔对自己亲手创建的年鉴学派的研究宗旨的表述，也是其对史学宗旨的阐释。费弗尔将年鉴学派的宗旨阐述得非常清晰："历史是关于人的科学，是关于人的过去的科学，而不是关于物或思想的科学，所以，在历史这门学科中，我们需要了解的是：

---

[1] 中共中央马克思恩格斯列宁斯大林著作编译局. 马克思恩格斯选集：第1卷[M]. 北京：人民出版社，1995：294.

[2] 刘同舫. 理想与现实之间的人类解放境界[M]. 北京：人民出版社，2013：141.

什么是人，什么依赖于人，什么为人服务，什么表示人，什么证明他的存在、活动、爱好和存在方式。"年鉴学派另一创始人布洛赫则在《为历史学辩护》中写道："长期以来，我们曾共同致力于拓宽历史学的领域，为了使历史学更富有人性而并肩努力。"[①]他们将史学研究的目的确定为"人"以及与人有关的一切，但是，他所研究的人类的思想、物等，都是要证明人类存在的价值，证明人的存在的方式的。现代史学诞生以来，史学研究中一直有失去人性的不良倾向存在，有些人至今仍在声称：史学研究的目的是要还原历史的真相。笔者不是历史虚无主义者，我们承认历史的真实存在，承认历史的规律和人类认知的规律，但如果说历史研究的目的是还原真相，那么，笔者不敢苟同。因为这是19世纪上半期形成的科学史学对历史的误读，在马克思主义学院史学中已经得以排除。历史的真相是历史研究的基本点和基本原则，但史学研究的目的是要通过对历史真相的追求来探讨人类发展的规律和人类的解放，而不是冷冰冰的历史，即所谓"真相"。

历史评价标准中，对生命的尊重是历史评价的终极要素，是超越一切的标准。

在历史研究和历史教学中，人们只要对历史事物进行解释，就一定会以一定的标准看待历史事物。拥有不同的史观则必然对历史事物的解释使用不同的标准，即使持有同一种史观的史家对历史事物的解释也未必使用同一标准。比如，作为历史唯物主义的信仰者，我们坚持以对人的生命价值的尊重程度作为历史评价的第一标准，但有的学者未必同意这一观点。

在现在的历史研究和教学中，多少还是有一些误区，有些人认为评价和衡量历史事物的标准是历史的发展，而发展的标志主要以生产力的发展水平、制度建设的健全程度来呈现。这一观念并没有错，但使用应该有前提，即历史的一切发展都是以尊重人的生命为前提的，凡是以牺牲人类的生存权而获得的发展，均应放弃和被批判。因为人类发展生产力和建设社会制度为的是保障人的生存权和人的发展权，而违背人的生存权的任何做法都是反人类的。

《课程标准》有明确的进行生命教育的要求。如《课程标准》的模块二"经济与社会生活"明确提出的学业要求是自觉养成"珍爱生命的优良品质"；在"编制历史人物年表"的活动中也明确提出"要注意从个人生命史的角度进行梳理"。对《课程标准》的表述，我们应从四个方面去理解。

---

① 张广智. 西方史学史[M]. 上海：复旦大学出版社，2000：273.

第一方面是要认识到人是历史的主体，而人的生命是人的价值中心。我们现在所说的历史是指人的历史，没有了人，也就没有所谓的历史。德国历史学家卡西勒指出："历史现象属于一个特殊的领域：人的领域。在人类世界之外，我们不能在这个词的特殊意义上说历史。"① 正是人的活动构成了历史，而人存在的本质就是生命的存在。马克思在《1844年经济学哲学手稿》中指出："人直接地是自然存在物。……而且作为有生命的自然存在物。"② 在《德意志意识形态》中更指出："全部人类历史的第一个前提无疑是有生命的个人的存在。因此，第一个需要确认的事实就是这些个人的肉体组织以及由此产生的个人对其他自然的关系。"③ 换言之，没有了生命，就没有了人，也就没有了人类的历史。

认识到生命是最基本的价值，是人生其他一切价值的前提和基础，这对历史教育来讲异常重要。我们教导学生要尊重自己的生命，同时又要尊重他人的生命。对历史上所有蔑视、伤害和践踏生命的言行都要严厉地抨击和谴责。例如，有学者指出："今天我们的电视节目里的一些说史，或影视剧里的戏说，或一些史家的释史，确实存在一个相当严重的问题，那就是缺乏起码的良知，以历史必然性为幌子，赞美或美化历史上统治阶级的种种暴政或喜怒无常的暴虐行为。"④ 我们应该充分认识到，"对生命意义和价值的追求是人类社会演进的精神冲力"⑤，不但要从理性认识上把握生命的价值内涵，也要从感情上由衷地敬畏生命，从行动上真正地呵护生命。

第二方面是要认识到人的本质是劳动，同时也是社会关系的总和。劳动创造了人，这是马克思主义的经典命题。恩格斯在《反杜林论》中指出："人来源于动物界这一事实已经决定人永远不能完全摆脱兽性，所以问题永远只能在于摆脱得多些或少些。"⑥ 人和动物都具有自然属性，这是客观事

---

① 卡西勒. 符号、神话与文化[M]//何兆武. 历史理论与史学理论：近现代西方史学著作选. 北京：商务印书馆，1999：590.

② 马克思. 1844年经济学哲学手稿[M]. 中共中央马克思恩格斯列宁斯大林著作编译局，译. 北京：人民出版社，2002：105.

③ 马克思，恩格斯. 德意志意识形态[M]. 北京：人民出版社，2018：11.

④ 王加丰. 说史也要"以人为本"[M]//王加丰. 史学理论与中学历史教学. 北京：北京师范大学出版集团，安徽大学出版，2011：188.

⑤ 李从军. 价值体系的历史选择[M]. 北京：人民出版社，1992：1.

⑥ 中共中央马克思恩格斯列宁斯大林著作编译局. 马克思恩格斯选集：第3卷[M]. 北京：人民出版社，1995：442.

实。但除了自然属性外，人还具有精神属性和社会属性。人的自然属性是劳动中得到改造的自然属性；人的精神属性使人的活动不同于动物简单适应环境的本能，而是一种能动的、创造性的劳动；人的社会属性也是劳动的产物，因为一切劳动都是社会性的，都是社会劳动。马克思首先把人的本质和劳动联系起来，奠定了整个人学理论的科学基础。

人的本质是社会关系的总和，这是马克思关于人的本质的另外一个结论。马克思主义认为在社会之外是不存在人的，人始终是社会的人。

关于人的本质的两个结论，在马克思的思想体系中是有机联系的。"马克思的思维逻辑是：人们创造着自己的历史，历史不过是追求着自己目的的人的活动而已；为了创造历史，人们必须吃、喝、穿、住等等，必须从事物质生产劳动；人们在劳动过程中必然发生一定的社会联系，产生不以他们的意志为转移的社会关系；社会关系一旦形成又反过来影响和决定着劳动中的人和人的劳动。"[①] 劳动和社会关系，成为人的本质的一体两面。

理解马克思主义关于人的本质的论述，对历史学习中形成正确的生命观有重大意义。《课程标准》要求学生"从个人生命史的角度进行"学习，这意味着一个人的生命不仅仅表现为肉体存在的自然属性，更表现在他的精神属性和社会属性。离开了精神属性和社会属性，一个人与行尸走肉无异。拥有精神属性和社会属性，意味着除了自然属性外，人类有更高的追求。在中学阶段，我们学习历史名人的生命史，主要就是学习他们在各个社会领域中拼搏进取、创新奉献的历史，认识到今天我们所享受到的物质财富和精神财富，无一不是人类劳动实践的成果。在这些历史名人中，甚至涌现出许多为了国家和民族的利益而舍生取义、杀身成仁的英雄人物，他们在实现自己生命价值的同时，也为国家和民族留下了宝贵的精神遗产。

第三方面是要认识到，人类社会在不同的历史发展阶段有不同的价值形态，这些价值形态的本质内容还是对生命意义和价值的追求。有学者认为，在漫长的人类发展历史中，对生命价值的追求大致可以分为三个阶段——自然生理阶段、道德评判阶段和文化审美阶段。自然生理阶段是指人类进入阶级社会之前的历史，这一阶段人类要解决的核心问题是如何生存和繁衍，要解决的主要矛盾是人与自然的矛盾。例如，我们讲授原始人学会利用火、制作简单的工具等，都要从生命的价值和意义的角度切入，因为在这个阶段里人类所取得的每一个进步，都意味着生存的概率提高了，在恶劣的自然环

---

① 袁贵仁. 马克思的人学思想[M]. 北京：北京师范大学出版社，1996：94.

境中得以存活下来了。道德评判阶段包括奴隶社会、封建社会和资本主义社会等阶级社会的历史。随着生产力的提高,在这一阶段人类面临的主要问题是如何合理地生存,因为人与自然的矛盾已经退居其次,人与人、人与社会的矛盾跃居为主要矛盾。如何合理生存属于道德评判的范畴,整个社会的价值体系是以人类一部分人的价值观念为基础来构建,同时又以全社会的名义来发生作用的。例如,在奴隶社会,奴隶屡屡用于殉葬,这是奴隶主所认为的奴隶的生命价值的体现,而且被看作是一种"合理"的道德,甚至用法律的方式确定下来。从奴隶社会到资本主义社会,尽管人的生命价值日益受到重视,但一方面这是被统治阶级反抗斗争的结果,另一方面生命的价值又始终无法摆脱被打上阶级烙印的命运。因此,人类社会必将进入到文化审美阶段——实现共产主义社会。这一阶段将"以最完美的内容和形式体现全人类对生命本质意义及内在价值的和谐追求。在这个价值体系中,每个社会成员的价值存在将是一切人价值存在的条件。在价值的追求中,个人的创造性得到充分的发挥,个人的潜能得到充分的开发,个人的意识得到充分的实现。价值不再具有阶级的规定性,它只是作为一种社会文化形态;价值的追求不再受到利益的驱动,它展示的是一种审美的过程"[1]。因此,在一定程度上,对生命价值的追求贯穿于《课程标准》中的所有学习内容。

第四方面是要认识到对生命的尊重是历史评价的重要标准。在《共产党宣言》里,马克思、恩格斯明确宣布:"每个人的自由发展是一切人的自由发展的条件。"这里强调的是"每个人",意味着"每个人的自由发展不仅不是以牺牲他人的发展为代价和前提,反而是为其他一切人的发展创造有利条件",而"自由发展"则意味着"人与自然、人与我的最优整合、人与人的最佳融合以及人自身的生理与心理的和谐"[2]。西方历史学家也指出:"马克思主义理论是宣传以人为本位的研究方式的,根据这种方式,人被视为最高和终极的价值。"[3]

在中学历史教学中,教师经常会遇到以下的困境:"想评述16—18世纪资本主义的产生的历史学家和想评述无情地剥削工人的资本主义工业化的先驱们的行为的历史学家,面对的是两个不同的问题。在前一种情况中,那位历史学家可能会说资本主义的产生是一个进步的事实;而在后一种情况中,

---

[1] 李从军. 价值体系的历史选择 [M]. 北京:人民出版社,1992:189.

[2] 刘同舫. 马克思人类解放理论的演进逻辑 [M]. 北京:人民出版社,2011:205.

[3] 托波尔斯基. 历史学方法论 [M]. 张家哲,等译. 北京:华夏出版社,1990:647.

那位历史学家则一定会对人的苦难表现出同情。这是不是意味着一种价值评述的两重性呢？"① 其实，我们在承认社会进步的同时，也要看到在这过程中许多生命的个体所遭受的无情伤害。马克思、恩格斯在《共产党宣言》中承认："资产阶级在它的不到一百年的阶级统治中所创造的生产力，比过去一切世代创造的全部生产力还要多，还要大。"而恩格斯在《英国工人阶级状况》中对工人身体备受摧残则表示出极大的愤慨。马克思、恩格斯的论述思路非常清晰："只有具备了'每个人的自由发展'这个前提，才会有'一切人的自由发展'这个结果。但反过来却不一定成立，……即便整个'人类'在某种程度上能够'自由发展'，也不等于其中的'每个人'都能'自由发展'。"② 同样的道理，资本主义在某种程度上能够"自由发展"，并不等于每个人的自由发展，许多人甚至为此付出生命的代价。在进行历史评价时，我们必须尊重和维护人的生存权，对所有伤害人的生命的历史现象，都必须予以猛烈的抨击。

总之，人与生产力是两个截然不同的概念，作为评价事物的标准，它们的适用范围是有区别的：评价人类社会历史的第一标准是人，而评价人类征服世界能力的第一标准才是生产力。我们在评价不同的事物时应该使用不同的标准，不论二者的关系是多么的密切，终究不可以相互替代。也就是说，并非物质生产的进步不重要，而是它不能替代人作为历史评价的第一标准。③

二、死亡教育④

我们知道，一个民族的文化核心，以及任何信仰的核心内容之一是面对生与死的态度，对于生死问题的不同回答，构成了各民族文化的基本特征。死亡文化是民族文化的基本象征，同时，人类对死亡的尊重也是其文明程度以及文明特质鲜活的体现。

第一，死亡问题是各个民族文化的核心命题，对死亡的尊重与否是其文化成熟与否的标志。

任何民族文化，无一例外地都会有自己系统完整的针对死亡的态度。当

---

① 托波尔斯基. 历史学方法论 [M]. 张家哲，等译. 北京：华夏出版社，1990：647.
② 刘同舫. 马克思人类解放理论的演进逻辑 [M]. 北京：人民出版社，2011：119.
③ 张庆海. 中学历史教学中的史学理论问题 [M]. 长春：长春出版社，2012：16.
④ 湖南省郴州市第一中学的欧琼莹老师参与了有关死亡文化与中学历史教学的内容讨论和写作。

然，展现死亡文化的方式是多样的，如死亡传说、死亡习俗、宗教经典等。每个民族都有属于自己的死亡习俗和死亡传说，否则这个民族是否具备成为一个民族的条件都需要重新考量了。19世纪70年代以后，西方国家掀起了对自己民族传统的死亡习俗和传说的整理研究高潮，以示自己民族的独特性。法兰西民族就在此时对自己在高卢时期的死亡传说和习俗进行了系统的整理，通过建立大量的高卢博物馆以展现高卢时期的死亡文化，并从该角度进一步证明了法兰西民族的二元文化特性——基督教特性和高卢特性。同期的德国也对自己在日耳曼民族早期的死亡传说和习俗进行了深入的研究，其做法和目的与法国同出一辙，得出的结论也几乎一致。

第二，死亡文化的核心是尊重每个人的生命，每个人的死亡都是平等的，死亡面前人人平等。[①]

各个民族、各个国家的死亡文化都毫不例外地宣传死亡的平等性。当然，每种文化都会强调每个人都是必死的，死亡是每个人的归宿。有些研究者将这种说法简单地归为宿命论。"人人生而平等"这个观念最早是由基督教的金箴所提出，有学者认为："无论何时，你们愿意别人怎么对自己，就应该怎么对别人。"[②]不过这是以宗教信仰的方式所表达出来的。经过启蒙思想的传播，自由平等的观念逐渐被大家所接受，卢梭提出："人生而自由、平等。"这样的说法和想法对捍卫人权起着重大的作用。[③]《独立宣言》一开篇就阐述了天赋人权的原则，它指出："人人生而平等，他们享有造物主赋予他们不可剥夺的权利，包括生命、自由和追求幸福的权利。"[④]为了保护人们所享有的这些权利，所以需要成立政府，颁布法律。因此，我们现在所倡导的"人生而平等"，是被法律所保护的，不仅是在人格上，还有尊严和权利的平等。这超越了物质和民族，更超越了信仰。因为从一出生，无论你是何种肤色、何种民族，其实大家都是一个具有独立意识的个体，做人的资格是平等的，也都有做人的尊严，这是不容忽视的。

[①] 关于死亡传说和习俗的人文特征的分析，参见张庆海：《近代法国死亡传说与民俗中的乐观及尘世倾向：对〈近代法国人的死亡与彼世〉一书的思考》，载《世界历史》2003年第3期。该文对近代法国死亡传说和习俗进行了较为全面的文化分析，而其实近代其他国家的死亡传说和习俗具有与之极为相近的特征。

[②][③] 肖晚露. 浅论"人生而平等"[J]. 法制博览, 2013 (4): 306.

[④] 于玉宏, 李小虎, 张丽萍. 当代外国政治制度 [M]. 北京: 北京时代华文书局, 2016: 38.

[⑤] 张庆海. 近代法国死亡传说与民俗中的乐观及尘世倾向: 对《近代法国人的死亡与彼世》一书的思考 [J]. 世界历史, 2003 (3): 29-35.

在最早的一些传说中，被称作平等的神是"死神"，因为它对每个人都是公平的，无论贫穷或富有，它都是同等对待的。尤其是在一些西方文化的传说中，耶稣是教父，死神是教母，他们送给人类的礼物是每人都可以活200年。例如，法国就有大量的传说来证明死神对于每个人的公平性，而且在民众看来，死神已经作为一个备受尊敬的形象留在了人民的心中，因为"他是正直的，对富人和穷人一样，对国王和普通人一样"⑤。在历史长河中，我们的先辈受到无数的风吹雨打，经历了无数的天灾人祸，无论是富人还是穷人、男人还是女人、老人或是少年，这一切都不可避免。生命只有一次，人生而平等。

实际上，每一个生命都具有平等的生命价值，每一个生命的离开也同样令人难过，尤其是在国家的大灾大难面前，每一个人都是重要的，因此，很多国家对自己国家灾难采取纪念的方式是表示对死者的尊重，形成了各种的民族死亡文化。就像汶川大地震时，我们降国旗，全国哀悼，同样的，我们的国旗也可以为青海玉树的遇难者而降下，同样也能为舟曲泥石流的遇难者而降下，这些都是表示对生命的尊重，对人生而平等的肯定。更深层次的是，生命的平等还能超越国度，超越民族与仇恨。在抗日战争中，我们对侵略国土的日本人恨之入骨，但在这样的情况下，聂荣臻将军还能放下一切怨恨，在面对两个受难的日本小孩时，聂将军眼前只有两个鲜活的生命，他没有怨恨，毫不犹豫选择了救助。战争虽无情，但人是有人性与关怀的。对待死亡文化的态度，就是这个民族文化的文明程度。

很多时候，在评价历史人物时，过分渲染将领的历史功绩，对于人民群众所做的贡献视若无睹，更看不到底层群众的牺牲，以至于我们面对学生这方面的感触和疑问，教师经常哑口无言；同样的，出现问题时，一味把错误推到领导人身上。其实，无论哪种做法都是不可取的，人民与领导人始终是同等重要的。生命同等重要，责任也是同等重要。

人类之间的平等被广泛接受和赞同，但其实我们所忽略的还有人与自然之间的平等。因为人的生命也是大自然的一部分，脱离了大自然，没有大自然为我们提供的资源和营养，我们人类是无法存活的。习近平总书记强调大自然的重要性："青山绿水也就是金山银山"，他把大自然，把人类所居住的环境看作是一种财富。确实是，大自然本身就是一种财富，并且难能可贵，甚至不可再生。因此，人不仅要尊重自我和他人的生命，还要以同等的态度去对待自然。在历史长河中有这样一个细节：在二战中，德国法西斯围困了列宁格勒整整两年半之久，人们卖房子、卖首饰、卖家具，卖一切可卖之物来缓解温饱，却没有一个人去砍一棵树。在艰苦的岁月里，为了生存的人们却令人难以置信地没有去伤害任何一棵树木，他们保护着每一棵树。当战争胜利时，整个城市的树依然挺拔，绿叶遍布，他们在庆祝胜利的同时，也在讴歌人们的傲骨与博大的胸怀。① 他们是精神强健、人格高贵的人，他们把树的生命看作是自己的生命，体现了对生命的崇敬与敬畏、对自然的尊重与爱心。

第三，西方世界的死亡文化与中学历史教学。

在现实生活中，人们不仅忌讳死亡，更难以面对死亡。尤其是青少年，承受能力较差，对于意外、亲人的逝去更是难以放下，甚至一蹶不振。死亡教育的初衷是，希望学生能够正确认识死亡，意识到死亡的不可逆性，也让学生在了解死亡的真相后能更珍惜现有的生命，积极地探索生命，珍惜生命，并在现有的生命长河里绽放自己的光彩。

实际上，最初在美国，生命教育的出现是以死亡教育的形式所展现的。其实在很多国家，人们面对死亡的态度与中华民族的文化传统近似，以坦然的态度面对死亡的居多，其面对死亡的态度与其死亡文化有其独特之处。在他们的观念中，死亡是神圣的，尼泊尔的帕斯帕提那神庙作为世界文化遗产之一，是世界上有名的火葬场，中国游客称之为"烧尸庙"，尸体在这里焚烧，亲人们甚至就在洒满骨灰的河里沐浴，他们并不感到害怕，并且认为死后灵魂可以得到解脱，更是为逝者祝福、祈祷。作为世界四大文明古国之一的古埃及，也有着对生死的独特看法，他们根据太阳的升起、落下引申而来认为灵魂能得以复活，因此埃及的法老也会将尸体做成木乃伊等待灵魂降临而重生。虽然这种做法对于经过科学洗礼的现代人来说难以理解，但是从这也可以看出，他们对于死亡的态度并不畏惧，他们坦然面对死亡，甚至还富含希望，他们的态度更多的是对现实生活的热爱。

其实我们国家也很需要这样的教育，只是自古以来，我们的传统文化中就包含对死亡的忌讳，尤其在节庆日更为忌讳。

然而，人们对死亡的坦然态度，更多的是表达了对现实生活的热爱。在各国的传统文化中，其死亡传说和礼仪不仅表达了对死者的尊重，还有更多的习俗表达出对生者的祝福和对生的渴望。如死亡习俗中，每个环节的礼仪都贯彻了这一点，虽说这其中有迷信的成分，但其追求生和生命价值的积极态度是值得肯定的。

---

① 张素玲，巴兆成，秦敬民. 生命教育[M]. 东营：中国石油大学出版社，2007：50.

第二节　民族与国家

我们在中学、大学都接触过有关"民族""国家"和"宗教"等概念，以及与之相关的历史。我们都知道，学古代中世纪史需要懂一些宗教知识，否则古代中世纪史教学就没办法进行了。学习一些宗教史的常识是理解古代社会最基本的前提条件，不管是学习还是研究都需要学习宗教史，否则后续的学习难以深入，因为宗教文化已经渗入到社会生活的骨髓之中了。对于近代以来的社会，实际上存在一个去宗教化的过程，去宗教化有两种形式：一种是用民族形式和国家形式废除宗教的社会权力；还有一种就是用科学反对宗教的教义，即用科学来证明宗教的非理性、非科学性。

而要学习近现代历史，民族和国家的概念及其基本的历史就是学习的前提条件了。相比较国家的概念，民族的概念和民族的发展比较复杂，不同时期的民族是不一样的。令人遗憾的是，我们很难给"民族"下一个精准得令所有人都认同和满意的定义。现今所有的理论家都想给出一个精确的定义，但是迄今为止没有一个定义能够做到没有异议，因为在任何一个定义中都能找到有某个具体的民族历史或现实与定义相悖的案例，找到某个民族虽不具备定义里应具备的条件但却仍然被普遍认为已经构成一个民族的例外案例。比如，国内通用的定义，在《中国大百科全书》中也讲到该定义，美国史中经常讲到美利坚民族的形成，有几条标志性的民族形成条件：共同利益、共同市场、共同语言、共同地域。但这些条件并非适用于每个民族，如早期日耳曼人的民族没有共同市场，法语在 18 世纪末 19 世纪初才真正通用，流散的吉普赛人、犹太人没有共同地域等，但这些民族作为一个独立民族的地位是得到公认的。只要有学者提出一种标准、一个概念，有人就一定能够找到一个公认的民族并不符合这个概念和标准所规定的条件。可见，民族概念和民族本身的发展进程都具有历史的复杂性和独特性。

一、关于古代民族和现代民族

虽然我们无法给民族下一个准确的定义，但是对民族的特征进行一些概括还是能够做到的。民族的特征是非常丰富的，而我们首先要了解的是古代民族与现代民族的基本特征和相互差异。

（一）古代民族和现代民族的民族身份认同

古代民族主要建立在族群之上，而族群主要是以血缘关系为基础的；古代民族的另一个基础是宗教文化，因此古代的宗教一般是有民族性的，如伊斯兰教就是以阿拉伯人为基础的。再如，在中世纪，基督徒非常热心于转变犹太人的信仰，而且一般改信基督教的犹太人基本不会受到歧视，因为基督徒认为犹太人放弃了犹太教，就是放弃了民族属性和信仰，而与基督徒没有区别了。而对现在的民族来说，其形成的条件主要是民族认同，不管原来的族群是什么，从古代民族演进到现代民族过程中最重要的条件是形成民族认同，而且这种认同不仅是民族内部自己认同，还要其他民族对其民族身份予以认同。比如，中国人如果不认同自己属于中华民族就会被称作汉奸，即使自己不承认自己的民族属性，别人仍然会将其归属到这一个民族之中。移民到美国的人不会被认定为属于美利坚民族，移民在他国中有些职位是没有权利做的，即使获得了移民国家的公民身份，也会因为民族身份没有得到承认，而不能担任公共事业岗位。很多国家规定移民只有在第三代才能够被认同为本民族，将第三代之后的移民视为本土化了的移民。

（二）古代民族与现代民族的民族象征符号问题

关于民族身份还有另外一个问题，就是民族的象征符号问题，即谁可以作为民族的代表？我们不能拿现代民族的观念要求古代人。苏秦能佩六国相印；古代军事家孙膑是魏国人，在齐国当将军，带兵打败的是魏国，但是没人说他是魏奸；英法百年战争时期，法兰西的公爵却同英王并肩，与法王作战。那么，古代民族成员对民族的忠诚一般是向谁忠诚？岳飞精忠爱国，爱的是南宋小朝廷，是"忠君爱国"，忠君即是爱国。在西欧中世纪晚期和近代早期，即现代西方民族已经诞生之时，国王依然还是作为民族的象征的，如法国大革命之初，路易十六的王权并未被废除，人们在向宪法宣誓的时候也需要宣誓效忠国王。作为古代民族的族属成员，其忠诚属性是朝向一个神圣的权力，这个权力的代表就是世袭的王族和王权。

现代民族成员忠于的是民族国家，即民族国家本身就是民族的象征。抗战时期，我们才能提出蒋介石只是某个党派和某个阶级的代表，我们对民族的忠诚不是忠诚于某个个人，而是忠于民族、忠于国家。蒋介石错误地认为他是政权的代表，要求对他的忠诚。中共领导人瞿秋白被国民党政府宣判为叛国罪、试图颠覆政府，瞿秋白在法庭上为自己辩护时曾说，他承认反政府，但是不承认犯有叛国罪，因为反对当权者并不是叛国，并不是反对民族和国家。所以，现代的民族的忠诚是指的实体上的民族与国家，个人不代表民族和国家。

二、民族与国家的关系

民族和国家关系概念的混乱造成了当代世界许多国家民族关系的混乱，也有一些国家趁机以混乱的概念扰乱其他国家，如英国的北爱尔兰问题、法国的科西嘉问题、加拿大的魁北克问题等。而美国经常以民族独立建国概念要挟和干涉其他国家内政。要解决这些有关的民族与国家关系问题，就要从古代开始梳理二者关系的基本特征。

（一）民族和国家关系的基本发展历程

研究发现，古代民族和国家没有直接的必然的关系，就是说，一个民族可以形成若干个国家，一个国家也可以由若干个民族构成。古代日耳曼民族形成了若干个国家，而现代民族就很难这样，每个民族国家都要以统一的现代民族作为构成国家的主体民族，至少这是现代国家的追求。比如说，古代的国家当中，阿拉伯世界信仰一个真主，而这同一信仰之中建立了若干国家；基督教也一样，建立了若干国家。这说明，一个族群或者一个宗教下都可以形成若干个国家，每个国家内部都可以有若干个族群同时并存。而现代虽然存在多民族国家，但是现代国家之称为民族国家，民族国家一直在做一件事，即追求单一民族。比如，美国作为一个移民国家仍然要把来自各民族的移民融合为一个新的民族——美利坚民族（不过，即使经过美国人的努力所形成的美利坚民族，其民族地位依然受到学术界的质疑，有人认为美利坚民族实质上是政治经济利益共同体）。

古代民族是一个事实上的族群，现代民族则不一定，但现代民族仍然要追求一个共同的族群符号，比如我们中华民族叫炎黄子孙。虽然实际上从族裔方面看中华民族中很多人并不是炎黄子孙，汉族自己也并非都是炎黄子孙，因为这根本不可能，但是我们根据现代民族国家的需求一定要找一个共同的祖宗。古代民族在向现代民族转换的过程中，其最基本内容即是构建出一个现代民族的象征，即共同先祖。每个现代民族都会为自己找一个共同的先祖，而且这个先祖一定是具有神性的。炎黄作为中华民族的共同先祖是在清末民初才被普遍认同的，不是自古就有的，因为中华民族是近代才开始形成的，中华民族是现代民族。56个民族是古已有之的民族，是真正意义上的古代民族概念，在1840年之后中华民族概念才慢慢形成。孙中山原本在革命思想和策略上很激进，曾经提出带有攻击性质的口号：驱除鞑虏。而在短短的十几年之后，孙中山的观念就改变了，他不再提把满洲人赶走的主张，他认为满族人也是中华民族的一部分了。孙中山的民族观念和国家观念在这段时间实际上发生了很大变化。不仅孙中山本人，整个中国社会都在发生着民族观念和国家观念的巨大变化。

那么，为什么民族民主观念在广东发展得较为充分，为什么此地有最广泛的群众基础？

这里涉及一系列中学历史教学的核心问题，也是家国情怀素养中的部分核心问题。如为什么中国近代民主观念在广东发展较为充分？为什么中国近代早期的民主革命大多发生在广东地区？广东成为中国近代民主革命中心的原因是什么……笔者认为，中国近代的民主革命在广东地区发生，广东附近有这么多人投身民主革命，是因为广东有广泛的群众基础，是因为广东是近代中华民族观念发展较为充分的地区。

近代的从古代社会向现代社会转变的革命必然是民主革命。民主革命的过程一定是民族革命的过程，因为民主社会的基本单位公民本身就是民族的成员。公民的概念不仅是在民主的理念下的内容，也是民族理念的基础，民族成员是国家的当然公民，具有公民权。民族革命本身就是民主革命，二者合一，近代的民主革命必然是要解决民族独立的问题，这种独立不一定是要像美利坚民族一样通过独立战争从英国解放出来，民族独立战争只是一种民族民主革命的形式，中华民族不一定是打败了日本才叫民族革命。近代民主革命频发的地区一定是民族观念形成的地方，现代中华民族观念在东南沿海发展更为成熟。1949年所施行的民族化，本身就是一场民族革命建立的近代民主政权，不论是新民主还是旧民主，其必须是民主革命。

（二）民族的神圣性

任何民族对其自身来说都是神圣的，这种神圣性具有不可侵犯的特征。而民族的神圣性的缘起、依据和表现又是什么呢？

民族和国家的神圣性在于一个民族、一个国家之所以形成的理论和实践价值，这是形成一个民族国家的必要前提之一。而对于民族和国家神圣性的形成，需要在理论上完成构建。比如，卢梭在《社会契约论》中提出，形成国家的目的在于：国家能够保护每一个人，主权者才能将自己的某些权利交给国家；如果国家不能保护个人，那主权者就有权索回自己的权利。卢梭论述的目的是为了反对中世纪的政府、中世纪的民族和国家理论。但是中世纪的民族和国家理论与卢梭的理论还是有契合点的。马克思、恩格斯在《共产党宣言》中明确提出"工人无祖国"的论断，他们论证的依据是国家和政府是资产阶级的国家和政府，工人的权利没有得到保障，因此国家不属于工人而只属于资产阶级。它不仅是现代国家的基础、现代民族的基础，也是古代民族和国家的基础。

现代民族与国家的神圣性需要理论的建构，但要注意的是，当全体人民、一个民族一个国家都相信这个神圣价值,坚守这个价值的时候,就变成了集体的利益、实在的利益。但是真正的神圣性的最开始的前提是虚拟的,是理论构建出来的,而且经历了漫长的过程。这种神圣性不论是古代还是现代都是有条件的,虽然在宣传上是无条件的,但是在实际上的施行中——民族国家的神圣性一直是有条件的。为什么是有条件的?因为所有的现代民族都追求民族成员的平等性。因为一个新民族的形成需要宣传民族成员的平等,在民族中所有成员间没有差异。现代民主来源于现代民族的诞生,没有现代民族的形成即实现不了现代民主。现代民族是民主的前提。民族成员不平等怎么实现民主呢?当一个人的身份有着诸多的先天差异的时候就不具备平等性,民族成员一律平等才能够保证全民族共同维护其民族的神圣性。

现代民族宣传其神圣性,那么古代民族呢?古代民族内部是有等级存在的,但也宣扬民族成员的平等性,只是平等的内容不一样而已。比如,在古代,民族的平等在于对外的平等而不是对内的平等。现代国家仍然这样,只有被承认属于本民族才有这个民族国家的公民权。古代民族也一样,必须被认定属于本民族成员才能享有这个民族成员所享有的权利。因为现代民族国家更追求国内民族的单一性,所以排外性更强。因此,现代民主的适应范围是在本民族的范围之内。一个现代民族国家如果没有融合为一个现代的民族,则容易出现冲突和矛盾,如苏格兰和英格兰在从古代向现代国家转变的过程中没有真正融合为一个现代民族,这就为现代英国政治生活埋下了民族矛盾的祸根。因为现代国家是民族国家,如果有两个或两个以上的现代民族存在,那么,这个国家属于哪个民族呢?它的民族属性是什么?所以,从古代向现代国家转换过程中,其境内的古代民族需要融合为一个现代民族。因为现代民族的观念是:政权是民族政权,国家是民族国家。在现代民族国家中,政权为一个没有与本民族融合为一个现代民族的异族掌握,是绝对不能容忍的,这就是现代民族和国家的神圣性问题所导致的。

第三节 人类命运共同体

在新时代,我国适时提出了习近平新时代中国特色社会主义思想。该思想是我国现今发展的指导思想,在其中涉及一系列关于人类命运的共同性的课题。"人类命运共同体"概念的提出,是我国对人类发展理论的一次里程碑式的重大贡献,其对历史教学和研究也产生了重大的影响。在历史学领域，该理论对当代世界的主要贡献在于：革新了国家和民族乃至文明的理论和实践定位；革新了国际关系的基本准则；更新了历史发展的主体。由于国内学界对该理论的概念和相关内容已经进行了非常深入的探讨，而且一直还在发展丰富，所以我们在本节集中探讨人类命运共同体理论和理念与历史教学和研究的关系。

一、人类的共同命运是人类共同的福祉

人类发展史证明，人类一直在三种关系中转换挣扎：个人与个人的关系、个人与群体的关系、群体与群体的关系。几乎每个历史学家、政治学家都需要回答这三个问题，但是，作为个体的每个人的命运及这些个人组合而成的人类的命运，则没有在历史研究和教学中得到非常精确的表达。

（一）每个人的充分发展是人类文明的新的高度

人类的思想史，就是人类思考自身命运的历史。但是，不论人类历史上如何伟大的思想家，哪怕是古代西方思想的奠基人苏格拉底和亚里士多德，还是中华文明的奠基人孔子和孟子，乃至现代文明的创建人伏尔泰和康德等，他们关心的更多是人类相容的问题，有的虽有大同思想，但与人类的共同命运问题还是有所区别的。

马克思、恩格斯在《共产党宣言》这部经典的著作中已经讲明了人类历史的本质：每个人的充分发展就是共产主义。革命导师在毕生的追求中，都是在探讨人类如何走上每个人充分发展这一历史的正途的方式和条件。这是人类首次提出人类命运共同体的问题，并且指出了人类共同命运的方向和实现的基本方式，这是将人类作为一个命运的整体进行思考的创举。

在19世纪乃至20世纪的世界，要走上马克思和恩格斯所提出的人类命运共同体这一人类发展的唯一正确模式，其前提并不充分，甚至有较大的缺陷。首先，人类还没有从历史的重大灾难的教训中得到足够的启示。人类的惨痛灾难史，当然有来自自然的因素，即在人类较低生产力、较低的自我生产生存能力的情况下，人类所经历的一系列灾难，如欧洲中世纪延续了几百年的黑死病等。但是，给人类带来的各种灾难因素中，最为深重的是人类自我的认识局限。人类文明在进步发展的同时，也伴随着傲慢、偏执、暴力，终于造成了一战、二战这样的人世惨剧。可以这样说，自然带给我们的不幸是我们自己发展不足的结果，是无法接受却又可以接受的；而人类自我酿造的灾祸却是人类的自私和狭隘造成的，是人类不能接受的。尽管一战、二战后有所思考和改变，如德国的"去法西斯化"过程，但是，造成惨祸的真正根源并未得以肃清，反思的层面过于肤浅，导致人类冲突的因素甚至在

某些方面反而加深了，如不同文明、不同民族和种族间的冲突没有得到真正的清除。其次，人类文明的发展能力在20世纪前也没有为人类命运共同体提供足够的保障。这里所说的人类文明的发展能力，是指能为"人类命运共同体"概念的提出和实践提供支撑的要素，例如生产力发展水平和人类对自己在共同命运实践积累方面的要素等。要实现人类命运共同体的目标，哪怕是尝试性的全球范围的实践，都需要极为丰富的生产力水平作为保障。可以这样说，人类在21世纪前还没有具备这样的能力。仅就生产力发展水平而言，没有极高的生产力作为保障，人类命运共同体作为概念提出或许还有可能，在实践中却是没有能力达到的。例如，我们在21世纪的第二个十年提出了这个概念，并以"一带一路"作为实现这个理想的有效方式，这是在我们已经成为世界第二大经济体的前提下提出的，这样才有了实践的可能，否则"一带一路"是难以实现的，因为我们没有经济能力支撑"一带一路"发展中所蕴含的人类命运共同体精神的实现。否则，即使我们采取了"一带一路"的倡议，并与有关国家展开交流，其结果也肯定会局限于传统的经济交流方式，因为我们没有经济能力帮助其达到共同体的目的。

人类发展进入21世纪，生产力的发展水平已经达到了前所未有的高度；同时，人类在经历了一系列重大灾难尤其是两次世界大战之后，又经历了冷战的痛苦历程，对人类命运的思考开始进入新的时期。但是，要达成"人类命运共同体"理论的创建与发展，以及与之相适应的强有力的世界范围的实践，则需要很多条件，而且这些条件需要同时具备才能有所建树。这里我们主要强调两点：首先，需要一个理论和实践非常成熟的人民政党来提出并付诸实践。这里所说的政党，必须具备两个条件：一是必须是以人类解放为己任的政党；二是必须是有丰富执政经验和丰富理论建设的政党。从人类发展史来说，近代以来所形成的政党只有信仰马克思主义的政党才具有将人类解放作为己任的觉悟，这也是所有共产党之所以成为共产党的前提。在世界范围内，只有中国共产党执政的时间较长、经历的洗礼最多，执政经验最为丰富。其次，需要具有天下大同的传统价值的传统文化血脉延续。从文化传统看，提出人类命运共同体的概念需要与民族文化相契合。美国作为世界第一发达国家已超百年，其近代政治也延续了二百余年，但其文化基础很难使其提出人类命运共同体的概念。只有秉持优秀传统文化的国家，才能从人类整体的角度看待历史、看待人类的命运，这是最为广泛的民族文化基础，不是几个政治家能从书斋里空想出来的。

（二）只有每个人的充分发展人类才能有永久的良性发展

人类的发展史证明，每个人的充分发展理应成为人类的发展目标，但事与愿违，人类所创造的理论和所进行的实践一般都是为某些人或者某个国家的人服务的，人为地将一部分人和另一部分人对立起来，并为此提供了一系列理由，建立了似乎合乎理性的所谓理论及价值体系。人类很少将人类自身作为一个整体来思考人类的命运，思考作为一个整体的人类应建立和遵守怎样的规则，每个人在其中又负有怎样的责任，每个国家该负有怎样的责任和义务等。因此，这样的理论和实践的历史价值都是现实性的，因此不论其进步意义多大，影响多么深远，都难以具有人类发展的真理性。例如，作为启蒙思想家的伏尔泰在人类文明史上的地位毋庸置疑，但是，他却在19世纪晚期被种族主义的创始人如德吕蒙等供奉为种族主义学说的鼻祖。当然，会有很多学者证明伏尔泰的思想与种族主义在本质上是截然不同的，二者没有关联性。但伏尔泰之所以被德吕蒙等种族主义者所供奉，原因就在于伏尔泰的思想具有一定的狭隘性，他本人虽然不是种族主义者，但他在文化上鄙视非法兰西民族，其思想的出发点就不是全部的人类，更不是人类发展的共同体，而正是他对其他民族的不尊重，才导致德吕蒙等人得出如此的结论。

20世纪的社会主义运动和探索，本质上就是"人类命运共同体"应用于人类发展实践的艰苦尝试。20世纪的社会主义实践的本质，其实就是"人类命运共同体"的实践尝试，尽管其中存在有些与此理念相悖的情况，但就总体而言，是人类在经历了两次工业革命之后，即在生产力得到较大程度发展之后，所进行的一定限度的人类命运共同体的实践。在共产党执政之初，虽然也有建立人类命运共同体的信念并有一定的实践，但各国共产党所面临的和要解决的基本和紧迫的问题是国内的发展问题。社会主义国家大都是在相对落后的国家诞生的，其所要解决的紧迫任务主要有：一是需要极速发展生产力，以解决国内相对落后的社会生产和生活水平问题，有的国家甚至需要马上解决国民的生存问题；二是需要解决国内相对激烈的矛盾，由于生产水平较低，阶级矛盾相对尖锐，阶级对立严重；三是要应对国际上相对严峻的国际关系，由于落后国家抗击外来干涉的能力较弱，所以如何提高自身的国防和外交水平也是各国共产党的紧迫任务。在长达近一个世纪的发展过程中，许多社会主义国家基本解决了第一和第二个问题，即将国内的生产水平迅速提高到接近工业国家的水平，或解决了国内人民的生存问题。但面对资本主义国家集团的威胁，各国共产党的应对并未都取得良好的结果，甚至为此付出了惨重代价，有的国家的共产党因处理不当而丢掉了政权，对人类自我解放道路的探索就此终结。可以这样说，没有解决国内问题的共产党，也是没有能力提出和切实实践人类命运共同体这一重大的历史转折命题的。

从整个人类发展史来看，凡是没有将人类作为一个整体看待，没有将整个人类的解放看作己任的思想或实践，都不会建立与"人类命运共同体"相适应的制度、文化和国际秩序。仅以近代以来的人类发展史中的国内人民关系为例，在近代民主国家建立之初，即使激进的法国大革命所颁布的《人权宣言》，虽承认法律面前人人平等，但也承认事实上的不平等及其存在的合理性和合法性，如承认私有财产神圣不可侵犯就是承认了人类的不平等和没有将人类作为一个共同体的表现。笔者不是对"私有财产神圣不可侵犯"这一原则的近代进步意义有所怀疑，也不是主张财产平均主义，而是认为，在大革命时期的法国，由于生产力并不能保证每个人的生存权，所以一旦承认这一原则，则是承认有些人可以借手中的财产"神圣性"奴役其他人的合理性和合法性了，马克思和恩格斯对这种"神圣性"是坚决反对的。因此，不论是法律的制定，还是制度设计，乃至社会规则的形成，如果没有从人类整体的角度出发，其结果一定与"人类命运共同体"的要求背道而驰。

二、神圣的国家利益和荒唐的"美国优先"论

"人类命运共同体"的理论和实践，是中国人民的创举。这一伟大的创举，其理论核心之一就在于从人类共同命运的角度，重新定位国家之间的关系和国际社会的新准则，也重新定义了国家的性质和在人类发展史的新定位。从这个角度说，我国在新时代提出"人类命运共同体"理论和进行"一带一路"的实践，是国家间遵守和平共处五项原则基础上的又一次理论和实践的重大突破，是中国对现代世界、对人类发展的重大贡献，这标志着人类发展进入到一个从个体到人类整体发展的新阶段，是人类发展手段和文明进入新时代的重大里程碑式的突破。

（一）神圣而正当的国家利益

从人类共同体的角度看，每个国家都有存在的必要，也有各自存在的价值，而其真正的价值则在于共同为人类的发展提供途径和有力保障。由此，每个国家应建立与"人类命运共同体"相配合的新型国家关系。

首先，每个国家均有其正当的国家利益，这是人类历史发展的必然和正当的利益。也只有保障每个国家的最大合理利益，才能实现"人类命运共同体"的目标。何为国家的合理利益呢？国际关系法则在二战后有了较大发展，其在规则上承认了民族民主国家在国际上的基本利益，即国家主权利益。有关国家主权的规定，保障了各国在国际关系中的法律地位平等性，即每个国家独立处理内部事物的绝对权力以及相互关系中的独立性。我们认为，只有各个国家独立处理各自国家的内部事物，才有可能保障各自国家为其国民谋福利的能力，而后才能进一步保障为人类整体谋福利的能力。正如

我国在国际上有自己独立的国家地位，并有能力保障自己的权力不受其他国家的干涉，才有可能提出和实践"人类命运共同体"的理想。这里必须强调的是，每个国家都必须履行其国际义务，至少是国际关系准则对国家所规定的义务，以及每个国家所加入的国际体系和协约中所规定的义务，没有只享受权利而不承担义务的国家。以美国为例，自特朗普上台之后，先后退出了很多国际协约，既不愿意承担协约所规定的国家义务，当然也就不享有协约体系中所规定的其他协约国家所享有的权利。

其次，国家之间的关系需要从"竞争"走向"合作"。我们认为，"人类命运共同体"理论和实践，在当今世界，最大的贡献即在于对国际关系理论和实践实现了重大突破：国家的利益不再局限在本国，每个国家在享有传统利益的同时，也负有比以往更大更深刻的责任，即每个国家在人类命运共同体的建设过程中，都要根据自己的能力做出自己相应的贡献。也就是说，每个国家不仅不能只从自己的利益出发而伤害其他国家的合理、合法利益，而且要为"人类命运共同体"的建设积极主动地承担自己的责任，这就使评价国家在国际关系中地位的标准发生了重大转变，从国家的经济和政治军事地位转变为以对"人类命运共同体"建设所做贡献多寡和大小作为主要标准。看待国家地位的视角和出发点的转变导致国家地位标准和国家性质的转变。国家，不再是简单的传统的一国人民之国家，而是人类发展进程中某些人组成的国家，是人类的国家，这些国家必须履行作为人类的责任。在传统的国家性质和国际体系下，每个国家都需要参与国际竞争，竞争是这些国家参加国际事务的主要方式和生存手段，因为国家是某些人的国家，而不是整个人类的国家。因此，国家所承担的责任必然仅仅为这些人服务即可，至于是否对其他国家的人民有利或者造成伤害，则不是这些国家需要考虑的问题，至多需要遵守国际关系规则即可。而在人类命运共同体的视角下，每个国家需要考虑的不仅是自己国家的利益，而且要考虑自身的行为是否对人类的发展有利。而要达到这一目标，则必须彻底转变国家的交往方式，即使依然存在国家间的竞争，这种竞争也要从非此即彼式的竞争转变为双赢的竞争，对各自发展即人类发展有利的竞争。同时，国家间的合作成为最主要的国家交往方式，通过交流的手段达到合作共赢的结果，而只有合作共赢才符合人类命运共同体的要求。我国不仅在新时代提出了"人类命运共同体"的理论，而且进行了以"一带一路"为核心的实践，将"一带一路"国家纳入新的国家发展模式，这是对国家理论的新的阐释，将我国的外交准则从和平共处五项原则进一步提高到人类命运共同体的新高度，这也是我国外交政策在新时代的重大转变和发展。

（二）"美国优先"论对全球化的冲击

我国所提出的"人类命运共同体"理论和所进行的"一带一路"建设，惠及很多国家和地区，尤其是那些相对落后的国家和地区在建设过程中获得了较大的发展空间，并更深入地享受到世界发展的红利。但是，这距离实现真正的"人类命运共同体"的目标还有很长的路要走，万里长征仅仅是走出了第一步，即从树立"人类命运共同体"的意识做起。现在还有很多的国家和地区依然坚持原有的国家观念，甚至顽固地与"人类命运共同体"的目标相对抗，如美国所提出的"美国优先"观念和所采取的一系列相关政策，就是反对将人类作为一个共同体进行思考的典型做法。

首先，"美国优先"的实质就是民粹主义和极端民族主义的变种；"美国优先"是反人类的理论，是近代殖民主义者的国家理论，其必将对美国和人类造成灾难。美国提出"美国优先"的概念和实施相关政策，其实质是坚持近代以来形成的国家观念，把美国与其他国家对立看待，将美国利益与其他国家利益当作冲突的对象看待。从美国建国以来的外交史看，其所提出的"美洲是美洲人的美洲""金元外交""大棒政策""民族独立建国""冷战""人权高于主权"等外交政策和理论，都是基于美国国家利益提出的，都是依据当时美国在国际关系中的地位和利益提出的，所有的理论和政策都给国际社会带来一定的不良影响。无可否认，美国能够依据国际社会的具体情况提出符合美国人利益的政策，很多情况下的确给其带来了巨大的利益；但是，随着时代的发展，尤其是经历过20世纪的两次世界大战和冷战的痛苦经历后，世界需要新型的国际关系体系，需要在原有国际规则基础上建立新的国家交往规则，但美国的外交政策依然没有随着时代而做出相应的改变，仍在坚持传统的现代国家政治体系，即顽固地坚守自己的利益立场。这是其传统的民族国家意识和利益诉求在国家政策中的体现，是直接承继了自殖民扩张以来西方国家所追求的国际关系原则。

其次，全球化程度的加深和目的的改变是实现"人类命运共同体"的基本途径。进入21世纪，每个国家和地区在全球化进程中都以不同形式、在不同程度上卷入其中。当然，全球化的开始是由发达国家首先发动的，并在过程中拥有制定有利于自己国家的规则的权力，因此发达国家享受着全球化带来的惠利，有的国家借此加快了经济和政治等领域的发展步伐，如英国的工业革命就是借助殖民扩张才得以展开并由此成为世界第一强国的。与此同时，落后国家和民族则被迫卷入全球化的行列，而随着卷入全球化的程度加深和被殖民强度的加大，落后国家不甘于被奴役的命运而纷纷走上西方国家的发展道路，马克思、恩格斯在《共产党宣言》中明确指出，资产阶级"它迫使一切民族——如果它们不想灭亡的话——采用资产阶级的生活方式；它迫使它们在自己那里推行所谓的文明，即变成资产者。一句话，它按照自己的面貌为自己创造出一个世界"[1]。在这个时期，发达国家和落后国家都是全球化进程中的重要因素，但落后国家的进步和发展并非发达国家殖民的结果，而是落后国家自己通过全球化的规则，经历了艰苦奋斗的结果。在20世纪后半期，亚非拉国家纷纷独立，并形成了声势浩大的第三世界力量，在国际事物中逐渐扩大自己的发言权，以及制定国际规则的权利，现在的世界秩序中已经可以看到落后国家意志的体现。到21世纪，我国提出"人类命运共同体"概念，并付诸实施，其必要的手段就是通过改变全球化进程中的不良倾向，并加深各国的互惠交往。因此，这就要求在现有国际规则的前提下，逐渐剔除某些国家提出的所谓"优先"倾向，建立每个国家和民族共同发展的互利互惠的国际原则。只有这一原则确立，并得到国际社会的认可和实践，才能进一步实现"人类命运共同体"这一理想的发展目标。

---

[1] 中共中央马克思恩格斯列宁斯大林著作编译局. 马克思恩格斯选集：第1卷[M]. 北京：人民出版社，1995：276.

第二章 家国情怀素养与历史教师专业发展

《课程标准》指出，历史教学是培养和发展学生历史学科核心素养的基本途径。要实现基于历史学科核心素养的教学，教师须确立新的认知观、教学观和评价观，从知识本位转变为素养本位，努力将学生对知识的学习过程转化为发展核心素养的过程。[①]这里明确提出教师要从"知识教学"转为"发展核心素养"的观念与实践要求。观念先行，教师只有观念转变，才能够实现教学实践的转变。这就需要教师学习研究家国情怀，逐步涵养自身的家国情怀素养。教师具备家国情怀素养，才能够有效推进学生家国情怀素养的养成与发展，实现立德树人的目标。

本章主要探讨教师家国情怀素养涵养问题，研究教师家国情怀素养的基本特征，探讨教师家国情怀素养养成与发展的基本途径。

第一节 历史教师家国情怀素养的基本特征

研究教师家国情怀素养特征，首先需要理解家国情怀概念的基本内涵。《课程标准》指出，家国情怀是学习和探究历史应具有的人文追求，体现了对国家富强、人民幸福的情感，以及对国家的高度认同感、归属感、责任感和使命感。学习和探究历史应具有价值关怀，要充满人文情怀并关注现实问

---

① 中华人民共和国教育部. 普通高中历史课程标准（2017年版）[S]. 北京：人民教育出版社，2018：45.

题，以服务于国家强盛、民族自强和人类社会的进步为使命。[①]从中可以看出，家国情怀是三维目标中"情感、态度与价值观"目标的集中体现。请注意两个关键词"人文追求"与"价值关怀"，在本书第一章中我们已对其做了比较详细的阐述，如生命教育与死亡教育、民族与国家、人类命运共同体，比较全面地解释了历史教育所追溯的人文情怀，这是我们理解历史教师家国情怀素养特征的主要路径。

此外，第一章的论述主要基于哲学层面对家国情怀素养的根本性、本质性进行阐述，进一步扩大了家国情怀素养的内涵与外延。为了避免概念上的困扰，我们将家国情怀素养的内容对应做了基本分类：生命教育与死亡教育（生命教育）、民族与国家（家国情怀）、人类命运共同体。这个基本分类涵盖本章及后续各章。

本节所述是结合历史教师的职业特征等，从树立正确的人生观、涵养家国情怀、关注人类社会（人类命运共同体）三个方面探讨历史教师家国情怀素养的基本特征。

一、树立正确的人生观

具有家国情怀素养的教师的第一个基本特征就是树立正确的人生观，即尊重自己的生命，有积极向上的人生态度。人生观一般是指人们对人生的看法，也就是对于人类生存目的、价值和意义的看法，包含生命观、死亡观、苦乐观、荣辱观等对待人生的态度。教师对自身生命的追求集中表现在人生观与事业观（职业）方面。影响教师人生观的因素有很多，核心在于教师个人如何看待生命、如何看待自己的生命。

首先，积极的人生观体现为教师对自己生命的尊重。热爱自己的生命是尊重生命的前提，是对"国家富强、人民幸福的情感"的情感基础，也是人文追求的情感基础。"爱学生"是优秀教师共同具备的特征，这种"爱"的情感基础就是教师对自己生命的热爱。热爱自己生命有丰富的内涵，其中最为突出的是对生命价值的追求，对生命意义的思考。庸庸碌碌过一生，还是活出人生的精彩，这是许多教师自觉不自觉都要面对的思考与选择。

其次，积极的人生观体现在教师对他人生命的尊重。"爱学生"是教师尊重学生生命的情感基础，其发展集中反映在教师的事业观。仅仅爱学生不

[①] 中华人民共和国教育部. 普通高中历史课程标准（2017年版）[S]. 北京：人民教育出版社，2018：5.

足以表达教师的职业理想,还体现在教师有能力、有水平地推动学生素养发展。面对历史核心素养目标,有的教师无动于衷,有的教师则积极学习研究,努力进行教学实践探索。知行合一,努力践行,这才是教师对学生生命的尊重。

再次,积极的人生观体现在教师具有生命理想(梦想)信念。生命理想信念是相辅相成的统一体,理想是人们追求的目标,信念是人们朝着这个目标前进的意志和定力。王红霞认为"教师生命理想的意蕴"[①]是"教师首先是人的存在,人的存在是一种生命的存在。生命本质是一种精神性存在,理想是精神成长的驱动力。教师其次作为一种社会角色而存在,教师角色的最大价值在于'生命的示范性'。两种'存在'天然地要求教师将职业活动看作生命成长和价值实现的手段,以生命主体的自我完善去引导学生生命的发展"。因此,具有家国情怀素养的教师有自己的生命理想信念,有清晰的人生目标和职业规划,能够在繁杂的现实世界里辨别方向、识别善恶,抉择人生道路,把握人生的方向,建构自己的人生追求。所谓"学高为师、身正为范""言传身教",教师只有自己具备家国情怀素养,才能够有效地落实到教学,促进学生家国情怀素养的养成与发展。

具备积极人生观的教师,能够认识到历史课堂是教育学生、培养学生人生观的主要阵地,能够在课堂中将古往今来的历史发展历程和人物成长经历讲清楚,带领学生一起对事物发展的规律形成自主的认识,从历史的角度观察和思考人生,从而不断健全师生彼此的人生观。例如,有些人把人的生命活动过程看作是整个社会不断向前发展的过程,把对资本主义的消灭、共产主义的实现、利益为绝大多数人所获得作为人生的崇高目的,这是共产主义人生观;有些人认为人人都应该被尊重、被信任,人类社会应实现以人为本的最高价值,个人幸福、他人幸福和社会公共幸福都应该得到尊重,这是幸福主义人生观;认为社会进步的可能是无限的,人生就是在不断追求整个社会的进步,就是在追求人生价值的意义,对整个社会的发展抱有无限期待,这是乐观主义人生观;等等。

此外,还要注意批判消极的人生观。例如,有些人认为整个人生毫无存在意义,是一切苦难的源泉,各种烦恼与痛苦相互交织在一起,脱俗灭欲是解决一切的办法,这是厌世主义人生观;将一切罪恶的根源归咎于人的欲望,特别是肉体的欲望,主张对人欲的灭绝,实行自我约束,这是禁欲主义

---

① 王红霞. 教师生命理想的缺失与重建[J]. 教师教育研究,2017(6):16-22.

 家 国 情 怀 的教学设计与学业评价

人生观；等等。

列举各种人生观的观点之后，我们发现，正确的观念并不是单纯的某句话，或者某一两行科学性的解说。观念是无形的，呈现在每位教师身上又有不同，而言传身教却是一种力量。这种力量在教师和学生接触的每一节课堂里，渗透在教师批改学生的每一份作业里。观念的形成要靠长期的努力，尤其是我们教师长期的努力。

二、涵养家国情怀

合格教师的第二个基本特征是具有家国情怀。这里所讲的家国情怀，主要指《课程标准》中课程目标涉及的观念主题，即具有正确的国家观、民族观、文化观与历史观，集中体现为社会主义核心价值观，并形成强烈的信念追求。具有正确国家观、民族观的教师，对自己的国家、民族持有高度认同感和归属感、责任感和使命感，具有为实现国家富强、人民幸福、民族发展复兴所展现出来的持久的理想追求，具有对自己国家和民族，乃至整个人类社会前途和命运所表现出来的使命追求。可以说，具有家国情怀的教师应体现出教学和探究历史应具有的人文追求与社会责任。

《课程标准》指出，在树立正确历史观的基础上，从历史的角度认识中国的国情，形成对祖国的认同感和正确的国家观；能够认识中华民族多元一体的历史发展趋势，形成对中华民族的认同感和正确的民族观，具有民族自信心和自豪感；了解并认同中华优秀传统文化、革命文化和社会主义先进文化，认识中华文明的历史价值和现实意义；了解世界历史发展的多样性，理解和尊重世界各国、各民族的文化传统，形成广阔的国际视野，树立正确的文化观；认同社会主义核心价值观，认识走中国特色社会主义道路是历史的必然，树立中国特色社会主义道路自信、理论自信、制度自信和文化自信；能够确立积极进取的人生态度，塑造健全的人格，树立正确的世界观、人生观和价值观。[①]从中，我们可以明确家国情怀的基本目标追求。在今天，教师还需要深入学习，感知与领悟民族精神的深层内涵，进一步理解家国情怀的追求。例如，中华民族是具有"伟大创造精神""伟大奋斗精神""伟大团结精神""伟大梦想精神"的民族，中国人民建立了统一的多民族国家，创造了延续几千年的灿烂中华文明，形成了守望相助的中华民族大家庭等。

---

① 中华人民共和国教育部. 普通高中历史课程标准（2017年版）[S]. 北京：人民教育出版社，2018：6-7.

具有正确文化观的教师,能够增强对中华优秀传统文化、革命文化和社会主义先进文化的认同,增强对世界各国、各民族传统文化的理解和尊重。家国情怀是中华优秀传统文化中的重要组成部分,古代"修身、齐家、治国、平天下"的思想即是家国情怀的一种反映;"先天下之忧而忧,后天下之乐而乐""天下兴亡,匹夫有责"等思想,都体现了家国情怀的境界追求。教师需要深入学习研究,发展自己的文化观。例如,深入理解历史教育根植于中华优秀传统文化、革命文化和社会主义先进文化的土壤中,从优秀文化中汲取中国智慧的同时,还要面向现代化、面向世界、面向未来,从人类文明发展中汲取时代的营养等。

"从形态论的视角出发,国家语言是建构文化自信的基础教育形态,历史文化是建构文化自信的历史形态,革命传统是建构文化自信的政治形态,时代精神是建构文化自信的社会形态。"[1]在历史课堂上,无论是上下五千年历史长河中的文明成果,还是近代以来为民主、为自由的民主革命运动,抑或是新中国成立以来为了民族的伟大复兴而积淀的民族精神,都是我们取之不尽、用之不竭的素材。

三、关注人类社会

具有家国情怀素养的合格教师的第三个基本特征是关注人类社会的发展。课程标准关于这方面的叙述不多,大致有"以服务于……人类社会的进步为使命";"了解世界历史发展的多样性,理解和尊重世界各国、各民族的文化传统,具有广阔的国际视野,树立正确的文化观";"尊重世界文明多样性,以文明交流超越文明隔阂、文明互鉴超越文明冲突、文明共存超越文明优越";"能够把握……世界历史发展的进步历程,形成正确的世界观、人生观、价值观和历史观"等。上述这些叙述比较分散,立意并不明确。马克思在晚期的人类学笔记中提出了世界历史的观点,他认为世界有一个逐渐从民族史走向世界历史的过程,人们会逐渐突破地域、种族、国家的限制而成为世界公民。在今天,经济全球化已经让世界紧密相连,形成"你中有我,我中有你"的交融局面,人类面临的危机和挑战是全球范围的。因此,要从本书建构的"人类命运共同体"视域理解世界。

中国古代"世界观"意识不强,突出的是"天下观"。"天下观"是古代中国建构的观念,是以中国为中心,渐次向外围不断扩展的古典世界观。

---

[1] 许倬云. 中西文明的对照[M]. 杭州:浙江人民出版社,2014:249.

华夷之辨、五服制度、朝贡体系等都是这一世界观念的表现。尽管研究者已经揭示，中国古代的国际地位自认，与被认定的朝贡国家的承认之间并不吻合，但丝毫不影响中国历朝历代统治者对这一朝贡制度的践行，其根本则起源于"天下观"这一世界观念。自近代以来，中国的世界观不断发展，在今天形成了"人类命运共同体"的观念意识。

在"人类命运共同体"视野下，教师教学及研究历史就需要相应的人文追求与价值关怀。

首先，理解和尊重世界各国、各民族传统文化，汲取世界上其他国家与地区的历史文化营养。当今中国文化的发展，既要坚持文化自信、培养文化自觉，呵护中华文明的优秀传统，又要在全球化浪潮中拥有世界意识、"天下"意识，克服两极对立的思维模式，大胆借鉴、引进、消化世界优秀的文明成果；既要破除文化自卑心理、文化防御心理，又要防止简单的拿来主义、粗劣模仿照搬的态度；既要以宽阔的胸怀面对世界文明的多样性、在多种文化互鉴中博采众长，又要深深根植于本民族文化，了解传统、认识传统、发挥传统，维护好我们在世界民族之林中独一无二的文化身份。

其次，树立"人类命运共同体"意识，加深对整个世界的认识。我们对世界的认识建立在交流的过程中，而交流需要"人类命运共同体"意识。文明因交流而多彩，文明因互鉴而丰富。世界文明具有多样性，如同自然界物种具有多样性一样。各文明虽存在差异，但没有优劣之分，各种文明都包含有人类发展进步所积淀的共同理念、共同追求。不同文明之间的对话、交流、融合，汇成了人类文明奔流不息的长河。在多样中求同一，在差异中求和谐，在交流中求发展，是我们应有的文明观。

最后，以服务于人类社会进步为使命。人类社会进步集中体现于人类命运共同体意识，即相互依存的国际权力观、共同利益观、可持续发展观和全球治理观。这是中国顺应时代前进潮流、促进世界和平发展而提出的关于人类社会进步的中国方案，体现了中国智慧。这些观念是我们理解世界历史、结合现实理解人类社会的基本观念，相关的知识需要教师认真学习研究，落实到教学活动，以实现树立"以服务于人类社会进步为使命"的教学目标。

第二节 在阅读中提升家国情怀素养

家国情怀需要一个养成的过程，也是一个不断发展的过程。读书是提高教师家国情怀核心素养的精神食粮，是教师与文本对话、交流的过程，也是一种由被动的信息接受者转变为素养的主动获取者的重要途径。阅读不仅是教师获取知识的重要方式，也在一定程度上改变和重塑教师的精神、气质和品位，能不断增长职业智慧，促使教师历史地思考人生，滋养教师的心灵。

我们在教学实践和访谈中发现，为了向学生传授知识，完成教学任务，大部分教师在备课的过程中遇到很多知识性的问题，首先会求助于教辅资料，以便自己能够先学会，然后再传授给学生。这是现学现卖的"功利性阅读"。相比较"功利性阅读"，我们认为培养教师家国情怀素养的阅读应该称之为"涵养性阅读"。"涵养性阅读"是指长期来看能够改变教师的教育观念、加深教育理解、提高理论素养的阅读。这类阅读主要包括历史专著和期刊、文学类作品以及人物传记的阅读。

一、专著和期刊的阅读

正如学者在研究中发现，"一个好的历史教育家，必须拥有过硬的史学专业功底"[①]。学科专业知识，是教师专业化的根基，是教师知识结构中的主干部分，是教师形成家国情怀素养的基石。阅读名家专著，能够更深刻地了解中外历史发展概况，形成基本的历史认识和价值判断，开拓教育视野，提升教学理念，甚至会有醍醐灌顶、豁然开朗的感觉。历史教师的视界"版图"广度往往取决于他的阅读"疆域"宽度。潜心于博大而厚重的史学阅读，醉心于细致而精微的论文成果，是历史老师实现思想越狱和学养超度的最重要和最迫切的途径和源泉。与此同时，史学研究成果的前沿性、动态性、多元性和丰富性特点，也要求历史教师在史学阅读中具有敏感性、适时性、审辩性和兼容性。

第一类是关于生命意识的专著。正如德国哲学家克劳斯·黑尔德指出，我们生命意识其实是源自日常生活的："'日常地'，亦即每一天，在前一夜的睡眠之后，生命重又苏醒过来。……我们人是生命体。我们'日

---

① 黄牧航. 历史学科核心素养与历史教师的专业发展［J］. 历史教学，2016（1）：14-19.

复一日地'生活,因为我们每日都有新的经验;我们每日都重新经验到,某些需要必须得到满足,如若没有满足这些需要,我们就无法活下去。在这个意义上,我们的生命是与'日子'(Tag)绑在一起的。生命必须'日常地'得到实施。"然而,个人的生命意识毕竟是非常有限的,特别是未成年的学生,他们可能连家人的生老病死都没有经验过,根本无从形成完整的生命意识,因此我们只有通过阅读才能够让学生养成相对正确而完整的生命意识。

作为具有家国情怀的教师,我们不免会遇到学生要和我们讨论生命的意义和价值的情况,这个方面,维克多·弗兰克尔的作品就较有说服力。作为二战期间法西斯集中营长期囚徒的幸存者,维克多·弗兰克尔在被剥夺自由、亲人、尊严和所有外物的背景下,去询问集中营里的幸存者,最后还剩什么支撑一个人活在这个世界上?他在《追寻生命的意义》中写道:"我们这些曾经生活在集中营的人都还记得,有些人可以在棚屋中安慰别人,并拿出自己的最后一片面包。他们在数量上可能微乎其微,但是,他们提供了足够的证据证明,可以剥夺人的一切,但是,一件东西之外:人的最后的自由——在既定的环境中,选择自己的态度,选择自己的方式。"[①] "尽管诸如睡眠不足、食物匮乏和各种各样的精神紧张等环境可能表明囚徒将以某种形式作出反应,但是,最后的分析清楚地表明,囚徒成为什么样的人是一种内在的自我决定的结果,而不仅仅是集中营影响的结果。因此,从根本上看,甚至在这样的环境中,任何人都能决定他将成为什么——在思想上和精神上。甚至在集中营中他也可能保持人的尊严。……如果生活中确实存在着意义,那么这一意义也必然存在于痛苦之中,……没有痛苦和死亡,人的生命就是不完整的。"[②]

探讨此类问题的书籍大多以心理学和伦理学研究较多,如斯科特·派克《少有人走的路》(吉林文史出版社 2006 年版)、马斯洛《人的潜能和价值——人本主义心理学译文本集》(华夏出版社 1987 年版)、艾里希·弗洛姆《爱的艺术》(上海译文出版社 2019 年版)、塞利格曼《真实的幸福》(万卷出版公司 2010 年版)等。

养成正确的生命意识还在于我们对死亡意义的认识和理解,正如福斯特在《这受难的国度:死亡与美国内战》中所说:"如何同时理解一个人的死

[①] 弗兰克尔. 追寻生命的意义 [M]. 何忠强,杨凤池,译. 北京:新华出版社,2003:68.
[②] 弗兰克尔. 追寻生命的意义 [M]. 何忠强,杨凤池,译. 北京:新华出版社,2003:69-70.

亡之重要性与数十万人死亡的意义。约瑟夫·斯大林曾讲'一个人的死亡是一场悲剧；一百万人的死亡是个统计数据'……要理解这些数字的意义是很困难的，但想象一个人或二十个人惨遭杀戮的画面却是容易。……在惠特曼看来，这一个个士兵代表了真实的战争。"① 书中还引用了安蒂特姆国家公墓理事们在 1869 年所说的一句话："一个民族之文明与高尚的标志，就是它对死难者所展示出的体贴和关怀。"② 作者认为正是美国内战战士的死亡缔造了现代美国，战士生命的终结并不意味着他们彻底从幸存者的世界中消失，而是与国家、民族等宏大主题联系在了一起。

当然，我们还可以阅读维吉尼亚·李·伯顿的《生命的故事》，此书讲述自地球诞生以来，生命如何诞生，如何演变成今天的模样。正如书的最后写的那样："下面，轮到你的生命故事，你，来扮演主角。舞台已经布置好了，时间是此刻，地点是你所在的地方。正在流逝的每一秒都像新的一环，连接在无穷无尽的时间链条上。生命的故事像一出永不谢幕的戏剧，常变，常新，永远令人欣悦和惊奇。"阅读这本书，你也会被生命本身所感动。当然，你还可以阅读威尔·杜兰特的《落叶：关于生命、爱情、战争与信仰的遗言》，书中倾注了作者 60 余年的研究，探寻了人类生命和命运及整个人类社会的发展趋势。

正如黑尔德所表达的那样，人的生命意识来源于日常生活，但日常生活并不等于就是历史，人的历史意识是依靠记忆和理解人类世代的生存经历所形成的。我们如何借鉴别人的生活经验来弥补我们生活经验的不足呢？最有效的方法就是大量阅读和做记录。

第二类是关于家国情怀的专著。在中国起源演变的研究，对于每一位中国读者来说，"中国"和"中国人"都是早就习以为常的称呼。然而，在历史学家眼中，"中国"一直是一个富有动态、不断变化和拓展的概念。围绕"中国"一词内涵外延的演化过程，海内外有相当多的精彩论著进行探讨，如葛兆光先生在《宅兹中国》说："今天的我们认为'中国'是世界各国中的一员，认为世界是一个多国并存的体系。但在中国历史上，我们的祖先曾经长期认为中国就是天下，就是一个没有边际的世界。"③

---

① 福斯特. 这受难的国度：死亡与美国内战 [M]. 孙宏哲，张聚国，译. 南京：译林出版社，2016：255-256.

② 福斯特. 这受难的国度：死亡与美国内战 [M]. 孙宏哲，张聚国，译. 南京：译林出版社，2016：57.

③ 葛兆光. 宅兹中国 [M]. 北京：中华书局，2011：31-33.

另外，还有许倬云关于"中国"演化史的三本书：《万古江河：中国历史文化的转折与开展》《我者与他者：中国历史上的内外分际》《说中国：一个不断变化的复杂共同体》。在《说中国：一个不断变化的复杂共同体》中，许倬云从政权、经济、社会和文化观念四个关键方面，梳理中国的广土众民如何形成一个坚实的共同体，分析我们为什么会自称"中国人""中华民族"，外国人又为何称中国人为"汉人""唐人""华人"。作者在分析"汉人"代替了"秦人"成为中国的另一名称，甚至于后世的唐、明皇朝都不能取代"汉人"的原因时说："秦汉的中国已经凝聚为一个巨大的政治经济和文化的复杂系统，政治力量的渗透达到底层，经济力量将全国纳入一个巨大的网络中，文化共同使用一套文字系统，儒家正统观念的确立，这些使得中国在内部逐渐聚合成坚实的共同体，而对外也具有强大的自卫能力和吸引力。生活在巨大网络里的主要人群，就是'汉人'。"①

王明珂先生在《华夏边缘》中则从"中国人族群边缘的形成、维持与变迁"的角度论述"何为典型中国人"。他认为，决定"华夏"或者"中国人"概念的，并不在于"华夏民族"的客观文化特征，而在于戎、蛮、夷、狄等围绕在"华夏"周边的那些"边缘族群"。同样的，造成"华夏民族"内涵变迁的动因，正是这些"边缘族群"在3 000多年内的不断变化。对华夏的界定，采以绘画"烘云托月"的手法，有别于华夏中心主义的传统视角。与此同时，姚大力在《追寻"我们"的根源：中国历史上的民族与国家意识》中也认为"中国"这一概念是有多样性的，同时存在着"外儒内法的专制帝国和内亚边疆帝国"两种国家建构模式，认为以"华夏"为核心的中华文明，在接纳其他民族的同时，也在不断重新书写与凝聚自身的认同。民族不是一个血缘或血统概念，它本身就是文化概念。民族认同具有强大持久的精神引力。现在它已成为人类最为坚持的少数集体身份的归属范畴之一。②

当我们谈起历史上的中国时，它与我们现在所身处的中国是一种怎样的关系？对于很多历史学者和历史教师来说，这个问题具有永恒的魅力。中国古代王朝留下来的广袤疆域，不仅仅带给国人自豪与光荣，世代生长发展于兹的众多民族及其彼此交融的过程，也在历史与现实之间开拓出耐人寻味与

---

① 许倬云. 说中国：一个不断变化的复杂共同体［M］. 桂林：广西师范大学出版社，2015：90.
② 姚大力. 追寻"我们"的根源：中国历史上的民族与国家意识［M］. 北京：生活·读书·新知三联书店，2018：148-152.

值得思考的空间，令今人去追溯历史曾如何被想象与理解，而它又如何形塑了今天的中国。黄兴涛在《重塑中华：近代中国"中华民族"观念研究》一书中，以"中华民族"一词的出现、内涵的演变及其传播为线索，对清末民国时期"中华民族"观念的萌芽、形成、变异和认同的重要历史过程，展开了全面而深入的自觉探索，对各个时期体现或影响这一观念的关键因素，如体制、政策、代表性人物的思想与著述活动等，进行了较为系统、简明的梳理和分析，进而结合对"民族"概念的认知，深入讨论了中华民族认同过程的历史特点与性质问题。换句话说，这本书揭示了中华民族理念由自然到自觉的发展过程。

我们还可以阅读冯友兰《中国哲学简史》、许纪霖《家国天下：现代中国的个人、国家与世界认同》、暨爱民《国家认同建构：基于民族视角的考察》、陈旭麓《近代中国社会的新陈代谢》等书籍从更广阔的角度来理解中国和中华民族发展演变的历史。我们还可以阅读马克垚的《世界文明史》、吴于廑和齐世荣主编的《世界史》（六卷本）、董正华的《世界现代化进程十五讲》、陈乐民的《欧洲文明十五讲》、资中筠的《冷眼向洋：百年风云启示录》、齐世荣主编的《15世纪以来世界九强兴衰史》、纳扬·昌达的《全球化的故事》、费孝通的《全球化与文化自觉：费孝通晚年文选》，以及张国刚的《胡天汉月映西洋：丝路沧桑三千年》等书籍，了解在追求人类社会进步方面所进行的研究。

一些好的期刊论文也能够帮助我们认识和理解家国情怀。郭富斌教师的《精神成长的十个界碑》，就是对教师阅读史和精神成长史的梳理。读书为郭老师自身学养和教学风格留下了深深的印记，奠定了最初的精神底色。他从影响自己精神成长的十本书写起，从一套启蒙思想的书"走向未来丛书"、一本引发对传统社会主义思想的书《让历史来审判：论斯大林和斯大林主义》、一本买了四次的书《激荡的百年史》，到一本一见钟情的书《近代中国社会的新陈代谢》、一本相见恨晚的书《史学名篇》、一本仰望星空的书《不结果实的智慧之花：西方哲学的唯心主义选评》、一本打下教育底色的书《教育的艺术》、一本适时出现的书《时宗本中学历史课堂教学》、一本穿透历史的文学书《九三年》、一本引发对命运思考的书《痛苦与狂喜：众神之巅》，梳理了自己精神成长的十块界碑。他认为"如果一个人从来没有感受过人性光辉的沐浴，从来没有走进过一个历史人物丰富而美好的精神世界；如果从来没有读过一本令他激动不已、百读不厌的人物传记；如果从来没有过一次和历史人物刻骨铭心的对话和体验，从来没有一个令他怦然心动的历史人物作为他的精神导师，……那么他就从来没有受过真正的、良好的历史教育。"①②③ 这种历史教师的使命感意识恰好是教师家国情怀培育的起点，而这起点则起于教师的阅读。

二、文学作品的阅读

这类书籍能够丰富教师的人文情感，塑造教师的价值观、世界观和人生观，对教师家国情怀的培养有重要作用。因为家国情怀毕竟不同于单纯的知识教学，它包含了更多情感、态度、价值观的内容。文学家对事物观察和描写的细腻程度远胜于历史学家，灿若星河的文学作品有着丰富的家国情怀内涵，古书万卷，字里行间都是"家国"二字，名言警句，信手拈来的也是这"家国"之情，无论是《论语》中"修身、齐家、治国、平天下"的志向，还是《史记》中"常思奋不顾身，而殉国家之急"的担忧，以及《过零丁洋》里的"人生自古谁无死，留取丹心照汗青"的家国责任感，还是《自题小像》中"我以我血荐轩辕"般对中华民族的深情大爱，当一个人把自己的命运和家国的命运联系在一起的时候，作品才可以千古传唱，才会有一种崇高的美感。

古诗词作为我国经典文学的重要组成部分，作者往往通过多种多样的手法与丰富的形式展现内心丰富的情感和极强的家国情怀意识，如古代诗篇中"出塞""入塞"等大量的塞上篇章，都蕴含着浓厚的家国情怀。"塞"作为古边界的险要之处，孕育了大量关于边塞生活的诗歌。出塞主要表现将士从内地出征到边塞去的内容，入塞主要表现将士从边塞返回家乡的内容，"塞上曲"和"塞下曲"主要表现将士边塞生活的内容。这些诗歌都充分表现了军中战士和文人对家国情怀的感悟。如："秦时明月汉时关，万里长征人未还。但使龙城飞将在，不教胡马度阴山。"（唐·王昌龄《出塞》）"汉家旌帜满阴山，不遣胡儿匹马还。愿得此身长报国，何须生入玉门关。"（唐·戴叔伦《塞上曲二首·其二》）"年少辞家从冠军，金鞍宝剑去邀勋。不知马骨伤寒水，惟见龙城起暮云。"（唐·王涯《塞下曲二首·其二》）"夜战桑乾北，秦兵半不归。朝来有乡信，犹自寄寒衣。"（唐·许浑《塞下曲》）"军歌应唱大刀环，誓灭胡奴出玉关。只解沙场为国死，何须马革裹尸还。"（清·徐锡麟《出塞》）

---

① 郭富斌. 精神成长的10块界碑（1）[J]. 中学历史教学，2016（8）：4-8.
② 郭富斌. 精神成长的10块界碑（2）[J]. 中学历史教学，2016（9）：4-7.
③ 郭富斌. 精神成长的10块界碑（3）[J]. 中学历史教学，2016（10）：4-7.

毛泽东诗词反映了中国共产党的奋斗历程，包括土地革命战争、长征和到达延安初期、抗日战争、解放战争四个阶段，他的诗词真实记录了当时的场景。《菩萨蛮·黄鹤楼》反映了革命前期毛泽东对大革命前途的担忧，心境十分苍凉。毛泽东在长征时期一共创作了六首诗词，分别是《忆秦娥·娄山关》《十六字令三首》《七律·长征》《念奴娇·昆仑》《清平乐·六盘山》《六言诗·给彭德怀同志》。这些诗词反映了红军战士经历的千难万险，以及不屈的奋斗精神、浪漫的革命乐观精神。《四言诗·祭黄陵文》表达了中国共产党誓死以武力抵抗日本侵略者的决心。《五律·张冠道中》真实地反映了红军战士转战陕北时艰苦的战斗历程。《五律·喜闻捷报》歌颂了西北野战军收复蟠龙失地，解放区军民转入大反攻的事迹。这些诗句都记录了中国共产党艰苦奋斗的历史进程。

由家国情怀衍生出来的无数经典名篇，被后人反复吟唱，成为民族前行的驱动力。在经典的文学作品中，可以看到诗人对家国的眷恋、对民众的热爱、对自身遭遇的承受，以自我的篇章作为民族情感共同体的承载，引发着民众的情感与理性共鸣。哪怕是金庸的武侠小说，也能让我们懂得"侠之大者，为国为民"的家国情怀。

教师的阅读，除了要读出专业的知识，读出教育的思想，更要读出人生的感悟，读出教师的个性，读出为人师表的真谛。而家国情怀素养本身包含了更多情感态度价值观的内容。教师只有自己内心和精神世界充盈了，才能够去影响学生的精神世界，步入文学和哲学的殿堂，拥有美好的情感和诗意的人生。因此，那些能够涵养教师丰富情感的文学类书籍，以及能够塑造价值观、世界观和人生观的哲学类书籍，同样是教师家国情怀核心素养养成的重要途径。

三、人物传记的阅读

在人类文明发展史上，每个时代都会有在各个领域创作出惊世之作的伟人，他们所留下的宝贵的文化遗产和精神财富，既没有时空界限，也没有地域之分，像星斗辉煌于当时，也像阳光灿烂于今天。他们所留下的杰作已成为全人类共同的宝贵财富，人类文明史的一页页也是由许多大师承接起来的。每个如雷贯耳的名字，都代表着一座知识领域的高峰，正是他们不同凡响的创造，成就了人类文化的鸿篇巨制。

由北京工业大学出版社出版的《30部必读的名人传记经典》，从国学、西学、中国文学、外国文学、诗歌、名人传记、谋略、修身处世、心理励志、科普、管理、经济、投资等领域各选取了几十位最具影响力的大师，他们是精神的引领者和行为的楷模。他们对祖国民族的深情大爱影响着一代又一代的人。尽管他们与我们生活在不同的时代、不同的国度,说着不同的语言,却可以使我们的人格得到提升,生命得到重塑。

由湖南文艺出版社出版的《南渡北归》,被称为中国近代"一代知识人的家国痛史"。"三部曲"全景描绘了抗日战争时期流亡西南的知识分子与民族精英多样的命运和学术追求,是首部全景再现20世纪中国最后一批大师群体命运剧烈变迁的史诗巨著。所谓"南渡北归",即作品中的大批知识分子冒着抗战的炮火由中原迁往西南之地,而后再回归中原的故事。"貌似一样怜才曲,句句都是断肠声"。对于西南联大的学人们来说,在苦苦忍受战争带来的痛苦之外,他们还肩负着更加重要的使命——为国家保留最后的读书种子。《南渡北归·南渡》是第一部,描述了抗战爆发前后,中国知识分子和民族精英的生活,以及从敌占区流亡西南的故事。它突出地描写了蔡元培、胡适、陈寅恪、傅斯年、梁思成、李济、林徽因、金岳霖、梅贻琦、冯友兰等大知识分子的生活、学术、精神与情操,搜罗宏富,规模宏大,意旨宏远,堪称中国知识分子抗战时期的群像。《南渡北归·北归》是第二部,着重描述了抗战胜利前后,流亡西南的知识分子的学术追求、思想变化与不同的人生遭际,突出地再现了董作宾、李约瑟、童第周、陶孟和、沈性仁、梁思永、蒋梦麟、闻一多、刘文典、罗庸、郑天挺、吴晗等中外知识分子,在民族危亡的艰难岁月里,颠沛流离,不屈不挠的坚强意志。《南渡北归·离别》是第三部,描述了流亡西南的知识分子,在回归久违的故土家园之后,因内战爆发和各自的政治歧见,不得不忍痛离别,遥天相望,以及在海峡两岸不同的生活环境和政治氛围中所遭遇的命运剧变。除述及迁往台湾的几位大师级人物,第三部则着重描述了留在大陆的吴金鼎、曾昭抡、曾昭燏、陈梦家、穆旦、向达、叶企孙、饶毓泰、吴宓、钱锺书等知识分子,不同的政治追求与家国情仇。

《父亲的失乐园》也是一本很有启发的书。书中描写了一位美国当代青年的寻根之旅,他追溯了一个库尔德犹太家族四代60年的历史,地域横跨伊拉克、以色列、美国三个国家。作者在寻根之前,对整天埋首在书堆中的父亲充满了鄙视和嘲讽:"父亲习惯穿着一件磨旧的浴袍,整天坐在家中的办公室里用亚拉姆文在索引卡上写下一些隐晦难懂的注解;我则整天在偌大的后院里跟一群玩滑板的哥们儿一起打造起跳台。父亲说的是荒腔走板、错误百出的怪腔怪调英语，我说的则是油腔滑调的加州英语。"① 但经历过深入的寻根之旅后，他才知道了祖父辈们波澜壮阔、刻骨铭心的民族历史，了解了父亲奋发图强、感人至深的个人奋斗史。"我告诉父亲，他才是那个十二岁就跨越国界求生存的人。他勇于放弃国籍，发奋学习新的语言，成功摆脱贫穷，成为美国的知名大学教授。他一生都在暴风雪中冒险攀越喜马拉雅山，而我不过是个被宠坏的郊区中产阶级小孩到迪斯尼搭云霄飞车。"② 至此，他完全理解了父亲的经历和追求，也理解了自己今天的生活是何等来之不易，两代人之间的时空冲突，由于深入的理解而化解。

齐邦媛的《巨流河》（生活·读书·新知三联书店 2012 年版），以满怀深情的笔调记录了两代人从巨流河到哑口海的故事，郭松龄在东北家乡为厚植国力反抗军阀的兵谏；抗战初起，二十九军浴血守卫华北，牺牲之壮烈；南京大屠杀，国都化为鬼蜮的悲痛；保卫大武汉，民心觉醒，誓做决不投降的中国人之慷慨激昂；夺回台儿庄的激励；一步步攀登跋涉湘桂路、川黔路，奔往重庆，绝处逢生的盼望；在四川、在滇缅公路上誓死守土的英勇战士的容颜，坚毅如在眼前；那一张张呼喊同胞、凝聚人心的战报、文告、号外，在作者心中仍墨迹未干……作者给我们讲述了一个埋藏着巨大悲伤的时代，同时也是所有中国人引以为荣的，真正存在过的，最有骨气的中国。

何兆武的《上学记》（生活·读书·新知三联书店 2006 年版），则用口述的方式浓缩了 20 世纪中国知识分子的心灵史，在不足 30 年的往事里，却蕴含了一个饱经沧桑的老人对整个 20 世纪历史的反思。经历过战乱的人，对幸福的理解却是"幸福的条件有两个，一个是你必须觉得个人前途是光明的、美好的，可是这又非常模糊，非常朦胧，并不一定是什么明确的目标。另一方面，整个社会的前景，也必须是一天比一天更加美好，如果社会整体腐败下去，个人是不可能获得真正的幸福的"，战争不断的年代，大家的情绪反而非常高涨，他们总认为战争一定会结束，战争结束以后，一定是一个非常美好的世界。这种对祖国的深情大爱，对社会进步的无限追求恰好是其家国情怀最好的体现。同类的作品还有何炳林的《读史阅世六十年》，唐德刚的《胡适杂忆》以及黄仁宇的《黄河青山》。

有人这样比喻读书的两种取向：一种如砍柴，一路上砍了许多柴禾放进背篓里，结果读书越多负担越重，最后变成书橱；另一种如磨刀，不在乎背

---

① 萨巴尔. 父亲的失乐园[M]. 徐丽松，译. 北京：新星出版社，2017：2-3.
② 萨巴尔. 父亲的失乐园[M]. 徐丽松，译. 北京：新星出版社，2017：422.

上放多少，重要的是在不断劈柴的过程中让自己的刀变得锋利起来。应该说前一种读法也有可取之处，但是真正解决问题的阅读是要磨成一把快刀。两种读法的区别其实无非在一个"思"字，无论精读还是泛读，都必须十分强调思考。许多人读书缺乏精读精批的习惯，很容易使阅读成为一种量的平面积累，而难以锻炼自己解决实际问题的思维力。有效的阅读方式和阅读策略不仅可以提高阅读的效率，达到事半功倍的效果，更可以提升阅读的时效性，使得教师保持良好的阅读兴趣。

第三节 在交流讨论中提升家国情怀素养

教师提高家国情怀素养的专业发展方式，除了学习、阅读、实践外，还有交流讨论这一方式。交流讨论是教师常态的研习方式。教师作为成年人，其职后的学习特点是理解能力和反思能力较强，善于从自己的生活、工作经历出发进行学习，联系实际思考问题，从而把握事物本质。同时，教师通常是已具有很高的动机及准备才去学习的，他们往往已很清楚地知道他们所要达到的目标，并且内心渴求得到积极反馈和价值认可。但其不足亦很明显，主要是机械记忆及记忆的持久性较差。而参与交流讨论，可充分发挥中小学教师学习的有利方面，弥补不利方面，有效地培养其应用知识进行分析、解决问题的能力，提升专业能力，提高家国情怀素养。教师参与交流讨论的形式主要包括听专家讲座、参加专题研讨会、定期开展交流分享会、组织学习共同体交流研讨等。

一、专家讲座

听专家讲座是教师工作之后进行系统学习的重要形式，在专家讲座中提升家国情怀素养也是教师专业发展的重要途径之一。教师培训的开展是教师集中学习的一个过程，专家讲座中学习到的知识和技能对教师的专业发展意义重大。

如笔者于 2018 年 8 月聆听叶小兵教授在"北京大学全国高中历史骨干教师高级研修班（第二期）"上的专题讲座《基于核心素养培养的高中历史教学》。讲座中叶教授在"以谭嗣同为例，剖析知识教学与核心素养教学"这一环节里，深入浅出地讲解了"家国情怀"在历史课堂教学实践中如何落地、如何实施，让与会教师深受感染，现予以摘录整理，以求对广大读者有所启发、有所借鉴。

　　大多数中学历史教师在讲戊戌变法这一部分时，大多数都会讲到光绪皇帝变法的具体内容、戊戌六君子、戊戌政变，以及谭嗣同拒绝逃亡、从容就义等基础知识。如果课程上到这里就戛然而止，那么这种课堂教学就是简单的纯知识教学，当我们将历史基础知识梳理一遍以后，我们还应该带领学生们一起反思，为何在中学历史课堂中传授这些历史知识？知识本身是可以无限延展的，历史事件本身可探究可细究的东西多不胜数，多一点少一点又有什么差别呢？更为重要的是，在有限的课堂教学中，学生知道这一历史知识以后，会形成怎样的历史认识？尤其是当听到有同学不明白谭嗣同为何如此，而得出"谭嗣同真傻，要是我就跑，留得青山在，不愁没柴烧"的结论时，我们该如何处理呢？从生命教育的角度来说，这种结论也不是没有道理，正所谓生命诚可贵，这是人性本能的反映，但主要因为我们讲的是知识，如果在课堂教学中，我们用核心素养来指导教学，情况可能变得不一样。我们在课堂教学中关注的不仅仅是历史知识，不仅仅是史事本身发展的细节和过程，而是应该首先让学生思考：我们应该用什么样的历史观看待人和事；当我们考虑当时的时代背景，以及他的人生阅历，我们应该怎样评判；通过学习历史人物的言行，我们应该获得什么启迪，有什么收获，等等，以上这些其实都是家国情怀的教育。当我们仅仅将目光停留在知识教学中时，我们其实只是花了很少的精力去考虑育人的问题。

　　在戊戌政变后，有关谭嗣同拒绝逃亡、从容就义，人物的所思所想、所作所为等其他相关信息，教材中是没有任何记载的，如果想以此作为"家国情怀"素养培养的载体，那么我们就需要将史料实证与之相结合了。但我们却可以通过几则简单的材料、几分钟简单的讲解，交给孩子用正确的历史观去看待人和事，让孩子改变认识。

　　谭嗣同，字复生，生于1865年，湖南浏阳人，出身"官二代"，湖北巡抚谭继洵之子。学贯中西，著作多本，杂糅儒墨西方哲学。谭嗣同非常了解并且痛恨官僚制度的腐败，具有反叛精神，拒绝科考，拒绝走仕途，潜心钻研学问的同时，广交社会进步人士。长时期的漫游生活让谭嗣同不仅看到祖国壮丽的山河，更耳闻目睹了各地劳动人民的苦难。他对当时社会的基本认识是，中国不能再这么下去了，必须变革。恰逢维新运动，他积极投身其中，希望由此改变中国命运。但很不幸，变法失败。梁启超劝他一起跑到外地躲起来，可谭嗣同没有答应，他对梁启超说"不有行者，无以图将来；不有死者，无以酬圣主"，并劝梁启超逃亡日本，临走时他对日本友人说："各国变法无不从流血而成，今日中国未闻有因变法而流血者，此国之所以不昌也。有之，请自嗣同始。"在狱中，他用煤屑题诗墙头："望门投止思张俭，忍死须臾待杜根。我自横刀向天笑，去留肝胆两昆仑。"三天后，他与杨深秀等其余五位志士被清政府斩杀于菜市口，史称"戊戌六君子"，临行前谭嗣同大喊："有心杀贼，无力回天。死得其所，快哉快哉！"在场围观者，很多人被他的悲壮举动感动得痛哭失声。侠之大者，为国为民，一腔热血洒向中国改革的祭坛，唤醒沉沦朦胧的中国人民，逐渐揭开中国革命的序幕。

梁启超称谭嗣同为"中国为国流血第一士"，康有为赞扬谭嗣同"挟高士之才，负万夫之勇，学奥博而文雄奇，思深远而仁质厚，以天下为己任，以救国为事，气猛志锐"。从谭嗣同本人的角度来说，他就是要迎着死亡，用自己的死，来警醒国人，继续改变中国。他是笑着走向刑场的。他不是傻，而是非常理智的。什么叫作舍生取义？什么叫作大义凛然？在生死面前，当国家、民族的命运与个人的命运之间需要抉择的时刻，他的这一选择是一种英雄的选择，是一种英雄的气概，是凡人根本做不到的。进一步说，这种精神、这种情怀，恰恰是中国历史上的仁人志士所共有的。

从荆轲的"壮士一去兮不复还"，到文天祥的"留取丹心照汗青"，到近代林则徐的"苟利国家生死以，岂因祸福避趋之"，到鲁迅的"我以我血荐轩辕"，一直到共产党员夏明翰的"砍头不要紧，只要主义真"，他们的生死观，他们对国家和民族命运的认识，不同的时代、不同的阶级、不同的身份，竟是高度的一致！

这都是中华民族骨髓里的东西，这些人都是中华民族的脊梁。因此，重建历史教育价值的关键，是实现由学科知识本位的教学转向以人为本的教学，这就要聚焦于受过历史教育的人所应具有的能力、方法、气质、品格等。而培养学生的历史学科核心素养，正是解决这一问题的钥匙。只有抓住历史学科核心素养的培养，才能全面发挥历史学科的育人功能，才能正确引领历史教学的改革与发展。

听专家讲座需提高教师的自身转化能力，不能够"听的时候很激动，听完回去一动也不动"。通过观察和访谈可知，教师对于在培训现场学习到的内容保持着一种"消极"的态度，认为不仅在自己的教学现场进行改变很难，而且培训后将学习到的知识和技能在自己的实践中实施起来也很难。教师在现场学习更多获得的是直接经验，更有利于教师带着这些经验回到自己的教育现场中。但更关键的是教师如何将培训中所学到的知识和技能"转化"到自身的教学实践中。"转化"并不是照抄照搬，而是结合自身教学实践将培训中所获得的新的知识和技能融合到教学中去。

二、专题研讨会

相比聆听专家讲座，参加专题研讨会能使教师拥有更多交流与对话的机会。在专题研讨会上，每位教师可以在个人思考的基础上，以个人的意见为基础，取其精华，去其糟粕，使得与会人员都能逐渐在交流讨论中看到自己原先没有看到的更本质、更深刻、更高效的东西，从而形成更高层次的向上性发展共识，使得研讨会成员集体智慧大于个体智慧总和，实现信息共享、经验共享、教训共享，在互相学习中达到共同提高的目的，促进与会教师专业发展向更高的层次上发展。

举行关于"家国情怀"系列主题的专题研讨会。如"殖民地经济的发展是殖民者推动的结果，还是殖民地人民奋斗的结果？""在中华民族多元一体的时代背景下，岳飞是民族英雄吗？""传统民族与现代民族概念的内涵与外延的差异表现在哪些地方？""家国情怀与生命教育的关系有哪些？""个人价值与集体利益冲突下如何彰显家国情怀？""家族、家乡、民族、国家之间关系及其与家国情怀素养的关系""祖先与家国情怀素养的培养"等系列专题研讨，可更深入地理解家国情怀。

在专题研讨交流中，除了设置有研讨性的主题外，组织者还应注意通过设问，一步步引导参与讨论者深化对家国情怀的认识。如在讲解"教师专业发展"中的"专业反思"问题时，培训者可以预设讨论思路，为受训者设计这样有递进关系的问题：你们学校在开展校本研修时是否开展了教学反思活动？（是）。大家在写教学反思时，刚开始主要写什么内容？（课堂得失）。为什么写这样的内容？（教学反思主要对课堂教学的反思，教学是我们工作的常态，自己熟悉）。课堂教学中是否会遇到与教学没有直接关系的教育问题？（会遇到）。有哪些？（"差生"、纪律、学校对班级的不当干预……）。这些问题告诉我们什么道理？（需要对教育现象进行思考）。对教育现象的思考，如果单单地记述过程，是否有意义？（需要用专业的眼光去审视）……

教师通过预设讨论思路，将"专业反思"从课堂得失、教学故事逐步引申到对教育现象的思考上，从低层次的记述事件引导到高层次的专业思考上，从而使受训者在这一问题上深化认识。但专题研讨会必须和中小学教师的工作实际紧密结合，使其可言、能言，得出比较一致的看法。同时，中小学教师往往对教育问题、教育现象只有经验性的、感性的认识，缺乏严密的逻辑推敲和科学的理论支撑，随着讨论的深入，可以促使其重新思考、提高、深化自己的认识。

三、学习共同体

名师工作室作为教师合作学习的共同体，肩负着推进教师教育理念的更新，提升教师核心素养能力，引领新课程改革方向的重任。一般情况下，名师工作室都会组织工作室成员之间进行交流讨论活动，团队成员共同探讨新课程改革的实质，这个时候就对每个成员提出了挑战性的问题，就需要首席名师乃至名师工作室所有的成员通过各种渠道去领会新课程改革，要不断地学习，不断地思考和研究，不断地加强理论学习，还要不断地实践锻炼，从而提升自己的素养，真正地积极参与到交流讨论的过程之中。

名师工作室专题研讨会，有别于只有少数人在前面发言的研讨会或者报告会，而是真正充分地调动工作室成员全部参与其中的会议，邀请相关领域专家、学者、同仁，就一定主题，先辩论、再在全体会议上进行讨论，给予工作室成员充分的话语权和发言权，为其提供交流与对话的平台，这样的研讨会对于工作室成员阐明问题，激发其深入思考，达成理解是非常重要的。

在参加广东省教育厅组织的首届青年教师教学能力大赛时，笔者通过广泛而深度的史学阅读，捕捉了许多的理论、观点、史料和灵感，将"全球化"这一主题置于更加广阔的领域去思考和探讨。然而这些零碎的灵感、史料和观点如何形成体系、形成结构，这些宏观领域的思考如何落实在一节课中，并为中学生所理解和接受，这需要进一步的研讨设计，需要找到切入点进行体系化、系统化的再造。为进一步博采众长、启发思考、互动交流，笔者又借助深圳市名师工作室这一平台，在深圳市教研员唐云波老师的牵线下，通过吴磊名师工作室和周朝阳名师工作室这两个最重要的历史名师工作室平台，先后组织开展了系列读书分享会和教学设计灵感碰撞沙龙。工作室多位成员参与讨论交流，与会教师如李静、双雪峰、王果然、陈箐、王雪等教师纷纷分享自己的阅读思考，并分别提出针对这一课题的设计思路。随着对每一个问题的探讨逐步深入，思维的火花在碰撞中逐渐聚集，偶发的灵感和奇想让人击节叫好。

结合深入阅读和集百家之长的系列交流讨论，笔者逐渐形成了自己相对系统和整体的"顶层设计"和"实施规划"，确立了"三问全球化"这一教学设计思路,从"谁参与、谁推动、谁主导"三个问题出发,结合课程标准和教学立意,从当前各国、各阶层对待全球化的态度入手,从近 500 年来全球各国人均 GDP 的表格出发,让学生形成"积极参与全球化利国利民、消极阻碍全球化损人害己"这一态度,最终才能构建和谐共生的"人类命运共同体"。

在分享交流中共同成长。"这种有效合作的文化氛围并不只停留在激发情感和动机的水平上,而是以分享、信任、支持、日常工作为中心,以共同的工作和促进成长为特征。"当参与分享交流的讨论者对所讨论内容有基本的认同和接纳时,就能自觉主动地将交流讨论成果"内化"为自身的思想观念、科学认识等,并将其再"外化"为自身的教学行为与良好习惯。

第四节 在研学旅行中提升教师的家国情怀素养

"纸上得来终觉浅,绝知此事要躬行。""研学旅行是一种既古老而又时新的学习方式,是一种体验性、开放性、探索性、综合性的学习活动。"[①] 所以,研学旅行的主要特点是实践育人。《荀子·劝学》提到"不登高山,不知天之高也;不临深溪,不知地之厚也"。"研学旅行"一词最早提出是在 2013 年国务院办公厅发布的《国民旅游休闲纲要(2013—2020 年)》。2016 年 1 月,教育部等 11 部门印发的《关于推进中小学生研学旅行的意见》(教基一〔2016〕8 号),文中"重要意义"部分指出"我国已进入全面建成小康社会的决胜阶段,研学旅行正处在大有可为的发展机遇期",研学旅行是教师走出学校课堂,进入社会的学习过程,是自身家国情怀素养发展的理想途径。对于教师而言,通过研学旅行,在实践中实现自我构建、自我教育和自主发展;深入社会文化生活,增强教师的社会参与感及责任意识;从更广阔的领域,认识生命、理解生命,涵养家国情怀。

中国人熟知的孔子携弟子周游列国,就是古代的游学。白寿彝在《中国通史》中详细地介绍了在汉武帝元朔三年(前 126),时年 20 岁的司马迁开始的游学过程:"司马迁这一次长途跋涉,游历了祖国的广阔山河,接

[①] 殷世东,汤碧枝. 研学旅行与学生发展核心素养的提升[J]. 东北师范大学学报(哲学社会科学版),2019(2):155–161.

触了各地人民，考察了历史遗迹，了解了许多历史人物的遗闻逸事以及许多地方的民情风俗和经济生活，开阔了眼界，扩大了胸襟，这对于他后来写作《史记》无疑是有很大的帮助的。尤其重要的是他在彭城、沛、丰一带的访问，对于他叙述秦楚、楚汉战争的形势和以刘季为首的汉朝初期统治集团的面貌，必然会发生很大的影响。司马迁这样一次有目的、有意义的漫游，需要一二年或者更多的时间。"

一、博物馆

博物馆作为公共服务机构，是重要的研学旅行场所，其中蕴含着丰富的家国情怀素养资源。历史教师一般对于博物馆比较熟悉，各有视角与认知。在此，我们主要通过案例呈现博物馆对人的家国情怀素养的发展影响。

> 2018年5月5日，中国国家博物馆举办的"真理的力量——纪念马克思诞辰200周年主题展览"开幕。5月16日下午，中国社会科学院世界社会主义中心组织参观这个展览。世界社会主义研究中心副主任龚云老师感慨道："参观《真理的力量》，让我们真切感受到了一位为人类求解放的近代以来最伟大的思想家的崇高的人格魅力和跨越时空的真理力量。马克思的一生，是为探寻真理不懈奋斗的一生，是为攀登人类思想高峰永不停止的一生，是为无产阶级和劳动人民勇于战斗的一生，为马克思主义者树立了一座永恒的丰碑。学习马克思，应该像马克思那样，做一个高尚的人，一个为共产主义奋斗终身的人，一个超越世俗和小我的人，一个让后人永远铭记的人！"[①]

这段描述，生动形象地揭示了参观博物馆对个人家国情怀素养涵养的影响。深圳市西乡中学吴浩亮老师描述了自己带孩子参观博物馆的心路历程。他的口述摘录如下：

> 这是儿子第三次参观深圳博物馆，这回是他主动要求的。学校每年都要举办一个活动叫"你眼中的世界"：每个月让学生去收集一个国家的信息，然后在班上进行展示，这回轮到澳大利亚。儿子说班上同学都

---

① 石重. 人间正道是沧桑：中国社会科学院世界社会主义中心参观"真理的力量——纪念马克思诞辰200周年主题展览"[J]. 世界社会主义研究，2018（6）：97.

收集到了袋鼠、悉尼歌剧院、乌鲁鲁大红岩等,他想给同学们介绍不一样的,在网上查找资料时,发现深圳博物馆正在举行澳大利亚树皮画展,便吵着要我带他去看。

图 2-1　大师:澳大利亚树皮画艺术家作品展览宣传画

一年级的儿子喜欢看书,囫囵吞枣的阅读撑起了他的好奇心,因为父母口头简单的解释已经满足不了他,所以带他去看博物馆是最好的选择。

人类为什么能成为万物的灵长,掌控地球?人们有许多解释:语言、直立行走、使用工具、社交性质的动物等,但我觉得最重要的原因是人类的好奇心。人类区别于别的动物的好奇心使人类爬下了枝头,离开了草原,翻过了雪山,渡过了海洋,他们甚至想离开这个星球。不会有任何一只鸟,一头老虎想要离开地球。鸟兽的迁徙,通常只是为了生存繁殖,但人类对未知世界的探索绝对不是为了简单的生存,攀登珠峰和去火星或生存繁殖一点关系都没有,但人类乐此不疲——这宇宙很大,我想去看看。人类不仅乐于对外在有形世界的探索,也乐于对内心进行探索,这使人类跟其他动物进一步区别开来。"我是谁?我从哪里来?我将要到哪里去?"人类用一代又一代的生命去寻找答案。

在参观树皮画的过程中,儿子异常兴奋:爸爸,你看,这是他们画的袋鼠和鳄鱼,和书本上的一点都不相同。爸爸,你看,这幅画叫《彩虹蛇》,为什么叫彩虹呢?

随着儿子不断提出问题,我也慢慢通过树皮画去了解澳大利亚土著人对世界的认知,并逐渐发现一些有趣的现象。澳大利亚树皮画是最忠实反馈人类原始社会对世界认知的画作,在众多的画作中,彩虹蛇是主角之一,它有着鳄鱼的头、鸸鹋的胸脯、鱼的尾巴、背上长着睡莲。乍一看,像是把不同动植物特征融合在一起的"四不像"。澳大利亚人的

图 2-2 《彩虹蛇》

彩虹蛇,是澳大利亚所有土著民族都信仰、尊重的一种动物,他们相信是彩虹蛇创造了澳大利亚各地人和澳大利亚的土地。这让我想起了伊甸园里的蛇、埃及法老手杖和帽子上的蛇、希腊神话中医神阿斯克勒庇俄斯手杖上的蛇(救护车上蛇标志的来源)和蛇发女妖美杜莎、中国神话的女娲,还有中国的"龙"。就好像人类不同文明的原始神话中大多数都提到一场滔天的洪水一样,人类原始文明对蛇的刻画居然如此的接近:他们大多相信蛇和创世有关,相信蛇有控制生死的能力,有控制风雨的能力……

人类始祖从非洲出发,因为好奇,向世界各个角落走去,出现了不同的人种,创造了不同的文明,形成了不同的民族和国家。直至今天,黑头发黄皮肤的我和儿子看着卷头发黑皮肤的澳大利亚土著人的相片,已经习惯认为我们与他们不同:他们和我们不是同一种族,他们甚至离现代文明很遥远,他们创作的树皮画和中国的水墨画相差太远啦。

我们人类真的已经有如此大的区别了吗?真的像网络上所说的:人与人之间的差别比人和狗的差别都大了吗?我走到一幅作品前,挡住了作品的介绍,问儿子:如果你给这幅画起一个名字,你会起什么名字?儿子看了一会回答:我觉得它应该叫《被吓坏的人》,我移开身体,揭示答案:这幅画作的名字叫《巨型食人魔鲁马鲁马》。一个 21 世纪的东方 7 岁儿童的认知和 1970 年时期南半球的成年艺术家在恐惧这个因素上产生了共鸣!

吴浩亮老师讲完这个故事,流露出深深的感动,这是对生命的一种理解领悟后的感动,无形中家国情怀素养得以涵养。在今天,我们发现一批青年教师,每到一个地方,参观博物馆是必选项目。结婚生子后,生活的忙碌,渐渐让参观博物馆似乎成为一种"奢侈"的行为。陪伴孩子参观博物馆，与孩子一起成长，或许是教师通过参观博物馆涵养家国情怀素养的主要动力与途径。

二、历史文物与古迹

中华文明源远流长，留下了许多优秀的历史古迹，体现着中国智慧，凝聚着中国传统的人文历史精神和灵魂，也是中国为人类创造并留存的宝贵的文化遗产。

认同中国优秀传统文化，增强民族文化自豪感，仅仅靠书本途径，比较单一。在参观博物馆、游览历史文物古迹过程中，亲身的体验与感悟，利于这种情感与认同的进一步发展。"历史文物古迹是人类祖先留下的当时历史时期的社会生活的文明遗迹和遗物，其本质特征就是能够从某个角度原汁原味地、真实地反映人类在政治、经济、文化、军事和科学技术等方面实践活动的足迹。"[①] 历史古迹中，古代建筑是主体。一种分类是名人故居、古人类活动遗迹、著名陵墓墓地、中国宗教场所景观、世界名胜古迹、中国军事纪念建筑、中国各地古迹、佛教建筑景观、中国各省市古城镇等。历史古迹贵在亲临，切身体验与感悟。正所谓"孔子登东山而小鲁，登泰山而小天下"，文字与图片的描述有时候是苍白的，在亲身体验之时，才能切身体会到长城的雄伟壮丽、都江堰的巧妙构思……在亲身体验之时，才能够深刻感悟中国古人的勤劳、智慧、勇气与魄力，才能使民族自豪与自信油然而生。

近年越来越流行的是围绕红色主题的旅行研学。红色旅游，主要是指以中国共产党领导人民在革命和战争时期所形成的纪念地、标志物等为旅游目的地，以其承载的革命历史、事迹和精神为内容，感悟社会主义革命文化，感悟革命者的家国情怀的旅游研学活动。在今天，教师有许多机会参与红色旅游，历史教师课堂上教学经常讲述这些历史内容，亲历这些历史发生所在地，能够更加深入地了解历史，能够感悟革命者当年艰苦革命的历程，理解他们为理想追求而勇于奋斗、勇于奉献的精神。再给学生上课，就能够更加赋予教学以情感。

历史教师一般对人造历史文化景观充满排斥，不愿参观。对此，刘成纪认为："我们之所以对当代文化遗产的争夺及装饰历史的做法充满厌恶，

[①] 马立伟. 新课程背景下中学历史乡土文物古迹课程资源的开发和利用探微［J］. 中学历史地理教与学，2010（4）：27—29.

原因就在于内心有关于'真实历史'的先在设定。如本雅明所言:'任何发生过的事情都不应视为历史的弃物。'起码每个人的内心潜存着关于真实历史的默证。但是同样按照本雅明……历史事件肯定曾以最真实的方式发生过,但对于后人来讲,它则仅只能以意象的形式在人的记忆中闪回。至于人在记忆中捕获的是真相还是幻象,其判断标准就只可能是基于每个人的历史信仰。"① 因此,历史教师排斥这种"当代文化遗产的争夺及装饰历史"的现象,是基于自己的专业判断,也是自己的"历史信仰"的反映。对于"文化遗产争夺及装饰历史"现象,刘成纪认为:"在世界诸民族中,中华民族可能是最具历史感的民族。历史不仅是情感寄寓和记忆回溯的对象,而且'述往事,思来者',为后世提供永恒的价值规范和鉴戒。""在本质上,它是基于当代人的价值立场对历史的重构。这种重构重新规划了历史图像。以使其更适于组入当代人的趣味、希冀和梦想。"② 这里指出了与历史教师一般"排斥"所不同的意见,"争夺"体现了中国人的历史感,体现的是对中国传统优秀文化的仰慕与追溯(除去少数欠妥的历史人物),背后隐含着文化"自豪感",需要正确对待。此外,在诸多人造历史文化景观及"××文化节"活动中,传递的还是"价值规范和鉴戒",同样具有教育意义。因此,许多名人故居需要文献考证。但无论如何,参访名人故居,主要是通过环境感悟积极性名人所体现的家国情怀。

三、乡土资源

围绕乡土资源开展相关的学习活动比较常见。哈贝马斯认为,生活世界分为客观世界、社会世界与主观世界,在一个整体的"生活世界"中,个体与作为自然的外部世界,与社会中别的行为者、与自我同时发生关系,共同建构完整的自我。③ 乡土资源属于教师校外的生活世界,是自身切身处地的生活环境,从中可以涵养教师的家国情怀。对于历史教师,调查发现、收集整理家乡、生活工作区域的乡土资源,是可取的路径。

对于乡土资源的理解应该聚焦生活,从周边生活中梳理发现。生活是社会大课堂,教师在调查、走访中,亲身体验,就具有很强的生活倾向。乡土资源的内容非常丰富。历史古迹、族谱县志、家风乡俗、文化名人、饮食文

---

①② 刘成纪. 文化遗产之争与中国史学的观念变革[J]. 探索与争鸣,2010(9):48-53.

③ 章国锋. 关于一个公正世界的"乌托邦"构想:解读哈贝马斯《交往行为理论》[M]. 济南:山东人民出版社,2001:115.

化、语言文化、独特的区域经济等，都是乡土资源的内容。历史教师作为有"历史感"的"文化人"，应该有意识地观察、了解周边的乡土资源。

历史教师应该成为乡土文化资源的记载者、收集者、保护者，并在这个过程中体验、感悟对家乡、对民族文化的深厚情感，涵养自己的家国情怀。广东工业大学建筑与城市规划学院院长朱雪梅教授感慨："实际上，三年前我们作为第一批投身古驿道保护和修复工作的……专业志愿者，在全省实地考察各地的古驿道遗存，看到的大多数都是非常破败和凋零的景象，许多古桥、古道、凉亭因为年久失修或人为破坏，早已四分五裂，甚至被泥土掩埋，有的文化遗存背后牵连着多少让人荡气回肠的名人故事，但是仍然敌不过岁月的遗忘，看着让人心痛。"① 同样的案例还有很多，如 2001 年，樊建川带着自己的一批"宝贝"到北京卢沟桥的抗日战争纪念馆做"抗战文物展"，他说："我记得很清楚，展览的时候，突然国家文物局的很多专家就来看。看了以后突然就通知说，展览结束的时候，樊先生你能不能别走，让我们给你鉴定一下。我就在想，我一个民间收藏，怎么会有珍贵的文物。结果一鉴定把我吓坏了，那次鉴定一下鉴定出 14 件国家一级文物。"② 受此触动，樊建川萌发了自己创建博物馆，收集、保护、分享历史文物的想法。历史教师应该具有对乡土文物专业的敏感性，关注工作生活地区，有意识地投入到文物的收集、保护工作，这本身就是热爱中国历史文化的家国情怀的思考与行动。

历史教师可以积极参与校史馆、地方方志馆及民俗博物馆等的建设。许多学校都有校史馆、历史活动室等设施，历史教师应该成为这些历史文化传承场所的积极参与者、建设者。不少学校的校史馆，陈列的是历任校长介绍、学校取得的荣誉证据等，很遗憾的是见不到有关教师与学生的作品及物品。校史馆更应该呈现历年学生在学校学习生活的痕迹，感人的故事与作品等，这些都需要历史教师主动收集，并积极推动校史馆的建设。学校历史活动室，一般呈现的都是买来的文物复制品、历史地图等。其实，身边发生的现实就是后人希望看到的历史，历史活动室更应该注重留存学生典型的历史作品、学校学习生活的用品等。历史学习，从主动做一位自觉的历史文化人开始。"据中国地方志指导小组办公室统计，截至 2017 年年底，全国已经建

---

① 冯善书. 南粤古驿道：永不落幕的自然历史博物馆［J］. 同舟共进，2019（5）：4-6.
② 王娴，刘涛.【见证】樊建川：我要建 100 个博物馆［EB/OL］.（2018-07-03）［2019-10-10］. http://china.cnr.cn/news/20180703/t20180703_524289155.shtml.

成各级方志馆 580 余家，其中国家方志馆 1 家、省级方志馆 17 家、地市级方志馆 140 家、县区级方志馆 420 余家。"① 建设方志馆可以记录和展示家乡的自然、政治、经济、社会、文化等方面的内容，历史教师可以帮助收集当地的历史沿革、地方文化、社会习俗、名人资料等资料，在过程中体验家乡文化，感悟生活，涵养自己的家国情怀。

教师基于兴趣爱好等，与志趣相投的同伴一起成为乡土资源的开发者。教师喜欢运动，在运动中挑战体能，战胜自我，与伙伴一起享受运动的乐趣，这就是对自我生命的一种体验与发展。伙伴团队的建立，可以加深与志趣伙伴的亲近感、志趣的认同感；加深与自然和文化的亲近感；获得社会文化生活基础等。朋辈群体相依，对个人生命意识、对伙伴的情谊尊重等都能够得到培养和发展。教师喜欢集邮，一般会与周边的集邮爱好者建立联系，在联系中沟通交流，成为志趣伙伴。进一步发展，就是从各种主题集邮中发现丰富的人类文化世界。如四大红色主题邮票：抗战、长征、建军、建党，我国百年来的红色记忆定格在方寸邮票上，很形象地诠释了我国"团结统一""勇于奉献""爱好和平""自强不息"等伟大精神。苏格拉底在《普罗塔哥拉篇》中就说过"如果谁自己弄明白了一个道理，他就会到处寻找可以与之交流的人以共同确认"②。不少教师正是在这种乡土资源发展中，相互交流与沟通，家国情怀素养得以不断发展。深圳市平湖中学陈海滨老师，收集整理深圳地方史资料，撰写出版了《深圳古代史》（上下册，深圳报业集团出版社），这也是传递自己研学成果的一种方式。书中"深圳中心论"就蕴含着陈老师浓浓的家国情怀。

历史教师应该主动成为历史的记载者。历史教师习惯于从书本上记载的历史开展教育教学工作，除此之外，还应知道自己就是当代社会发展的见证者，自觉成为历史的记载者、传承人。在今天，信息技术发达，各种自媒体都利于教师将自己的研学旅行的成果与心得，与公众分享，如专题网站、个人微博、微信公众号、美篇、快手视频、校园网站等。历史教师应该成为相关文化建设的参与者，并不断提升自媒体文化的水准与品质。

---

① 刘玉宏. 论方志馆的性质与功能［J］. 中国地方志，2018（1）：17.
② 拉斯克，斯科特兰. 伟大教育家的学说［M］. 朱镜人，单中惠，译. 济南：山东教育出版社，2013：12.

第三章　家国情怀素养选修课程的开发

《国家中长期教育改革和发展规划纲要（2010—2020年）》指出："学校要创造条件开设丰富多彩的校本课程，为学生提供更多的选择，促进学生全面而有个性的发展。"《课程标准》在"1. 课程的类型"中规定："普通高中历史课程由必修、选择性必修、选修三类课程构成，采用通史与专题史相结合的方式。……选择性必修课程和选修课程采取专题史方式，旨在让学生从多角度进一步了解人类历史的发展。"[①] 本章主要研究选修课程，《课程标准》明确规定："高中历史课程标准提供的《史学入门》和《史料研读》两个模块可作为选修课程的参考，学校可选用、改编或新编。……学校也可自主开发其他校本课程。"[②] 这也是本章研究家国情怀素养选修课程的主要依据。

第一节　家国情怀素养选修课程开发的基本思路

选修课程即常见的校本课程，校本课程概念容易引起歧义，故《课程标准》改用选修课程的说法。《课程标准》指出："历史选修课程是学生自主选择修习的课程，包括在必修与选择性必修国家课程基础上设置的拓展、提高、整合性课程。"这里有三层含义：一是选修课程定位为学生自主选择修习；二是选修课程的基础是必修与选择性必修国家课程；三是选修课程特点是拓展、提高、整合性。这是我们研究家国情怀素养选修课程思路的基本出发点。

[①②] 中华人民共和国教育部. 普通高中历史课程标准（2017年版）[S]. 北京：人民教育出版社，2018：9.

选修课程在 2017 年版课标制定之前，常用的概念是校本课程。课程标准将校本课程纳入国家课程体系统一管理，提出选修课程的理念，本章采用选修课程概念。

一、选修课程开发的基本原则

2018 年 5 月，在教育部部编历史新版教材《中外通史纲要》试教电视培训活动中，张海鹏教授明确指出，教材编订属于国家事权。虽然课程标准规定选修课程学校可以选用、自编，但必须坚持立德树人目标追求，坚持正确的育人素养导向；依据课程标准，整合课程资源，实现对国家课程有益的拓展、提高，更好地促进学生全面而有个性的发展。这对于以价值观念培养为核心的家国情怀素养选修课程开发而言，尤为必要，尤为重要。

关于校本课程实践中存在的问题，王旭明提出："不少学校的校本课程缺乏理性的思考与设计，开发过程中存在严重的概念模糊、主观随意性、功利主义倾向……"[①]这种现象，许多教育工作者都有发现。如布汝奎发出"多少校本课程真为学生"的质疑。[②]王囡的研究观点值得重视，她认为校本课程研究与开发存在"自我为是""校本研究部分脱离整体"等问题。[③]这一结论得自于 2001—2017 年相关校本课程文献的统计研究，具有代表性。校本课程中存在的问题，主要就是教师缺乏基本的课程意识，没有搞清楚校本课程的定位，没有依据《课程标准》。

因此，王旭明认为，首先要"厘清国家、地方和学校课程三者之间的关系"，"地方课程与学校课程一定是对国家课程的补充，而不是再创造。国家课程有其权威性、严肃性，地方课程、学校课程一定是弥补国家课程空间大、内容少、内容单薄的不足的"。这种"关系"，《课程标准》予以了准确的定位，即选修课程是国家课程基础上的拓展、提高与整合，是国家课程的发展。其次要强调课程意识，"首先课程的核心得有目标，其次得有教材，再次还得有课时、有教师，最后还得有评价。而课程意识一定是由这些最基本的东西组成的"，这是选修课程的基本结构、内涵要求，教师要有课程观念，要学习研究提升自身的课程素养。再次要"把校本课程融入现有课

---

① 王旭明. 如何开发校本课程［J］. 教学管理与教育研究，2018（1）：80.
② 布汝奎. 多少校本课程真为学生［J］. 课程教学研究，2016（2）：95-96.
③ 王囡. 基于共词分析的 2001—2017 年校本课程热点文献研究［J］. 课程·教材·教法，2018，39（9）：134.

程"，正如王囡所言，"校本课程隶属课程整体中的部分，其构建需统一于课程的整体建构"，也就是说选修课程要结合国家课程整体思考与建构。

综合上述，结合选修课程的基本特点，我们提出比较规范的选修课程开发原则思路。

（一）坚持课程标准依据

《课程标准》是国家制订的关于高中历史学科的规定性文件，是国家意志在高中历史教育教学中的体现，是家国情怀素养选修课程开发的主要依据。

依据《课程标准》，第一，透彻理解《课程标准》制订的原则和理念，理解立德树人的教育目标追求，理解以历史学科核心素养为主体的课程目标，从而建构家国情怀素养的选修课程主题立意、课程目标与教学目标。第二，准确理解《课程标准》关于选修课程的定位与要求，理解选修课程的基本特点，从而建构以落实、拓展国家课程中以家国情怀素养为主要目标的课程方案。第三，准确理解《课程标准》关于教学的建议，理解高中学生历史学习的特点及素养培养的基本途径，从而建构以学生活动为中心的家国情怀素养教学方案。第四，准确理解《课程标准》关于学业质量评价的建议，探索适合选修课程特点的评价，从而建构以学生家国情怀素养发展为目标的评价方案。

此外，依据《课程标准》还体现在选修课程素养发展目标、课程内容、教学过程、评价等方面，本章将在相关部分分别予以解释。

（二）坚持素养发展目标

《课程标准》指出，历史课程要将培养和提高学生的历史学科核心素养作为目标，使学生通过历史课程的学习逐步形成具有历史学科特征的正确价值观念、必备品格与关键能力。[①]课程目标的确定，反映了一定社会、生产和科技发展的客观要求。在历史学科核心素养诸要素中，家国情怀素养是"正确价值观念、必备品格与关键能力"目标的集中体现。因此，开发家国情怀素养选修课程不但与国家课程目标一致，而且能够强化促进学生主体素养目标的养成与发展。

家国情怀素养发展目标要与《课程标准》相关规定保持一致。《课程标准》关于家国情怀素养课程目标规定如下：

[①] 中华人民共和国教育部. 普通高中历史课程标准（2017年版）[S]. 北京：人民教育出版社，2018：2.

5. 在树立正确历史观基础上，从历史的角度认识中国的国情，形成对祖国的认同感和正确的国家观；能够认识中华民族多元一体的历史发展趋势，形成对中华民族的认同感和正确的民族观，具有民族自信心和自豪感；了解并认同中华优秀传统文化、革命文化、社会主义先进文化，认识中华文明的历史价值和现实意义；了解世界历史发展的多样性，理解和尊重世界各国、各民族的文化传统，具有广阔的国际视野，树立正确的文化观；认同社会主义核心价值观，认同走中国特色社会主义道路是历史的必然，树立中国特色社会主义道路自信、理论自信、制度自信和文化自信；能够确立积极进取的人生态度，塑造健全的人格，树立正确的世界观、人生观和价值观。①

从《课程标准》整体分析，教学目标、学业质量等的设计与课程目标保持一致。选修课程的课程目标与教学目标、评价等也要保持一致。选修课程的课程目标可以围绕《课程标准》家国情怀素养目标整体建构，也可以从中选取某一主题角度。正如前引王旭明"地方课程、学校课程一定是弥补国家课程空间大、内容少、内容单薄的不足"所言，选修课程应该以解决国家课程的不足为主要目的。因此，考虑到教师开发选修课程的诸多困难，我们倾向于从家国情怀素养目标中选择某一主题，结合学业质量等相关描述，建构选修课程以及课程的素养发展目标。

坚持素养发展目标，需要高度重视知识与素养发展的辩证关系。知识与素养的关系问题是学界一直关注、争论的焦点问题，也是教师理解素养目标的主要障碍之一。《课程标准》强调："要实现基于历史学科核心素养的教学，教师须确立新的认知观、教学观和评价观，从知识本位转变为素养本位，努力将学生对知识的学习过程转化为发展核心素养的过程。""知识本位转变为素养本位"意味着教师要走出熟悉的甚至是固化了的知识教学观，这种转变需要一个艰难、长期的过程，关键在于建构有效的"知识—素养"联系途径。我们比较认可李润洲的处理方案。"首先，将素养目标知识化，即把要培育的学生素养转化为可操作的知识。""其次，将知识教学素养化，即根据知识的类型匹配恰当的教学方式，将知识目标转化为学生素养。""最

---

① 中华人民共和国教育部. 普通高中历史课程标准（2017年版）[S]. 北京：人民教育出版社，2018：6.

后，素养教学评价化，即从素养立意检测学生的学习效果。"①

但是，这里切记素养目标知识化，即学生懂得历史核心素养知识，对于家国情怀素养而言，是需要学生逐渐内化的过程，这仅依靠知识的传授是难以实现的。学生家国情怀素养需要学生经历体验感悟与认同践行的长期过程，以铸就知行合一的必备品格。所以，坚持素养发展目标，特别强调学生"做中学，学中悟"，即强调学生的活动导向。

（三）强调学生活动导向

20世纪初，以杜威为首的学者掀起了美国的教育改革。其中，杜威提出了"活动课程理论"。我国学者有一种观点认为活动课程"就是以儿童的生活活动为课程内容，以儿童的兴趣、需要和能力为编制课程的出发点，由儿童通过自己组织一系列的活动进行学习，取得经验，掌握解决实际生活问题的知识，培养兴趣、能力和各种品质的课程理论"②。可见，一般而言，活动课程立足于儿童教育，也与建构主义理论相关。"做中学，学中悟"是活动课程的主要特征。我国1992年国家教委颁布的《九年义务全日制小学课程计划（试行）》将"活动课程"正式纳入课程体系。后来进一步扩展到初中教育。1997年颁布的《全日制普通高级中学课程计划（试验）》将"活动课程"纳入了课程体系，进一步发展到高中教育。21世纪以来，对学生学习活动的关注呈现出不断发展的趋势。

学生活动是素养发展的主要途径。《课程标准》指出："学生的历史学科核心素养不能凭空形成，也不能只靠灌输形成。只有通过以学生为主体的活动，在做中学，进行自主学习、合作学习、探究学习，在认识历史的过程中联系和运用知识，掌握探究历史的方法和技能，逐步学会全面、发展、辩证、客观地看待和论证历史问题，才能使学生的核心素养得以提升和发展。"③家国情怀素养具有特殊性，其培养过程主要是学生"认同"的学习发展过程。这更加强调学生在活动中"做中学，学中悟"。

对于选修课程而言，学生的学习活动有多种形式。如阅读文本活动、参观访谈活动、影视观摩活动、研学旅行活动、学生社团活动等。《课程标准》在选修课程"史学入门""史料研读"解释中，均采用编写教材，学生历史阅读活动的形式。对于高中生而言，这种方式比较适合学校的课程环

---

① 李润洲. 基于完整知识观的素养教学［J］. 中小学教师培训，2018，386（9）：33.
② 刘克兰. 教学论［M］. 重庆：西南师范大学出版社，1988：124-125.
③ 中华人民共和国教育部. 普通高中历史课程标准（2017年版）［S］. 北京：人民教育出版社，2018：50.

境，也便于教师相关课程的开发。学生历史阅读活动，前提是选修教材的设计编订。选修课程的教材与国家课程的教材编订原则相同，而内容呈现方式不同。在《课程标准》对必修、选择性必修及选修课程的教学建议中，均强调问题情境的呈现方式与要求。因此，家国情怀素养选修课程的教材设计，要尽量避免理论性、概述性内容，而应建立在学生自主学习的基础上，呈现活泼生动的材料问题情境。

选修课程的情境设计多样，需要结合学习任务（问题）设计，实现多样化历史核心素养培养。《课程标准》在"创设历史情境"时强调"历史是过去的事情，学生要了解和认识历史，需要了解、感受、体会历史的真实境况和当时人们所面临的实际问题，进而才能去理解历史和解释历史"。这是对历史情境创设理由的解释。同时，《课程标准》提出"以问题为引领"的历史情境创设要求。学生学习任务的创设要紧扣历史核心素养，以实现学生素养发展为目标。情境设计与问题设计要逻辑一致，能够为学生完成学习任务提供有效的信息支撑，避免启而不发、启而难发现象。对于家国情怀素养而言，教师熟悉常态的能力立意学习任务设计。凸显家国情怀素养的学习任务设计与参考答案，属于新观念，教师比较陌生，设计比较困难。所以，教师需要不断深入学习研究家国情怀素养，提升自己的素养水平。

（四）关注过程中的评价

关注过程中的评价，就是关注学生在选修课程学习活动中的素养表现评价。这种评价主要基于《课程标准》关于选修课程的基本要求。《课程标准》在"二、修订的主要内容和变化"的"（一）关于课程方案"中指出："选修课程由学校根据实际情况统筹规划开设，学生自主选择修习，学而不考或学而备考，为学生就业和高校招生录取提供参考。"[1] "学而不考或学而备考"的评价要求，显然与必修、选择性必修课程的评价要求不同；选修课程开设的主要目的是深化、拓展学生的学科素养，为学生的素养发展服务。在高校不断扩大自主招生的背景下，学生综合素养评价日显重要，选修课程能够为学生提供帮助。因此，立足于学生在选修课程学习过程中的素养表现进行评价，是选修课程评价方案设计的主要思路。

家国情怀素养选修课程的过程性评价方案，需要参照《课程标准》关于家国情怀素养课程目标、学业质量来建构，宜粗不宜细。《课程标准》在关

---

[1] 中华人民共和国教育部. 普通高中历史课程标准（2017年版）[S]. 北京：人民教育出版社，2018：3.

于教学设计"以问题为引领"部分强调指出:"学生历史学科核心素养的发展,绝不是取决于对现成的历史结论的记忆,而是要在解决学习问题的过程中理解历史,在说明自己对学习问题的看法中解释历史。"[①]这句话非常有价值。一是对上文"强调学生活动导向"原则的强化解读;二是突出针对学生学习活动表现进行评价的原则。

关注学生学习过程中的评价需要注意以下几个方面。一是要研究确定基本的符合素养特征的素养学业质量标准。素养不同,素养养成与发展的要求也不同,过程性评价要有针对性。学业质量既是评价标准,也是对学生素养发展的导向引领。二是要研究实行评价的主体,即评价者。基于选修课程的特殊性,建议师生一起研究制订学业质量,由学生、家长或社会关联方等组成评价主体,教师尽可能予以评价指导而不是仅作为评价的执行者。因此,要以学生自我评价(个体、小组等)、积极评价为主。需要注意的是,常态的学生小组评价主要针对学习中的行为表现等。要转变评价观念,依据学业质量标准,评价学生学习的质量。三是要高度重视评价对不同学生的影响。在学生自我评价的实践过程中,我们发现学习能力强的学生表现机会多,成就感容易获取,评价对其发展促进作用明显。但是,学习能力弱的学生往往比较被动,因害怕"出丑"而怯于表现,担心评价甚至害怕评价。因此,要注意在学习活动设计时,提供有弹性的选择,推动这部分学生积极参与;要明确评价目的是推动学生素养发展,不是为了把学生分出等级。要注意呵护这些学生的自尊心,评价语言要适当,严格禁止"学生斗学生",甚至借评价羞辱、刺激学习能力弱的学生的评价。

二、研究确立选修课程主题

选修课程开发的内容主要有两个方面。一是建构比较完整的课程结构,如课程主题、课程纲要、教学方案、评价方案、教参方案等,可以使用"课程介绍"或"课程纲要"的形式集中概括。二是具体的教学内容,如学生活动方案的设计、学生教学用书的内容安排等。

(一)选修课程主题建构思路

家国情怀素养是历史核心素养的组成部分,也是本章研究选修课程的主题。对于选修课程而言,家国情怀素养研究主题太大,需要在此主题范畴下

[①] 中华人民共和国教育部. 普通高中历史课程标准(2017年版)[S]. 北京:人民教育出版社,2018:51.

进一步建构选修课程主题，这也是本部分所述家国情怀素养主题的主要定位。

选修课程开发的驱动力主要来自两个方面：一是教师需要，二是学生需要。教师需要大致有两个方面：完成任务与职称评定需要、兴趣与职业理想。前者是被动型，后者是主动型，两者并不是彼此孤立，而是常常交织在一起，对选修课程开发及不断发展都有意义。但是，基于教师兴趣与职业理想的动机，更有利于推动选修课程的持续发展。学生需要一是基于高考需要，二是基于自身的兴趣追求。高考需要主要来自高考选科学生，相应的选修课程要有一定的思维深度，追求较高素养水平目标。学生兴趣追求在高考物理、历史两科只能选其一的情况下，更有现实意义，能够让选择物理高考科目的学生也接受历史核心素养发展教育。

家国情怀素养主题的发现要求教师具有问题意识。问题的发现是确立选修课程主题的前提，教师首先要具有问题意识，能够从教学研究与实践中发现问题，进而提出问题并解决问题。主题发现的思维路径，一是从课程标准关于家国情怀素养课程目标的解读中建构选修课程主题，如国家观主题、民族观主题、文化观主题、世界文明交融主题等。二是从必修课程与选择性必修课程中寻找相关主题。如国家制度与社会治理模块，国家制度下的人生主题，就是典型的"必修国家课程基础上设置的拓展、提高、整合性课程"。三是可以借鉴《普通高中历史课程标准（实验）》选修课程的主题。历史上重大改革回眸、近代社会的民主思想与实践、20世纪的战争与和平、中外历史人物评说、探索历史的奥秘、世界文化遗产荟萃等六个选修模块，蕴含了大量能够反映家国情怀素养的主题内容。四是可以借鉴教师熟悉的高考专题复习、主题复习的思路，甚至可以将其中一些主题围绕家国情怀素养，进一步拓展、深化形成选修课程主题。如"西方人文精神"专题复习，完全可以建构"西方人文精神探索""中国人文精神探索"及"人类人文精神探索"等选修课程主题。

家国情怀素养选修课程主题，一般而言尽可能小而精；主题目标鲜明，能够集中解决家国情怀素养中的某一个问题。家国情怀素养选修课程最好的方式是师生共同建构开发。因此，教师可以在学生中做调查，了解学生需求，在此基础上结合家国情怀素养建构主题。在课程开发设计，乃至教学过程、评价等环节，都可以邀请学生一起进行。师生共建选修课程，甚至学生团队自主开发选修课程，才是学生家国情怀素养发展的最佳途径。

（二）家国情怀素养主题分类

从家国情怀素养内容基本分类出发建构选修课程主题也是一种思路，与上述主题建构基本一致，只是更加突出主题特征。家国情怀素养一般包括生命意识、家国情怀、人类命运共同体三个主要部分。上述"国家制度下的人生主题"属于生命意识教育部分,"国家观、民族观、文化观"属于家国情怀部分,"世界文明交融主题"则属于人类命运共同体范畴。

教师家国情怀素养的本质是"人"的教育,即生命教育。教育的本质是生命教育,立德树人这一教育目标就是其充分体现。我们需要强调的是生命教育有理念上的共性追溯,代表人类共同价值追求与发展方向。同样,我们也要根据今天中国所处的社会发展水平,做出适应的调整,即具有中国特色的生命教育,集中体现于家国情怀素养与人类命运共同体等相关理念中。结合历史课程,即家国情怀素养集中体现的历史学科特色的生命教育。

这一部分比较抽象难懂,我们需要进行详细的解读。

首先,生命意识。生命意识是普通高中生物课程提出的核心素养之一,有着生物学科的解读。但是,生命意识并非为生物学科独有。生命意识是立德树人的根本,是教育的本质。历史学科范畴的生命意识主要聚焦于人的生命发展,是人关于生命的情感、态度、观念、追求的综合性知与行。基于生命意识的人类生命尊重,大致分为三个层次:对自己的生命负责,对他人的生命负责,超越功利的人生情怀追求。

对自己的生命负责贯穿整个生命意识,这大致分为三个发展阶段:一是低级阶段是珍爱自己生物学意义上的生命,"活着"并"活得久";二是由珍爱自己的生命发展到珍爱他人的生命,也就是对自己的社会身份负责(社会参与),从而使自己的生命意识具有社会意义;三是进一步发展到超越功利的人生情怀追求,追求生命的价值与崇高意义。这就是人生观教育的发展逻辑,也是生命教育的主体。

珍爱自己生物学意义上的生命是生命意识的出发点。人一旦死去,就意味着自己的人生发展终止。很难想象不爱惜自己生命的人能够爱别人、爱社会,能够创造有意义的人生。纯粹爱自己生命的人是极端自私的人,一般不会爱别人进而发展自己的人生。这就需要教育,教育学生爱自己、爱他人。深圳市宝安中学设有"学会生存"校本课程,但基本滞留于珍爱自己与他人生命的层次,其突出的特征就是珍爱生命、保护生命(危机应对),有所突破,属于生物学科生命意识素养层面,如珍爱动物生命等。这种生命意识虽然是人生发展的基础,但也是人生发展的低级阶段,需要由珍爱自己的生命发展到珍爱他人的生命。

珍爱他人的生命是生命意识发展的第二个阶段,即尊重他人生命的核心。这是人的人格发现,比较抽象,简单理解就是对自己的社会身份负责。所谓负责,就是做好自己分内的事情,也就是对自己生命的较高层次的尊重。学生要为自己的学生身份负责、父母要为自己的家庭身份负责、教师要为自己的职业身份负责……在长期的学校听课调研过程中,我们发现教师群体中存在"50岁"现象。部分教师年过五十,往往痴迷于养生,不做班主任,不承担任务繁重的毕业班教学,甚至无心教学。这部分教师看似珍爱生命,其实只是"怕死",追求能够多活几年。这只是动物一般的生命意识,而不是人有别于其他动物的生命意识。爱他人、对自己的社会身份负责就意味着付出、奉献,是人的社会价值的体现。这是人自我意识的觉醒,人格的发现,就是生命意识的觉醒,对自己生命的尊重。家国情怀素养中关于正确的国家观、民族观、文化观,以及对世界优秀文化的理解与认同,均属于这个层面。

冯友兰认为:"我们可以把各种不同的人生境界划分为四个等级。从最低的说起,它们是:自然境界,功利境界,道德境界,天地境界。"[①]功利境界大致与对自己社会身份负责层次相吻合,但要一分为二地分析。正如文中冯友兰解读功利境界所言:"一个人可能意识到他自己,为自己而做各种事。这并不意味着他必然是不道德的人。他可以做些事,其后果有利于他人,其动机则是利己。"今天的社会普遍存在绩效考核、各种金钱物质及荣誉奖励,是功利的典型体现。这种功利主义容易出问题,如可能有教师为了名利,将学生作为赚取成绩分数的工具等。这就需要进一步发展,上升到超越功利的人生情怀境界的追求。

超越功利的人生情怀追求,追求生命的价值与崇高意义是生命意识的高级层面,是尊重生命的充分体现,也是人格的进一步发展。人生情怀追求与表现多样,与历史学科的结合,就是家国情怀与人类命运共同体理念。对于学生,生命意识教育在实践中的突出表现之一就是"生涯规划"。浅层次的生涯规划就是现在常态的职业规划,应用于高考选科、大学选专业。中等层次是关注个人兴趣、个性的发展,活出独特的人生。高级层次应该是超越功利的人生情怀追求,追求生命的价值与崇高意义。

立足于生命教育的选修课程选题,有"历史伦理故事探究""修身案例研读""中国赈灾案例研读""历史上的生死故事""革命英烈选读"等。

其次,家国情怀。2014年3月30日,教育部印发《关于全面深化课程改革 落实立德树人根本任务的意见》(教基二〔2014〕4号),提出立德树人根本任务。文中"二、准确把握全面深化课程改革的总体要求"指导思想

---

① 冯友兰. 新原人[M]. 北京:生活·读书·新知三联书店,2007:50.

部分，强调社会主义核心价值观的指导意义。社会主义核心价值观是社会主义核心价值体系的内核，体现社会主义核心价值体系的根本性质和基本特征，反映社会主义核心价值体系的丰富内涵和实践要求，是社会主义核心价值体系的高度凝练和集中表达。家国情怀素养的指导思想是社会主义核心价值观：富强、民主、文明、和谐是国家层面的价值目标，自由、平等、公正、法治是社会层面的价值取向，爱国、敬业、诚信、友善是公民个人层面的价值准则。

社会主义核心价值观是生命存在价值与发展的体现，与历史学科结合，主要呈现为家国情怀素养与人类命运共同体价值理念。换句话说，家国情怀素养与人类命运共同体理念的内在核心是生命意识。

社会主义核心价值观是家国情怀上位观念，结合家国情怀素养课程目标，在其之下，可以进一步划分一些内容主题。

情感层面：正面的积极情感；内容丰富的人生情怀；对祖国与人民的深情大爱；对中华民族传统优秀文化、对今天中国国家制度及道路等的自豪感；历史人文追求蕴含的情感等。

价值观层面：积极向上的人生观；正确的国家观、正确的民族观、正确的文化观、正确的历史观；价值关怀等。

民族精神层面：中华民族伟大的奋斗精神、创新精神、团结精神、梦想精神；爱国精神；英雄精神等。

家国情怀素养中对功利的超越，最容易理解的就是各民族英雄的情怀，理解较为困难的是人生情怀。中国古代有许多反映人生情怀的优秀作品，如杜甫的《茅屋为秋风所破歌》："八月秋高风怒号，卷我屋上三重茅。……安得广厦千万间，大庇天下寒士俱欢颜，风雨不动安如山。呜呼！何时眼前突兀见此屋，吾庐独破受冻死亦足！"杜甫在自身艰难的困境下，由己达人，抒发"安得广厦千万间，大庇天下寒士俱欢颜"的高尚情怀。2016年4月，习近平总书记在知识分子、劳动模范、青年代表座谈会上讲道："天下为公，担当道义，是广大知识分子应有的情怀。我国知识分子历来有浓厚的家国情怀，有强烈的社会责任感。'修身齐家治国平天下'，'为天地立心、为生民立命、为往圣继绝学'，'先天下之忧而忧，后天下之乐而乐'，这些思想为一代又一代知识分子所尊崇。"习总书记的讲话指出了家国情怀的责任担当与发展方向，指出了人生的追求与意义。教师要充分理解并贯彻到教学实践中，推动学生成为具有家国情怀的人。

立足于乡梓家国情怀的校本课程选题，如"中华杰出人物选读""诗词中的家国情怀""成语中的家国情怀""族谱、家教、家书探究"等，都便于师生开发。

再次，人类命运共同体。2011年国务院新闻办发表《中国的和平发展》白皮书，提出"命运共同体"①的理念。"和平与发展是当今时代的两大主题，和平、发展、合作是不可阻挡的世界潮流。"这是"命运共同体"立论的前提，也是改革开放政策的前提。"经济全球化成为影响国际关系的重要趋势。不同制度、不同类型、不同发展阶段的国家相互依存、利益交融，形成'你中有我、我中有你'的命运共同体。"这里提出"命运共同体"概念，以及立论的物质基础、经济环境。"全球性挑战成为世界主要威胁。人类共同安全问题日益突出，恐怖主义、大规模杀伤性武器扩散、金融危机、严重自然灾害、气候变化、能源资源安全、粮食安全、公共卫生安全等攸关人类生存和经济社会可持续发展的全球性问题日益增多。任何国家都不可能单独解决这些问题，国际社会必须携手应对。"这里提出的"人类安全"观念，强调"命运共同体"建立的必要性、可行性，以及人类面临的主要"命运"挑战。白皮书基本建构了人类命运共同体的理念。

《习近平对世界如是说》②梳理了人类命运共同体思想的形成过程，相关论述可以帮助我们透彻理解人类命运共同体。2013年3月23日，习近平在莫斯科国际关系学院演讲时说道："这个世界，各国相互联系、相互依存的程度空前加深，人类生活在同一个地球村里，生活在历史和现实交汇的同一个时空里，越来越成为你中有我、我中有你的命运共同体。"通过收集相关文献可以推测，这应该是习近平总书记首次提出"人类命运共同体"理念。《习近平对世界如是说》一文中系列讲话，我们做出以下归纳和部分摘录：

> 人类具有共同的命运。"你中有我，我中有你。""当今世界，相互联系、相互依存是大潮流。随着商品、资金、信息、人才的高度流动，无论近邻还是远交，无论大国还是小国，无论发达国家还是发展中国家，正日益形成利益交融、安危与共的利益共同体和命运共同体。"
>
> 中国愿同各国共同建立人类命运共同体。在全球治理方面，习近平提出共同治理、共同发展的理念。"全球治理结构如何完善，应该由各国共同来决定。""共同发展是持续发展的重要基础，符合各国人民长远

---

① 中华人民共和国中央人民政府. 国务院新闻办发表《中国的和平发展》白皮书［R/OL］. ［2011-09-06］. http://www.gov.cn/jrzg/2011-09/06/content_1941204.htm.

② 刘少华. 习近平对世界如是说［R/OL］. ［2015-11-23］. http://paper.people.com.cn/rmrbhwb/html/2015-11/23/content_1635553.htm.

利益和根本利益。"习近平指出全球治理的基本原则。一是坚持平等民主、合作共赢。如"开放、包容、合作、共赢"。二是坚持平等民主、兼容并蓄、相互尊重。三是坚持国际关系的民主化、法治化及合理化。如"世界的命运必须由各国人民共同掌握,世界上的事情应该由各国政府和人民共同商量来办。垄断国际事务的想法是落后于时代的,垄断国际事务的行动也肯定是不能成功的""推动各方在国际关系中遵守国际法和公认的国际关系基本原则,用统一适用的规则来明是非、促和平、谋发展""适应国际力量对比新变化,推进全球治理体系改革,体现各方关切和诉求,更好维护广大发展中国家正当权益"等。

强调中国和平发展的积极道路。"中国将坚定不移走和平发展道路。""中华民族历来是爱好和平的民族。中华文化崇尚和谐,中国'和'文化源远流长,蕴涵着天人合一的宇宙观、协和万邦的国际观、和而不同的社会观、人心和善的道德观。""不管全球治理体系如何变革,我们都要积极参与,发挥建设性作用,推动国际秩序朝着更加公正合理的方向发展,为世界和平稳定提供制度保障。"

习近平总书记关于人类命运共同体的系列讲话,强调人类的共同命运,深层次表达了对人类生命的尊重与关怀。人类命运共同体的核心,基于对人类生命的尊重,表达的是一种世界情怀,更是世界观的一种价值追求。这种价值追求完全不同于宗教哲学,不同于欧美追求的普适价值观,而是建立在对人类生命、各种文明充分尊重基础之上的。共同治理、共同发展某种意义上意味着部分具体国家要做"让步",积极的说法是"奉献",这不是传统意义上的丧权辱国,而是为人类共同命运做出的超越功利的牺牲与贡献。

人类命运共同体理念在历史学科中有大量的素材体现,如《共产党宣言》结尾,马克思用"全世界无产者联合起来"发出有力的号召,追求全世界无产阶级的整体解放。二战期间,任中国驻维也纳总领事的何凤山向数千犹太人发放了前往上海的签证,使他们免遭纳粹的杀害。被誉为国际主义战士的白求恩大夫,不远万里来到中国,投身反法西斯抗日战争,甚至献出了自己宝贵的生命,等等。

此外,家国情怀素养课程主题,要注意家国情怀与历史及其他素养的有机结合,选题可大可小,吸引学生参与。

立足于人类命运共同体的选修课程选题,如"世界杰出人物选读""文明交融与发展案例研读""雷纳尔之问""全球化的故事""人类婚姻史""生产方式变革与人"等。

三、研究设计选修课程纲要

选修课程主题确定以后，就要研制选修课程纲要。一般而言，《课程标准》是国家规定某一学科的课程性质、课程目标、内容目标、实施建议的教学指导性文件，是国家对某一学科学业的规范标准。选修课程开发的主体是学校、教师，不是《课程标准》建构的主体。深圳市教育科学研究院在"好课程"项目中，使用了课程纲要这一概念，比较恰当。

研究选修课程纲要，首先要研究确定选修课程的基本结构。对此，我们可以从《课程标准》中获得一定的启示。《课程标准》的基本结构如下。

一、课程性质与基本理念
（一）课程性质
（二）基本理念
二、学科核心素养与课程目标
（一）学科核心素养
（二）课程目标
三、课程结构
四、课程内容
必修、选择性必修、选修课程分类，每个模块的内容要求、教学提示、学业要求描述。
五、学业质量
六、实施建议

《课程标准》从六个方面对高中历史课程做出规定与解析建议。对于选修课程而言，其中部分内容没有必要研究呈现。为此，我们根据选修课程的基本特点与要求，结合国家《课程标准》体例，从教师课程开发素养实际出发，设计了家国情怀素养选修课程的课程纲要的基本结构：

选修课程纲要基本结构
一、课程介绍
课程性质定位、课程目标、开发者（团队）、适应对象、教学计划（课时等）等。
二、课程内容
学习内容、学习目标要求等

三、课程内容与实施
学习方式、评价等

比较《课程标准》结构，选修课程纲要的结构要简洁很多，利于教师实践操作，同样可以扭转教师选修课程开发一般缺乏基本规范等弊端，推动教师相关开发有序进行。

其次，要研究确定选修课程目标。选修课程目标要与课程主题保持一致，容易操作的是摘选家国情怀素养课程目标相关部分，但要注意目标层次，如"家国情怀国家观念探索"选修课程等。课程目标第一层次为"在树立正确历史观基础上，从历史的角度认识中国的国情，形成对祖国的认同感和正确的国家观"。第二层次为"能够将历史学习所得与家乡、民族和国家的发展繁荣结合起来，立志为新时代中国特色社会主义建设、中华民族伟大复兴作出自己的贡献"。第三层次为"认同社会主义核心价值观，认同走中国特色社会主义道路是历史的必然，树立中国特色社会主义道路自信、理论自信、制度自信和文化自信；能够确立积极进取的人生态度，塑造健全的人格，树立正确的世界观、人生观和价值观"[①]。

再次，要研究确定选修课程内容。确定了主题、目标之后，就要寻找典型案例素材建构具体的教学内容。《课程标准》指出设计普通高中历史课程内容的主要依据之一是："注意吸收历史研究的新成果，使课程内容体现出历史学科的发展，在此基础上，精选基本的、重要的、典型的史事，并为学生提供认识历史的多个角度，注重引导学生对历史的探究。"[②] 其中的关键词一是"历史研究的新成果"，二是"精选基本的、重要的、典型的史事"，三是"多角度"。这为选修课程内容选择提出了指导性意见。

选修课程内容要适合学校整体课程计划的实际情况，课例不宜太多，以每学期大约 18 周实际教学时间计算，10~16 节比较合适。每节课的内容要求文字表述形式，可以参考《普通高中历史课程标准（实验）》，如"知道分封制与宗法制，认识中国古代政治制度的特点"，内容要求比较明确。但是，要注意家国情怀素养主题的课程内容要求，要反映相关的素养要求。

---

① 中华人民共和国教育部. 普通高中历史课程标准（2017年版）[S]. 北京：人民教育出版社，2018：6-7.

② 中华人民共和国教育部. 普通高中历史课程标准（2017年版）[S]. 北京：人民教育出版社，2018：8.

四、研究设计选修课程学生学习活动方案

选修课程主要建构以学生学习活动为主的教学方式,有课堂、课外、课内外结合等形式。课堂学生学习活动设计即教师熟知的教学设计。《课程标准》指出:"基于培养学生学科核心素养的教学设计,……要以学生的学习与发展为教学的本位、重点,以调动和发挥学生历史学习的积极性、主动性和创造性为核心,以学生的学习活动为实质性线路,以学生的自主探究活动为中心展开。……真正实现以学生学习活动作为整个教学活动中心的'学习中心课堂'。"[1]这是学生学习活动为中心的教学设计基本内涵与要求。课外学生学习活动设计与课堂教学设计有所不同,主要呈现为学生学习活动方案设计。课内外结合的形式也比较常见,如学生课外完成课堂教学所需的查找资料等学习准备工作,课堂完成学习活动;课外完成学习任务,课堂学生汇报分享、研讨交流等。

(一)研究教学目标,明确学习任务

家国情怀素养选修课程目标的设计可以概括为"一中三层"。

"一中"指的是以培养和发展学生的家国情怀素养为中心目标。《课程标准》指出,在教学实践中,教师要将教学目标、教学内容、教学过程及教学评价等聚焦于培养和发展学生的历史学科核心素养。[2]运用于家国情怀素养教学目标设计,培养和发展学生家国情怀素养是目标核心,教学内容、教学过程及教学评价方案都要围绕这个目标展开,为实现素养目标服务。

"三层"指的是素养中心目标下的三个层次:一是课程的素养主题形成的课程目标;二是课程素养目标下若干课堂教学素养目标;三是课堂素养目标下若干学习任务构成的具体任务目标(问题)。"三层"素养主题目标逻辑一致,如家国情怀素养目标贯穿"三层目标";"三层"呈现同一素养目标由大到小、由宏观到具体的前后变化;"三层"目标由课程学生学习活动的形式变化呈现变化,如课堂教学"三层"结构清晰分布,课外活动则可以综合一体,也可以层次分列。"三层"比较抽象,我们通过选修课程素养目标结构呈现。

---

[1] 中华人民共和国教育部. 普通高中历史课程标准(2017年版)[S]. 北京:人民教育出版社,2018:50.

[2] 中华人民共和国教育部. 普通高中历史课程标准(2017年版)[S]. 北京:人民教育出版社,2018:45.

课程素养目标：生命意识教育。由此形成选修课程主题名称"人类历史上的生死观"。

课堂素养教学目标：每节课具体素养目标，如"爱情、自由与生死选择""战争与生死选择""灾难面前的生死选择""经济利益与生死选择"等，这种目标同样可以构成一节课的课例名称。每节课素养目标之下，需兼顾历史核心素养综合目标任务。

课堂学习活动中具体任务目标：一是素养目标分层探讨目标，如生死与爱情、生死与自由、生命价值探讨；二是呈现以家国情怀素养为主体的历史核心素养综合目标任务。

这个案例呈现出素养目标的不同层面解读，我们进一步予以解释。

第一层是课程的素养主题形成的课程目标，前文"研究确立选修课程主题"已经做了详细探讨。这里需要再次强调的是选修课程素养目标内容分类构成的课程目标，如围绕生命教育（生死观、人生观、情怀追求等）、家国情怀（国家观、民族观、文化观、民族精神等）、人类命运共同体（经济全球化、战争与和平、文明交流与冲突、世界观等）建构分类目标，越具体越容易突出选修课程主题。

第二层是课程素养目标下若干课堂教学素养目标。课程素养目标下的不同内容、角度、层次、案例素材等构成课堂教学目标，课与课之间素养目标主题保持一致，但每节课内容、探讨角度等不能重复。如上述案例生死观探讨主题不变，价值观不变（生命宝贵、生命尊严意义），但每节课探讨的情境、角度等不同。这是教师开发选修课程的第一重挑战，即在课程素养目标下从不同时代、不同角度选择课堂素养目标，需要教师有比较透彻的家国情怀素养认知、课程开发需求的综合性素养。如生命意识教育，需要相关的哲学知识、伦理学知识、社会学知识等，属于跨学科综合知识。

应对这个挑战，教师首先要做好素养目标分类工作，有清晰的分类、分层意识。如国家观课程目标主题，可以以时间为序，呈现秦汉时期的国家观、宋明时期的国家观、清末民初时期的国家观、新中国成立前期的国家观、21世纪的国家观等。这种以时序建构的分类，比较符合教师的习惯，每节课的素养目标特征鲜明，容易操作。需要注意的是追求课例存在一个由少到多的发展过程，不能一开始就追求分类的完整，要求太高，而应在实践中逐步探索，逐步完善。其次，可以参照《普通高中历史课程标准（实验）》中选修课程，如"近代社会的民主思想与实践"的设计思路，从模仿做起。

教师开发选修课程的第二重挑战，是由知识到素养目标的转化理解与实践探索。教师习惯，甚至固化了历史知识教学的思维与实践，实现素养目标教学面临艰难的转化过程。在前述"坚持素养发展目标"内容中，我们介绍了李润洲的转化理解与思路。在此，我们从《课程标准》角度重新建构理解思路。《课程标准》指出："在设计教学目标时，教师尤其应注意以下三点：一是要以问题解决的水平程度作为教学目标的核心内容，避免将核心素养的五个方面机械地分离；二是所制订的教学目标要结合教学内容和学生的实际水平，使教学目标具有可操作性，通过教学能够达成；三是教学目标要有可检测性，能够衡量出学生通过学习所表现出来的进步程度。"这三点要求即教学目标的素养主体性、综合性、适应性、可操作性、可检测性，是对素养达成途径的描述，能够帮助解决知识与素养的联系、区别以及教学转化等难题。

面对由知识到素养目标的转化难题，我们从《课程标准》内容设计方面寻找新的思路。如选修课程"史学入门"：

1.1 历史与历史学

理解"历史"这一概念的内涵，认识到客观存在的历史与被记述的历史之间的联系与区别……

1.3 史学的优秀传统

知道中外史学发展的大致经过，了解史籍编纂的主要体例及其编纂特点；知道历史上著名史学家的治史情怀和治学态度，以及对史德、史才、史学、史识的推崇……

从《课程标准》内容要求描述可以看出其表述基本结构。一是了解、知道；二是理解、认识。主要呈现内容范畴的知识认知目标，素养目标并不明显。《课程标准》指出："教师应从发展学生历史学科核心素养的角度制订教学目标，将核心素养的培养作为教学的出发点和落脚点。"[①]"学生历史学科核心素养的发展是一个持续提升的过程。"[②] 所以，在知识的认知过程中，应该隐含素养目标，需要教师与学生进一步"发现"与"挖掘"。《课程标准》

---

① 中华人民共和国教育部. 普通高中历史课程标准（2017 年版）[S]. 北京：人民教育出版社，2018：45.

② 中华人民共和国教育部. 普通高中历史课程标准（2017 年版）[S]. 北京：人民教育出版社，2018：46.

内容要求没有明确提出素养目标，可能基于历史核心素养目标的复杂性、多样性、过程性，不便于一一列举。但是，教师要牢牢树立素养目标意识，将相关历史核心素养有机地落实到教学实践活动中。这需要教师对历史学科核心素养有比较透彻的理解，如家国情怀素养的基本内涵、外延，相关的学业质量要求等。教师首先具备历史学科核心素养，才能够从《课程标准》内容要求中有机地"发现"与"挖掘"相应的素养目标。需要再次强调的是显性知识目标中隐含的历史学科核心素养目标，是课堂教学的核心目标。

家国情怀素养选修课程主题明确，素养目标明确，可以在"知道""认识"的基础上，明确素养要求。如"中国历史杰出人物选读"选修课程中"墨子"课的家国情怀素养目标，可以设计如下。

> 第一课 墨子
> 知道墨子兼爱、非攻、尚贤、尚同、天志、明鬼、非命、非乐、节葬、节用等观点，认识其中蕴含的家国情怀。
> 或：知道墨子以兼爱为核心，节用、尚贤为支点的主要思想，理解其中蕴含的家国理想，认识其历史意义。

由此，我们可以清晰理解课程的素养目标，聚集于家国情怀素养而不是相关知识，展开学生的学习实践活动。

第三层是课堂素养目标下若干学习任务构成的具体任务目标（问题）。选修课程素养教学目标，在实践过程中，主要体现在学生学习活动中的"学习任务（问题）"设计。《课程标准》强调教师教学设计要以"以问题为引领"，"学生历史学科核心素养的发展，绝不是取决于对现成的历史结论的记忆，而是要在解决学习问题的过程中理解历史，在说明自己对学习问题的看法中解释历史"。这里提出的"过程性""说明自己的观点"，都需要教师设置需要在学生学习过程中解决的问题，以问题引领作为展开教学的切入点。

学生学习任务一般有主题与案例的区分。主题任务一般针对一项比较完整的活动，设计提出学习任务。如参观图书馆、研学旅行等，写一篇家国情怀主题的参观、考察报告等。再如"中华杰出人物选读"选修课程，学生任选一位杰出人物，撰写一篇读书笔记，课堂上学生讲述、同学分享。这种开放性学习任务，需要注意对学生读书、撰写读书笔记进行适当的培训指导。

案例任务就是教师常见、常用的情境材料下问题的设计，属于问题驱动，学习任务比较具体、明确。这个问题比较复杂，更多地呈现为课堂教学实践设计，我们通过下文"结合课程资源，设计学生活动"来详细探讨。

无论主题与案例哪种学习任务设计，教学目标一般都需要通过学生学习任务主导、驱动来完成。学习任务可以由教师设计，同样可以由师生共建，或者完全由学生围绕任务主题，发挥各自兴趣特长进行建构。

（二）依据学习目标，整合课程资源

课堂教学素养目标确定以后，就要设计学生的学习过程性活动方案。之所以不采用传统的设计教学过程的说法，是因为素养目标的实现主要通过学生学习活动，而不是教师传授。学生学习活动强调以学生为主体，以问题为引领，以素养培养与发展为目标。这种学生活动学习理念的实现就需要整合课程资源，设计学习任务（问题）情境，引导学生学习活动。这是一个整体性思考建构的过程，一般呈现出"素养目标确立—形成问题—服务于问题的情境设计—课程资源的选择与整合"的逻辑思路过程。这种思考过程呈现出主动建构的特征，对教师素养要求高。还有一种就是相对被动的建构，也是常态建构，即偶然发现一个或几个能够理解的，且比较适合的课程资源，由此展开一系列学生活动设计。无论主动还是被动建构，都需要解决两个问题：课程资源的选择与整合、学生学习任务设计。本目主要解决前者，后者在下一目予以探讨。

课程资源的选择与整合，第一，要理解课程资源的基本含义及课程定位。《课程标准》非常重视课程资源，明确指出，历史课程资源是指有利于历史课程目标实现，能够服务于历史课程的一切可资利用的物质和非物质资源的总和。[1] 这是关于课程资源的概念界定。课程资源在课程中的定位是："课程资源既是课程实施的支撑环境，也是课程内容的重要来源，还是教学活动的展开条件。"[2] 课程资源的种类有很多，"既包括物质的，也包括人力的；既包括校内的，也包括校外的；既包括传统的纸质资料，也包括现代的网络信息等。"[3] 面对诸多的种类，学生活动设计都需要围绕课堂教学素养目标，对课程资源进行选择与整合。

第二，需要理解学习目标与课程资源的关系问题。主动建构强调学习目标主导下的课程资源整合。对于必修、选择性必修课程而言，就是从学习目标出发理解教科书内容，根据学情，设计学习任务（问题），进而围绕教学问题并通过课件、学案等形式整合课程资源，推动学生自主学习。选修课程

---

[1][2][3] 中华人民共和国教育部. 普通高中历史课程标准（2017年版）[S]. 北京：人民教育出版社，2018：68.

则需要根据学习任务,选择并整合相应的课程资源。这种整合具有全面性,如整合设计为学生活动方案、选修课程学生用书等。被动建构具有偶然性,看到好的材料,能够很好地实现素养学习目标,作为教学个案课例也常见,但要组成系列个案组成的课程,则需要长期的积累。无论主动还是被动建构,都需要围绕课堂素养学习任务(问题)来整合课程资源。

第三,理解课程资源整合需要坚持思想性。选择的课程资源要符合立德树人的育人目标,要有正确的育人导向;选择能够反映人类积极向上、导向正确的历史素材案例;高度警惕并拒绝历史虚无主义、反人类及反社会等的题材,如无可避免需采用,要作为甄别与批判的对象处理。

第四,理解课程资源整合主要目的是建构真实问题情境。课程资源的整合要为教学目标服务。课程资源的整合,一般针对案例任务所需要建构的文字任务情境。由于学生课堂学习时间有限、获取资料的途径有限等因素,需要教师通过课程资源的整合,建构信息丰富、主题明确的学生学习情境。这需要注意几个问题。一是正确理解课程标准关于"陌生的、复杂的、开放性的真实问题情境"的描述。这种要求主要针对素养水平考查,但也具有情境的一般要求,如真实的问题情境,情境能够为问题通过支撑;情境要新,具有一定的复杂程度(信息含量丰富、多结构、有思维深度等),还要具有开放性。需要注意的是有些情境材料相对完整,直接运用不需要整合;有些情境虽然简单,但能够通过问题的层层设计,引导学生由浅到深地思考。需要辩证地具体分析,需要与问题结合整体分析。二是情境能够与学生互动,推动学生学习活动。如情境能够感染学生情绪,激发学生感悟;能够通过问题,促进学生积极思考、主动探究,促进学生自主地形成对历史的认识等。这种情境互动要求教师在情境设计时,避免使用过于抽象的概念,避免说教式和灌输式的表述方式。三是情境设计应有一定的弹性和递进性,使不同水平的学生都能够利用情境学习。这是选择性与开放性的运用,为学生提供多层次、多内容、多角度的选择;与递进性问题设计结合,呈现思维的过程与"弹性"。

第五,需要注意课程资源整合要坚持科学性原则。教师对所选用的资源要进行甄别与考证,需要对虚假信息进行判断与辨明、对虚拟情境与真实情境进行确认与说明等。注意适应性,选用的资源要与高中生的认知特点保持一致,避免"偏、难、怪、烦",这也是坚持教学科学性的一种体现。课程资源的整合有两个可行的理解实践途径:一是学习提高历史解释素养,能够运用时间、地点、主人、内容、经过、结果六个基本要素,比较规范地解释一个历史事物。二是参考高考命题的题干设计。近些年高考历史命题,题干情境设计一般很少用到原始史料，而是将多种史料根据问题需要进行整合。认真研读相关题目，可以帮助理解课程资源的整合含义，如整合方式、材料为问题服务等。这部分可以参考本书第五章相关部分。

（三）结合课程资源，设计学生活动

关于学生学习活动任务（问题）设计，在前述基本原则"强调学生活动""第三层课堂素养目标下若干学习任务构成的具体任务目标（问题）"部分都有不同角度的讨论。因为这个问题太重要了，是学生素养培养与发展的主要途径。所以，还是尽可能详细、全面地再次展开讨论。

首先，学生学习活动主要通过学习任务驱动实现，呈现为学习任务（问题）的设计。学生活动任务（问题）设计有两部分内容：一是设计以学生为主体的自主学习、合作学习和探究学习等学习活动形式，不同的学习活动形式，有相应的学习活动任务；二是针对学习活动情境，设计一系列学习任务（问题）。我们主要讨论学生活动任务（问题）设计。

我们再次引用《课程标准》关于教学设计"以问题为引领"的描述："学生历史学科核心素养的发展，绝不是取决于对现成的历史结论的记忆，而是要在解决学习问题的过程中理解历史，在说明自己对学习问题的看法中解释历史。"这是学生活动任务（问题）设计的主要原因，强调任务设计的必要性。这段描述的理论基础主要是生成教学观念。生成教学强调教学的过程性，突出教学个性化建构的成分，追求学生的生命成长，是一种开放的、互动的、动态的、多元的教学形式。同样，也是一个师生共同学习，共同建构对世界、对他人、对自己的态度和认识的动态过程。

学生学习任务与问题设计常常通用，但还是有区别的。任务体现素养的综合性、整体性；问题则是任务的具体化、可操作的实践化，注重任务完成的过程。在"以问题为引领"的课标描述中，"学生历史学科核心素养的发展"是学习目标，也是学习任务。素养任务完成一般需要两个基本过程：一是解决问题；二是建构自己的历史解释（生成）。这是素养问题设计的两个主要环节。一般而言，传统的问题完成只需要"解决问题"，而围绕素养发展的问题设计，尤其是家国情怀素养问题设计，强调在解决问题的基础上，进一步生成建构自己的历史解释。如2019年全国文综Ⅰ卷第42题引用钱穆的观点，问题设计就是这种思路的实践。学生首先完成问题：从材料中任选钱穆观点描述，提炼整合；对所提炼的观点结合史实予以评析。然后建构自己的历史解释：设问明确要求解释不得重复钱穆观点，即一般论证，而要生成自己的观点，即"说明自己对学习问题的看法中解释历史"（详见本书第五章相关部分）。《课程标准》采用"问题"的说法，而没有采用"任务"，

或许是问题设计教师容易理解，目标明确，而任务理解较难，这也是任务与问题设计常常通用的原因。

家国情怀素养选修课程课堂学生学习任务（问题）的设计，同样遵循上述《课程标准》及问题设计的要求。即以家国情怀素养为任务，针对"已有"活动情境（整合的课程资源），设计解决问题、建构自己的历史解释。注意解决"已有"活动情境问题的问题设计具有层次性，可以根据学生学习实际做出由浅到深的系列问题设计，也可以根据任务需要做出针对性的总体问题设计。

其次，学生活动设计一般有两种：一是课堂外学习活动方案设计；二是课堂内学生活动设计。在此部分主要探讨课堂常态的学生活动设计，下一节探讨课堂外学习活动方案设计。

基于家国情怀素养目标的课堂内学生活动设计如下：

阅读下列材料，回答相关问题。
材料：

《清平乐·独宿博山王氏庵》
宋·辛弃疾

绕床饥鼠。蝙蝠翻灯舞。屋上松风吹急雨。破纸窗间自语。
平生塞北江南。归来华发苍颜。布被秋宵梦觉，眼前万里江山。

（1）阅读材料，从材料中选出对你有所触动的一句话，解释触动你的理由。

（2）结合所学，分析指出辛弃疾"眼前万里江山"的含义是什么？探讨辛弃疾人生情怀形成的历史背景。

（3）综合上述，谈谈你的学习思考（或谈谈对你的启示等）。

这种问题设计，就是针对材料情境做出的一种分析判断。这种问题设计强调学生对情境信息的互动，发现信息，对信息做出情感方面或思维方面的判断；强调学生与情境互动中的选择性与开放性；强调无论学生如何选择，都要有依据。这里其实渗透了史料实证的素养培养。教师引导学生积极表达，在各种表达中相互比较，在比较中逐渐形成对"布被秋宵梦觉，眼前万里江山"的理解，在理解中达成共识，实现观念"认同"。这种过程，习惯讲授的教师可能觉得麻烦，直接讲给学生，快速高效。但是，讲授法下学生习得主要是观点、结论的记忆，接受记忆促成教条思维。请切记"学生历史学科核心素养的发展，绝不是取决于对现成的历史结论的记忆"①，学生家国情怀素养培养需要学生自己在学习探索过程中，逐渐认同与观念建构。

第二问的问题设计是对第一问的理性思考。虽然学生可能在第一问问题解决过程中，阐述了自己对"万里江山"的理解，但还是需要回到辛弃疾所处的时代深入理解，并进一步挖掘出"万里江山"所反映的辛弃疾的人生价值追求。为帮助学生理解，教师需要呈现辛弃疾基本经历、事迹介绍，防止"启而不发"现象。这里实际综合培养了历史学科核心素养。通过上述两个问题的设计，学生基本完成"在解决学习问题的过程中理解历史"的学习活动任务要求，呈现出事实分析、判断论证的理性特征。

第三问的问题设计是在第二问问题完成的基础上，"在说明自己对学习问题的看法中解释历史"②的体现。这是一种价值情怀思考，即家国情怀素养体现的人文思考，同样是学生家国情怀素养培养与发展的重要环节。建构自己历史解释的问题设计基本特征就是"学习生成"。樊百玉认为"历史知识的生成性"③表现为三个方面：以问题为核心的学生认识水平的提高、以方法为核心的学生历史思维能力的提高、由历史感悟升华出的家国情怀。樊百玉的思路与上述《课程标准》教学设计观点基本一致，尤其强调了在学生学习生成中的家国情怀素养。换句话说，就是要从家国情怀素养角度，解释历史问题。这是一种价值判断，反映学生具备的历史人文追求、价值关怀，即家国情怀素养水平；这也是对学生家国情怀素养培养和发展的过程，学生在独立"说明自己对学习问题的看法中解释历史"过程中，理论与实践相结合，实现对家国情怀价值观念的深入理解与运用。

我们再回到《课程标准》关于家国情怀的概念解读：

家国情怀是学习和探究历史应具有的人文追求，体现了对国家富强、人民幸福的情感，以及对国家的高度认同感、归属感、责任感和使命感。

学习和探究历史应具有价值关怀，要充满人文情怀并关注现实问题，以服务于国家强盛、民族自强和人类社会的进步为使命。

---

①② 中华人民共和国教育部. 普通高中历史课程标准（2017年版）[S]. 北京：人民教育出版社，2018：51.

③ 樊百玉. 本科历史教学中的"知识生成性"探析[J]. 历史教学问题，2018（3）：130.

家国情怀概念解读不是教师讲授就能够实现的，而需要在具体的学习过程中通过问题调动这种人文思考与价值关怀。常态的历史教学，一般只完成问题（1）（2）的理性思考，如历史事物内容、背景、评价，评价似乎涉及人文与价值，但是看看教科书与教师的历史评价，一般以冷冰冰的定性结论评价为主，影响、意义的结论为主，而不能调动学生的参与建构，不能从学生的学习过程与认知结果中形成具有学生个性的认识。家国情怀素养只有在学生学习、认同的过程中才能够有效实现。

要求学生从人文追求、价值关怀角度解释历史，从而对家国情怀素养进行考查，在近年高考历史命题中已经多次出现。如2018年全国文综Ⅱ卷第41题，呈现汉阳铁厂办厂的材料情境，直接要求"材料提供了一个中国近代企业发展的案例，蕴含了现代化的诸多启示。从材料中提炼一个启示，并结合所学的中国近现代史知识予以说明"。这种"启示"就要求学生从家国情怀人文追求、价值关怀角度解释历史。2019年全国文综Ⅰ卷第42题，要求学生从前面关于历史的认识材料中，要求"评析材料中的观点（任意一点或整体），得出结论。（要求：结论不能重复材料中观点……）"。同卷第45题，"（2）根据材料并结合所学知识，说明刘源张、李四光等先进人物体现的时代精神"……诸多题目均要求学生从家国情怀人文追求、价值关怀角度解释历史，即解释学生自己对历史的家国情怀认知。这些题目都可以帮助教师透彻理解培养和发展学生家国情怀素养的问题设计。

此外，学生学习活动设计强调学生的参与及互动。理想的形态是师生共同设计学习活动的形式、任务等。前述关于辛弃疾的学生活动设计还是教师主导设计，这种设计目标明确、效率高，但也存在"牵着学生鼻子走"的现象，对教师素养要求高。深圳市西乡中学吴浩亮、冯威娜两位老师，探索"教师指导，学生主体"的课堂学生活动，教师给出情境材料，学生分成小组学习。提问组发现问题、提出问题；回答组回答问题，补充组补充完善，提问组再质疑；评价组对上述活动学生表现（针对问题完成的质量，而不是态度表现）进行评价。这种课堂改变了以往根据学习内容平行分组的常态形式，而是围绕同一问题从不同角度交流分享。这种学生学习活动呈现出质性分组的特征。

（四）根据学生活动，设计评价方案

《课程标准》对选修课程评价的学业要求低，"学而不考或学而备考，为学生就业和高校招生录取提供参考"。但这并不意味着放弃或轻视评价，而要寻求家国情怀素养选修课程的过程性评价、素养评价的有效途径。

首先，制订学习质量标准。评价最主要的部分是评价标准的制订，即

《课程标准》提出的学业质量。通过对《课程标准》相关部分的理解整合，从学生家国情怀的认知水平层次，建构了以下方案：

  水平1 知道家国情怀素养的基本观念与价值取向，对历史做出是非判断。
  水平2 理解家国情怀素养的基本观念与价值取向，解析是非判断的理由。
  水平3 运用家国情怀素养的基本观念与价值取向，解决各种实践问题。

这种方案建构，基于《课程标准》关于教学设计"以问题为引领"的描述"学生历史学科核心素养的发展，绝不是取决于对现成的历史结论的记忆，而是要在解决学习问题的过程中理解历史，在说明自己对学习问题的看法中解释历史"而呈现的三个水平层次划分。基本思路与上文相同，评价针对课程对学生的目标要求，要求什么即评价什么，教学与评价要逻辑一致。

其次，学业质量评价运用于过程中。选修课程的评价不是终结性评价，而是在过程中的具体评价，以发挥学业质量的导向作用。上文学业质量三个水平层次的评价实践，一是可以参考第五章答案设计部分，从高考答案设计与评价运用中理解领悟；二是继续围绕前述关于辛弃疾的学生活动设计予以说明。

  （1）阅读材料，从材料中选出对你有所触动的一句话，解释触动你的理由。
  评价标准：水平1 知道家国情怀素养的基本观念与价值取向，对历史做出是非判断。

学生能够从材料中提取积极的"眼前万里江山"，并做出解释（是非判断）。消极的判断显然不符合要求，积极的判断才符合家国情怀；探讨辛弃疾人文追求与价值关怀形成的历史背景。

  （2）结合所学，分析指出辛弃疾"眼前万里江山"的含义是什么？探讨辛弃疾人生情怀形成的历史背景。
  评价标准：水平2 理解家国情怀素养的基本观念与价值取向，解析是非判断的理由。

学生能够透彻理解"眼前万里江山"的含义、人生情怀追求,明白家国情怀是非判断的理由。

(3)综合上述,谈谈你的学习思考(或谈谈对你的启示等)。

评价标准:水平3　运用家国情怀素养的基本观念与价值取向,解决各种实践问题。

从历史解释素养出发,第(1)问属于针对题干材料内容所反映的现象设问及解释;第(2)问是针对第(1)问的进一步追问,探讨发生的历史原因等并做出本质性解释;第(3)问则上升到规律性探讨与解释,只有总结到规律层面,才能更好地迁移运用,解决其他各种陌生的实践问题。

"解决各种实践问题"不要狭隘理解。解决各种实践问题是学生素养的表现,这种素养能力是一个长期养成的过程,而不是"一口吃出一个胖子"。表现在过程中,就是学生家国情怀观念的逐步养成;表现在实践中,就是学生能够根据现场所学,形成家国情怀感悟及将所学的认识运用于实践。所以,学生能够从对辛弃疾家国情怀的学习中,做出自己的家国情怀解释。这也是对学生能够解决"陌生的、复杂的、开放性的真实问题情境"素养表述的一种理解运用。

最后,建构多元评价。学习活动从形式到内容非常丰富,如合作学习、旅行研学等,要注意各种评价的建构。

▶第二节　家国情怀素养选修课程的开发实践

一般而言,选修课程开发实践包括研究设计课程纲要、学生活动设计(教学设计)、评价方案设计等部分。本节围绕家国情怀素养选修课程开发的主要实践形式,通过案例予以进一步的解释说明。

一、课程纲要设计

课程纲要一般包括课程介绍、课程性质、课程目标、课程内容、课程实施建议、课程评价等内容。这些内容及概念比较抽象,对于教师一般会比较生疏难解。建议教师深入研读课程标准,可以得到相关解读与启发。基于家国情怀素养的选修课程纲要,要求从家国情怀的主题立意出发,综合历史学科其他核心素养,充分发挥选修课程重情境、小而精、式样多、趣味浓等特点进行设计。对于高中学生,还要注重学习的深度与广度。

课程介绍,也可以理解为教材编写说明,从课程性质、课程目标、课程内容、课程实施建议、课程评价等内容方面,简明扼要地解释课程整体概况。在第一节研究课程纲要部分,我们建立选修课程基本结构。这种选修课程纲要的基本结构,需要根据学生学习活动的场所、资源对象、活动方式等不同而呈现出的不同特点,进行针对性设计与调整。

(一)学生课外活动课程纲要设计

一般而言,学生课外学习活动为主的选修课程,主题明确,但具有活动形式多、跨学科综合性强等特点,需要根据具体的选修课程进行针对性设计。如"探索成语中的家国情怀"选修课程,就可以与语文学科结合,设计成学生课外活动的选修课程,针对性设计课程纲要。下述教学设计3-1、3-2的课程纲要结构,由课程介绍、课程内容、课程实施建议三个部分组成。

教学设计 3-1

探索成语中的家国情怀

【课程介绍】

课程名称:探索成语中的家国情怀

课程类型:高中历史拓展课程选修Ⅲ

课程负责人:

成员:

所在单位:

课时:一般需要利用学生课外空闲时间4~6周

适用对象:高一、高二学生

课程性质:《课程标准》选修Ⅲ历史拓展校本课程

课程目标:需要注意的是学生活动课课时,有些可以确定,有些无法确定,但要根据学生实际及课程内容,有相对明确的时间安排。本选修课程主要以学生活动为主,通过学生活动计划与要求呈现。

【课程内容】

注意课程纲要与学生活动设计的区别。课程纲要需要完整、规范，是整体设计，便于学校选修课程立项、存档及成果展示。学生活动计划主要体现在课程内容部分，是课程纲要的主要组成部分，作为给学生的活动设计，需要注意整体的结构要相对完整。

【活动方案】

一、目标

选择具有家国情怀价值的成语，结合成语形成的历史情境，准确理解成语含义，认识其中蕴含的人文追求与价值关怀。在上述学习基础上，探讨成语体现的中华优秀传统文化价值以及启示。在成果分享交流过程中，进一步完善自己的思维认知。

注意活动目标设计尽量具体一些，注意过程性描述，便于学生理解。

二、形式

活动：学生独立或以小组的形式，用4周课外空闲时间查找资料，形成基于家国情怀素养的分析报告，打印。

交流：利用教室、走廊或学校宣传栏等场地展示、交流，时间为1周。

三、要求

1. 在4周的时间内，完成相关的研究报告。

（1）按照生命意识、家国情怀、人类命运三个内容任意选择1个成语。

（2）对成语做出准确解读，注意史论结合。

（3）围绕所选择的成语，完成一个历史故事写作。

（4）结合历史、现实，概述所选成语的人文价值及对你的启示。

2. 在2周的时间内，完成相关的评价反馈。

四、评价

1. 评价方式

课堂用1~2节课学生自主评价，或设计发放调查表，组织班级或校内同学评价。评价计入学生素养综合评价档案。最后形成课程总评价报告。

2. 评价参考标准

水平1　知道家国情怀素养的基本观念与价值取向，对历史做出是非判断。

水平2　理解家国情怀素养的基本观念与价值取向，解析是非判断的理由。

水平3　运用家国情怀素养的基本观念与价值取向，解决各种实践问题。

【课程实施建议】

本课程以学生的课外学习为主，与语文学科联系密切，注意引导学生从中国传统优秀文化角度，实现跨学科整合。可以邀请语文教师共同参与开发，如学生围绕成语撰写历史故事要求，就需要在历史的客观性基础上，追求故事的表达方式，需要语文教师指导等。

学生活动并不意味着对学生的放任不管，需要教师及时跟踪、督促、点拨。如家国情怀基本含义与价值追求，需要教师辅导等。学生一般会对成语中的家国情怀价值追求感到费解，教师可以做一些关于成语的价值发现。如"立木为信"，第一，故事性。第二，深层意义的发掘：政府权威的树立—商鞅法令推进—实施效果；结合时代特征，分析商鞅建立"信"的历史背景，改变传统观念以推进创新改革等，进一步深入理解"信"的含义与价值。第三，结合时代，关于"信"的诸子讨论，扩展深化对"信"的理解。第四，结合中国古代关于"信"的各种史实，探讨"信"的继承与发展及其人文价值。第五，从社会主义核心价值观"诚信"出发，结合现实，深入思考其现实意义。第六，从个人修身出发，探讨如何做一位有诚信的中国人。

注意成语中蕴含的家国情怀的多样性。可以为学生进一步提供一些成语案例，如众志成城、指鹿为马、鸿鹄之志、马革裹尸、按图索骥、知行合一、逼上梁山……

（二）学生课堂活动课程纲要设计

学生以课堂学习活动为主的选修课程，主要结合每节课课例的内容建构课程纲要，主题明确，每节课学习目标清晰。深圳市教科院关于校本课程纲要提出的基本要求与上述结构基本一致，我们以其模板设计"中国历史杰出人物选读"为例，供参考。

教学设计 3-2

中国历史杰出人物选读
课程纲要

【课程介绍】

课程名称：中国历史杰出人物选读

课程类型：高中历史拓展课程选修Ⅲ

课程负责人：

成员：

所在单位：

课时：16

适用对象：高一学生

课程性质：《课程标准》选修Ⅲ历史拓展校本课程

课程目标：通过学习中国不同历史时期杰出人物的典型事迹，感悟他们的家国情怀。认识中华文明的历史价值和现实意义，形成正确的国家观、民族观、文化观，确立积极进取的人生态度，塑造健全的人格，树立正确的世界观、人生观和价值观。

关于历史人物选修模块的立意，《普通高中历史课程标准（实验）》中描述为："在人类历史发展中，涌现出一大批重要历史人物。他们是特定时代的产物，并以其各自的个性和活动，从不同侧面有力影响了人类历史的发展进程。了解这些历史人物及其主要活动，探究他们与时代的相互关系，科学地评价其在历史上的作用，是历史学习的一个重要内容，也是现代公民必备的人文素质之一。"这个指导非常明确，教师设计开发选修课程，一定要用好课程标准，包括实验版课程标准。

在历史学科核心素养时代，要坚持以《课程标准》为依据，以学生的历史学科素养达成为主要目标。人物选修模块涉及各种历史核心素养要素，要根据开发者的选择，设计选修课程主题目标下的课例内容。如"中国历史杰出人物选读"选修课程，开发者选择家国情怀素养为主题，就要根据家国情怀素养设计课程目标，主题与课程内容、评价等逻辑要一致。

【课程内容】

第一课　墨子

学习目标：知道墨子兼爱、非攻、尚贤、尚同、天志、明鬼、非命、非乐、节葬、节用等观点，认识其中蕴含的家国情怀。

或：知道墨子以兼爱为核心，节用、尚贤为支点的主要思想，理解其中蕴含的家国理想，认识其历史意义。

第二课　商鞅

学习目标：知道商鞅变法措施，理解其国家建构主张。

第三课　颜真卿

学习目标：了解颜真卿生平事迹，感悟其生命与书艺相融的书法艺术。

或：了解颜真卿生平事迹，感悟其书法艺术。

第四课　黄道婆

学习目标：了解黄道婆的生平，知道其典型事迹，认识其为中国古代棉纺织业做出的贡献。

第五课　李时珍

学习目标：了解李时珍编写《本草纲目》的过程，认识其对世界文明做出的贡献。

第六课　高攀龙

学习目标：了解高攀龙的主要思想，理解其家国天下的修身追求。

第七课　左宗棠

学习目标：知道左宗棠收复新疆的事迹，感悟其爱国精神。

第八课　张謇

学习目标：了解张謇的生平事迹，理解实业救国主张，探讨个人面对时代变革如何做出人生选择。

第九课　陶行知

学习目标：了解陶行知的教育思想，探讨其中蕴含的生命关怀。

第十课　张自忠

学习目标：了解张自忠的抗日事迹，理解其为"中国人民不畏强暴、英勇抗争的杰出代表"的含义。

第十一课　王进喜

学习目标：了解王进喜的生平，认识新中国第一代产业工人的主人翁精神。

第十二课　焦裕禄

学习目标：了解焦裕禄兰考任职事迹，理解其为"县委书记的榜样，也是全党的榜样"的意义。

第十三课　郎平

学习目标：了解郎平的体育生涯，理解"铁榔头"蕴含的奋斗精神，认识其时代影响。

第十四课　孔繁森

学习目标：了解孔繁森援藏事迹，认识其感动中国的原因。

第十五课　袁隆平

学习目标：了解袁隆平培育水稻的事迹，认识其为世界文明做出的贡献。

第十六课　分享交流与学生自我评价

课程内容选择方面，一种思路是对必修课程、选择性必修课程拓展、深化与整合，突出某一素养目标的培养，选择课程相关内容设计。一种思路是立足于某一素养目标，尽量避免与课程标准相关模块内容的重复，选择集中凸显素养目标的案例进行设计。本案例采用第二种思路建构。人物选择需要注意男女性别选择、职业选择；注意人物所体现的家国情怀内涵要求。如集中反映爱国精神、奋斗精神、创新精神等精神层面的典型人物，集中反映正确的国家观、民族观、文化观等观念层面的典型人物，集中反映人生观、世界观等层面的典型人物等。此外，还要注意这些家国情怀内涵在一个典型人物身上的综合体现。

【课程实施建议】

（一）教学建议

选修课程一般依托本教材，关注学生学什么、如何学、学得怎么样等课程目标。学生的历史学科素养最好的实现方式是任务驱动，在具体的完成学习任务的过程中，懂得素养的含义、分析历史问题的方法，进而养成相应的素养观念。学生所学的历史知识会随着时间逐渐淡忘，未来需要历史知识时也可以轻易通过网络获取。但是，学生需要的是面对诸多历史信息时的态度、方法及观念，也就是素养。方法与观念可以固化，甚至伴随学生一生。

任务驱动首要在于学生学习任务情境的设计。理论是抽象的，高中学生理解起来可能非常困难。所以，本课程一定要坚持案例学习的范式,通过案例设计、理论运用的学习情境,布置学生学习任务,教师管理学生学习的过程,不断地点拨、启发。方法一定是学生反复通过实践才能够体会、理解及运用;在不断的固化中,观念才能够养成。

教师要研究,围绕教材设计更多的学生能够解决的案例问题,帮助启发学生理解、运用。切忌空讲理论,填鸭式教学。

……

《课程标准》实施建议,从教学与评价建议、学业水平考试与命题建议、教材编写建议、地方和学校实施本课程的建议四个层面展开。选修课程实施建议与这种建议模型不同,更多地呈现为教学建议。一般而言,课程实施建议撰写的思维方式与话语,和教师习惯了的教学思维不同,教师撰写课程实施建议会比较困难。建议认真研读《课程标准》各模块的教学建议,从中获得启发。此外,选修课程开发是一个持续不断的过程,初期设计模仿为主,根据实践逐步完善。

(二)课程评价建议

1. 学业要求

水平1 知道家国情怀素养的基本观念与价值取向,对历史做出是非判断。

水平2 理解家国情怀素养的基本观念与价值取向,解析是非判断的理由。

水平3 运用家国情怀素养的基本观念与价值取向,解决各种实践问题。

学业要求设计原则上遵循历史课程标准关于家国情怀素养的学业质量水平。需要注意选修课程开发中,由于开发者的素养不同,会呈现出诸多差异性。所以,简便的操作,就是根据所开发选修课程的课程目标,设计相应的学业达成度评价要求,追求目标与评价的一致性。

2. 评价建议

"中国历史杰出人物选读"课程学生学习的评价应以课程目标为依据,以学生家国情怀素养为中心,兼顾学科核心素养的整体发展,将评价贯穿于历史学习的整个过程。

评价主要针对学生将所学历史知识与技能运用于解决具体问题时体现出的家国情怀素养水平,要运用恰当有效的评价方法。在评价过程中，随时发现学习目标、学习内容、学习方法以及创设问题情境、解决问题等方面出现的不足，及时加以改进，保障以发展学生学科核心素养为纲的历史课程有效实施。本选修课程坚持以学生自我评价、小组评价为主。学生的自我评价是一个重要的自我反思的过程，能够使其明白自己学习的状态与水平，并给其他同学提供借鉴。所以，反对"对"或"错"的、"优秀"或"一般"等结论式评价，而提倡对学习状态与学习水平的描述、反思与研究式的评价。教师是学生自我评价方案设计的指导者，轻易不要直接对学生评价，这种评价可能会打击学生，不被学生接受。因为，教师无形中代表权威性评价，而学生自我评价、学生对学生的评价，具有研讨、商量的余地，更容易为学生所接受。

总而言之，评价的目的是促进学生发展，激励学生学习。单纯的表扬对于高中生而言是廉价的，而基于说理的评价、愿景式的评价，才能够真正触动学生，推动学生进步。

评价建议需要开发者透彻理解素养评价的含义、方式与追求。开发者可以先模仿，再在具体的课程实践中"做中学，学中悟"，不断提升自己的学业评价素养，逐渐形成自己的学业评价风格特色。

二、学生用书设计

学生学习活动设计一般分为课堂与课外两种形式。课外活动设计已经通过前述案例"选修课程·探索成语中的家国情怀活动方案"做了介绍，形式多样，不再枚举。此处主要探讨课堂学生用书设计。

《课程标准》规定："历史教材包括历史教科书、教师教学用书、历史地图册等，其中历史教科书是学校历史教学中最主要、最基本的教材。"[①] 教师开发的选修课程，与国家规划课程主要的区别，在于开发学生学习课程所需的资源，即历史教科书（学生用书）。此外，为了便于推广，还需要开发教师教学用书（教师用书）。

（一）基本要求

《课程标准》规定："历史教材……高中历史教科书的编写要以高中历

[①] 中华人民共和国教育部. 普通高中历史课程标准（2017年版）[S]. 北京：人民教育出版社，2018：63.

史课程标准为依据,切实落实高中历史课程的基本理念,有效体现历史课程总目标的要求,适应高中历史教学的规律与特点,为培养和提高学生的历史学科核心素养,使学生达到学业质量要求提供优质的教学用书。"①选修课程学生用书,同样需要坚持《课程标准》关于教科书编写的这些规定。此外,还要研究选修课程学生用书的设计编写特点和基本要求等实践问题。

一是要研究家国情怀素养达成的"认同"途径。李伟言认为:"认同是个人或者集团自我意识的产物。关于什么是认同,目前最常见的观点为,'所谓认同,就是你认为自己是什么样的人以及你归属哪个群体的问题'……国家认同就是个体对自身国民身份的肯认,它指的是个人归属于何种国家范畴,以及在此基础上在国家安全、稳定和发展方面所表现出的支持性的态度和行为取向。"②这种认同观表述了认同的基本含义,能够帮助我们认识理解认同。但要注意,认同首先是对生命价值的认同(人文追求),其次才是对国家、民族、文化及人类命运意识的认同(价值关怀)。

家国情怀素养选修课程实现方式主要是通过设计营造学生学习情境,推动学生人文情感体验与感悟,进而上升到观念层面,其特点主要是"认同"的学习过程。所以,教师需要透彻理解家国情怀素养达成的"认同"途径,积极营造学生学习情境,推动学生参与、体验、感悟,并及时点拨提升,将感悟升华为观念。选修课程的学生用书,主要包含两个方面:学习情境的设计和学习任务(问题)设计。情境设计一般为文字、图片、图表等,需要结合学习任务综合设计(问题),实现多样化历史核心素养培养。情境设计与问题设计要逻辑一致,能够为学生完成学习任务提供有效的信息支撑,避免启而不发、启而难发现象。常态的能力立意学习任务设计,教师熟悉,容易设计;凸显家国情怀素养的学习任务设计与参考答案,属于新观念,教师比较陌生,要注意研究领会,避免学生用书习题化现象。

二是要注意学生家国情怀认同是一个逐渐形成的过程,情感体验与观念领悟是主要的两种形式。在课堂教学中,情境学习是学生价值认同的主要实现方式,这就需要教师设计有利于家国情怀素养达成的学习情境。学生观看"黄海海战"的视频片段,往往会沉浸于复杂的情感状态,有悲伤痛苦,有屈辱惆怅,也有澎湃激愤……。一般而言,学生表现出自然情感的激发,

---

① 中华人民共和国教育部. 普通高中历史课程标准(2017年版)[S]. 北京:人民教育出版社,2018:63.

② 李伟言. 国家认同问题的教育学省思[J]. 湖南师范大学教育科学学报,2017,16(3):32.

这就需要教师点拨提升，将朴素情感升华为"爱国官兵事迹体现出的爱国精神、奋斗精神、奉献精神，正是在这种精神激扬下，中华民族一步步实现了国家独立、民族富强"。进而实现"能够具有对家乡、民族、国家的认同感，理解并认同社会主义核心价值观和中华优秀传统文化，具有对祖国和人民的深情大爱"的家国情怀教育目标。情感体验是基础，观念领悟是升华，是家国情怀的固化，是必备品格养成的价值核心。

三是学生认同需要教师"点拨"。在学生学习、体验与感悟的基础上，价值认同需要学生感悟的基础上，教师及时启发、点拨与升华。如2018年全国Ⅰ卷文科综合第45题，要求根据材料并结合所学知识，简析汉武帝年号改革的历史意义。年号是"死知识"，教师很难发现其历史教育的价值。即使我们看到此题，通常也是从命题技术、历史解释、逻辑推断等方面思考解题，不会去思考其蕴含的家国情怀素养价值。教学常态呈现从知识到知识的低层次重复，而不能实现历史教育价值的发现与实现，也就是历史教学由知识到素养的教育提升。家国情怀素养已经凸显于高考命题，这需要教师及时理解掌握并落实到教学实践，常用的方式就是教师"点拨"。如本题简析汉武帝年号制改革的历史意义设问，参考答案为"有利于纪年"；"全国统一年号为后世沿用，起到了维护国家统一和主权完整的作用"；"传播到东亚其他国家和地区，为世界文明做出了贡献"。答案后两点就需要学生从材料描述的情境现象，上升到正确的国家观、民族观、文化观所体现的家国情怀观念进行解释。这种解释具有质性的升华、抽象特征，而学生现有常态思维观念具有跳跃性，需要教师"点拨"。

历史教学需要教师对学生"点拨"。"点拨"能够大幅度缩短学生领悟的过程，即从自然状态走向自觉状态的过程。熟能生巧，许多教育者强调积累，学生积累多了，在未来经过情境触发，就能够形成感悟、顿悟的过程。但这个过程可能很长，或许许多人一辈子都难以实现顿悟，教育的价值之一就是使学生将成长的过程大幅缩短。我们常说教师的点拨非常重要，那么，教师的点拨是什么？如何点拨？

（二）实践案例

校本课程的教材形式可以多样，以便于学生自主学习为基本形式，注重学生爱学、能学、能悟。最好的方式就是学本教材。我们引用前述"中国历史杰出人物选读"校本课程设计的"第四课 黄道婆"，呈现学生用书设计案例。

第四课　黄道婆

一、学习目标

了解黄道婆的生平，知道其典型事迹，认识其为中国古代棉纺织业做出的贡献。

二、课文

黄道婆的生卒年月及名字已无从查考，"道婆"两字无疑是后人对她的尊称。黄道婆应是元代前期松江府上海县乌泥泾人。据与陶宗仪同时代人王逢的诗《黄道婆祠并序》所记，黄道婆年轻时候，不

知什么原因曾远离故乡漂泊到海南的崖州（今海南省三亚市），在那里从事很长一段时间的植棉和棉纺织劳动，掌握了一整套出色的棉纺织技术，待至中年，方才返归乌泥泾故乡。

乌泥泾毗邻东海，在黄道婆离乡前，这里农业极不发达，棉纺织技术更是落后。黄道婆回乡后，看到家乡棉纺织生产的落后情况，决意使之改变。她陆续采取不少措施，向家乡人传授在崖州学到的整套棉纺织技术，结合内地传统的纺织工艺，进行改革，创造了一套新技术。至今可推断的技术革新有五项：

改良棉种。用她从崖州带回的棉种培育出适合于当地种植的优良棉种，取代了原有的质次种子。

改良捍棉机具。用双把手摇轧棉的搅车代替原有的用手剥脱棉籽。

改良弹弓。用檀木椎（或称槌）往来敲击四尺（1尺＝33.33厘米）多长的绳弦大弹弓代替仅有一尺四五寸长的指拨线弦小弓。

改良纺车。缩小纺麻丝的三锭脚踏车竹轮直径，调整踏杆支点和竹轮偏心距，制成一手纺三根纱的脚踏三锭纺车，代替手捻纺坠纺纱或单锭手摇纺车纺纱。

改良织造工艺。借鉴和汲取黎族织造"崖州被"的经验和方法，发展汉族民间固有的传统织造工艺；织布讲究"错纱、配色、

综线、挈花"技法；被褥、带、帨等织物，有"折枝""团凤""棋局""字样"等图案；创造了具有江南特色的"乌泥泾被"。

黄道婆的棉纺织新技术，对棉织业在与上海县相邻的松江、青浦一带的普及，和上海地区棉纺织业日益繁荣起着很大的推动作用。在黄道婆逝世后，松江府地区很快成为全国植棉业的中心，并赢得了"松郡棉布，衣被天下"的赞誉。黄道婆创造的棉纺织新工艺长期流传于世。据清代褚华《木棉谱》记载：松江府地区普遍栽种的"杜花"和"紫花"，均为黄道婆传下的棉种。

盛行于明清两代匹值万金的棉织龙凤、斗牛、麒麟等袍服材料，也是沿用黄道婆的方法生产的。这些织物具有独特的风格，很快成为当时异常珍贵的品种，称为"云布"风行一时。由于乌泥泾棉布销行日广，千户农家和手工业者生活大获改善，从而使乌泥泾很快变成了一个富庶的知名村镇。棉纺织业的发展，使松江府地区的人民生活得到了改善，后人无不衷心感谢黄道婆的功德。民间传诵一首歌谣："黄婆婆！黄婆婆！教我纱，教我布，两只筒子两匹布。"表达了对这位出身劳动者的纺织家的敬仰和赞颂。乡人为她造墓树碑，建祠塑像，奉祀香火，敬如神祇。

——摘编自白寿彝著《中国通史》等

三、学习任务

1. 阅读地图，找到上海县乌泥泾与海南的崖州，讨论黄道婆在当时漂泊的可能方式与境遇。

2. 阅读教材，画出从棉花种植到布匹成品的过程图，讨论黄道婆做出的贡献。

3. 史论结合，阐述黄道婆事迹体现出的民族精神。就此，谈谈对你的人生启示。

四、课后作业

结合本课，网络浏览上海黄道婆纪念馆，查找资料，撰写黄道婆名词解释。

提示：历史概念是历史解释的一种方式。注意时间、地点、主人公、内容、经过、结果诸要素的整合。

这种学生用书课文的设计，遵循的是学本教材的思路。一般而言，学本教材主要指学生能够独立完成学习过程的教材。教师只需要及时点拨与指导。本教学设计主要从学习目标、课文、学习任务、课后作业四个方面进行建构。注意其中相关历史学科核心素养的综合运用、学生学习认知的逐步过程、不同于习题的任务（问题）设计等。这些设计的素养追求，均与高考历史考查的素养一致。

三、教师用书设计

选修课程不应该是开发者独享的成果，应该积极推广，利泽他人，使课程效益扩大化。这就需要进一步开发教师教学参考书，即教师用书。

（一）基本要求

选修课程教师用书编写要依据《课程标准》。具体的编写可以参照现行普通高中历史课程各模块的教师参考书。但是，也要注意选修课程的基本特点与要求。

一是要理解教师用书的课程定位与基本要求。《课程标准》指出，教师教学用书的编写要依据《课程标准》和教科书，为教师钻研《课程标准》和教科书提供支持。教师教学用书对教科书的内容进行具体的解释，提出需要重点理解的问题，提供相应的教学资源，提出以学生为主体的活动建议，并提供有示范性的教学活动案例。[①]

二是要有比较完整的结构。首先，需要通过课程纲要解释所开发的校本课程基本内容与思想，便于学习者了解、认识选修课程。其次，各节课的编写要有基本规范。一般包括课程目标（学习目标）、教学建议、参考资料、学生用书问题参考答案四个部分。

三是要坚持思想性、科学性原则。如参考资料一定要经过考证。教师习惯了从网上查找资料，一定要通过正规的严肃的媒体途径，注意分辨资料的价值取向。此外，基于选修课程学生活动及开放性特征，对于比较"敏感"的话题需要明确做出指引。所谓开放，不是无原则的开放，而是基于家国情怀正确观念指导下的开放。

（二）实践案例

我们以上述教学设计 3-3 学生用书"黄道婆"一课做教师用书设计案例。

---

① 中华人民共和国教育部. 普通高中历史课程标准（2017年版）[S]. 北京：人民教育出版社，2018：66.

教学设计

关于"黄道婆"一课的教师用书设计

一、学习目标

了解黄道婆的生平,知道其典型事迹,认识其为中国古代棉纺织业做出的贡献。

二、教学建议

1. 素养目标解读

教师在教学过程中,要以促进学生历史学科核心素养的发展为重心,开展以学生为主体的探究活动,引导学生通过阅读、理解、分析、评判等活动,在对问题的研究及解决过程中提高历史学科核心素养。

教师要引导学生在深度阅读的基础上,分析和认识史料对历史研究的重要作用,并尝试运用课文史料探究历史问题。通过历史地图,建构历史时空观念。如"松江府—泉州—海南"地理交通空间,"技术—经济—生活"松江府棉纺织技术及产业向外辐射影响空间,对后世影响的历史时空等。聚焦家国情怀素养目标,提取黄道婆事迹中蕴含的人文精神并予以价值关怀;注意引导学生认识中华优秀传统文化的价值及历史特点,如本土性、包容性、连续性等,使学生树立文化自信;注意联系学生实际,培养学生为社会做贡献的使命追求。

2. 以学生学习活动为中心

教学以开展学生历史阅读活动为主。教师应注意组织引导学生阅读课文材料,鼓励学生充分发挥自己的主观能动性,促进学生进行拓展性的深入阅读,开展对问题的积极思考和广泛探讨,勇于表达自己的见解,积极进行观点交流。

……

3. 评价方案

注重过程性评价方案的设计,坚持激励性评价原则,坚持学生自我评价、自主评价等。

……

三、参考资料

1. 黄道婆在泉州

黄道婆自海南岛"附海舶"返回松江府应附泉州商舶,至泉州逗留,然后经海路转至杭州,去松江府;她在松江府"教以做造捍弹纺织之具"的经验亦应传自泉州和漳州,因为南宋时只有泉、漳两地才有"轮车"和"弹弓"的明确记载,而海南、松江则无。黄道婆只有从泉州中转,才可以学到这些工具的制造技术,教会乡人制造、使用。

古代棉织文明起源于非洲、南美洲、印度等地。海岛棉"原产地为美洲"(清农工商部辑《棉业图说》卷一,清宣统农工商部铅印本),草棉则源于非洲,传入印度,东渐东南亚、中国。

棉花、棉布传入云南较早。戴尔认为:在公元世纪之初,南亚的印度化国家早已暗度陈仓卖棉布给中国。……

黄道婆自海南岛"附海舶"返沪。元王逢《梧溪集》记云:"道婆乌泾人,少沦落崖州,元贞间附海舶归,纺棉织崖州被自给。"王逢也作辞,有"前闻黄四娘,后称宋五嫂。道婆异流辈,不肯崖州老。崖州布被五色缫,组雾钏云粲花草。片帆鲸海得风归,千轴乌泾夺天造"(《梧溪集》卷三,清知不足斋丛书本;清叶廷琯撰《楸花盦诗附录》亦注引其事,见该书清滂喜斋丛书本)。那么黄道婆乘何海舶返沪的?直航返沪抑或中途转船返沪?检索资料,难得肯定的答案。

……

摘引自:郑学檬. 泉州:海上丝路棉织文明传播的中继站[J]. 文史知识,2019(4):3-11.

2. 关于黄道婆的集体记忆研究

其(编者注:黄道婆)革新棉纺织技术的事迹在民间广为流传。以往对黄道婆的研究大致可归纳为三个研究取向:一是从科技史角度论证黄道婆对棉纺织技术和工具的推广与革新在人类文明发展史中的历史地位。二是从个人传记史角度考证黄道婆的身世、海南学艺的经历。三是从民间信仰角度探讨明代以来黄道婆的行业神信仰。

摘引自:沈关宝,杨丽. 社会记忆及其建构:关于黄道婆的集体记忆研究[J]. 东岳论丛. 2012,(12):83-94.

3. 黄道婆信仰的文化特征

黄道婆信仰是中国民间信仰的一部分，反映了传统中国底层民众造神的文化现象。祀奉黄道婆的信徒多为纺织业者，从地域上看，信仰的范围主要集中于上海松江地区，乃至江苏太仓为中心的棉纺织业发达的上海周边地区，因此该信仰具有行业性和地域性特征。

民间人物的神化……

地域性行业神崇拜……

黄道婆信仰产生的文化解释：

地方社会经济生产结构的变迁、植根于中国民间文化、符合崇德报恩的大众心理……

……

四、学生用书问题参考答案

1. 阅读地图，找到上海县乌泥泾与海南的崖州，讨论黄道婆在当时漂泊的可能方式与境遇。

建议：教师教学课件呈现中国历史地图，以及黄道婆在泉州的记载，讨论。主要强调元朝前期国家空前统一，陆上、海上商路贯通等线索思路。

2. 阅读教材，画出从棉花种植到布匹成品的过程图，讨论黄道婆做出的贡献。

建议：学生对棉纺织业比较陌生，过程图可以让学生清晰这一过程，在此过程中理解黄道婆的贡献。

技术创新推动了中国古代科技发展；推动了棉纺织手工业的发展；促进了当地商品经济的发展；改善了当地人生活，丰富了人们的生活等；技术泽被后世，影响深远等。

3. 史论结合，阐述黄道婆事迹体现出的民族精神。就此，谈谈对你的人生启示。

建议：可以从中华民族伟大的奉献精神、创新精神展开思维，体现家国情怀素养的人文追求与价值关怀。

示例：黄道婆事迹体现了中华民族的创新精神。论证：……

家 国 情 怀 的教学设计与学业评价

第四章　家国情怀素养与历史教学设计

《课程标准》指出:"历史教学是培养和发展学生历史学科核心素养的基本途径。要实现基于历史学科核心素养的教学,教师须确立新的认知观、教学观和评价观,从知识本位转变为素养本位,努力将学生对知识的学习过程转化为发展核心素养的过程。"[①] 这里特别强调教学是"发展核心素养的过程",对于教师而言,面临着从熟悉的知识教学过程到素养发展过程的转变。本章主要聚焦家国情怀素养目标"素养发展过程"的研究。

《课程标准》指出,普通高中历史课程由必修、选择性必修、选修三类课程构成,采用通史与专题史相结合的方式。[②] 本章主要探讨的是必修、选择性必修课程。本书第三章与第四章是姊妹篇,部分重叠,如教学设计遵循的原则等,本章不再赘述。

▶第一节　家国情怀素养历史教学设计的要求

教学设计一般包括三个部分:教学目标(教什么)、教学目标实现过程(怎么教,用什么观念教)与教学评价(教学效度)。《课程标准》从四个方面提出教学与评价建议:"全面理解历史学科核心素养,科学制订教学目标""深入分析课程结构,合理整合教学内容""树立指向学生历史学科核心

[①] 中华人民共和国教育部. 普通高中历史课程标准(2017年版)[S]. 北京:人民教育出版社,2018:45.

[②] 中华人民共和国教育部. 普通高中历史课程标准(2017年版)[S]. 北京:人民教育出版社,2018:9.

素养的教学理念，有效设计教学过程""准确把握学业质量水平，多维度进行学习评价"。① 我们将其整合为三个方面：制订家国情怀教学目标、设计学生学习活动方案、设计学生活动评价方案，分别进行研究探讨。

《课程标准》规定："历史必修课程是公关基础课，4 学分，全体高中学生必须修习，建议安排在高一年级。"② 这种课程定位意味着学生学业质量要求为合格考，素养表现不突出。家国情怀素养集中体现在选择性必修课程。《课程标准》指出，历史选择性必修课程是学生根据个人兴趣、升学需求而选择修习的课程，设"国家制度与社会治理""经济与社会生活""文化交流与传播"三个模块。③ 通俗地讲，就是高考选考历史的学生学业需求，等级考所需学生历史学科核心素养主要通过选择性必修课程来实现。因此，本节主要围绕选择性必修课程教学设计展开研究探讨。

一、研究制订家国情怀素养教学目标

必修课程、选择性必修课程、选修课程在教学目标设计中的逻辑一致。其中，选修课程的家国情怀素养目标设计最具代表性。《课程标准》指出，历史选修课程是学生自主选择修习的课程，包括在必修与选择性必修国家课程基础上设置的拓展、提高、整合性课程。④ 第三章家国情怀素养选修课程相关部分集中呈现了教学目标设计的逻辑与要求，不再赘述。但是，国家关于必修课程、选择性必修课程有明确的规定，从而呈现出各自家国情怀素养目标特点。

课程内容多样，对于家国情怀素养而言，可以从生命意识、家国情怀与人类命运共同体三个角度去发现与挖掘。教师要树立起这方面的基本意识，才能够从《课程标准》具体内容中，主动发现与挖掘这些能够反映家国情怀素养目标的内容，并开展相关的教学设计。主要思路还是聚焦问题意识，即教师能够发现问题、提出问题，进而解决问题。

（一）从课程内容要求中建构家国情怀素养目标

《课程标准》在必修课程、选择性课程设置中，有明确的内容要求，这

---

① 中华人民共和国教育部. 普通高中历史课程标准（2017 年版）[S]. 北京：人民教育出版社，2018：56.

② 中华人民共和国教育部. 普通高中历史课程标准（2017 年版）[S]. 北京：人民教育出版社，2018：11.

③④ 中华人民共和国教育部. 普通高中历史课程标准（2017 年版）[S]. 北京：人民教育出版社，2018：9.

些内容要求同样构成学生历史学习的内容。但是，这些内容没有明确指出家国情怀素养目标。如《课程标准》必修课程"中外通史纲要"内容要求所示：

> 1.1 早期中华文明
>
> 通过了解石器时代中国境内有代表性的文化遗存，认识它们与中华文明起源以及私有制、阶级和国家产生的关系；通过甲骨文、青铜铭文及其他文献记载，了解私有制、阶级和早期国家的起源特征。

家国情怀素养需要从上述课标内容要求中，通过教师去发现、去挖掘。正如《课程标准》所言，"把握学习专题中的关键问题"，"教师要结合教科书对学习专题的内容进行梳理，明确该专题所涉及的范围及重要史事；在此基础上，概括和确定该专题中的关键问题，并将这些关键问题的解决与历史学科核心素养的发展建立起联系，围绕关键问题对教学内容进行整合"。① 《课程标准》内容要求只有学习内容及探究方向（关键问题）的描述，而没有历史学科核心素养的描述。教师常态教学是通过分解《课程标准》内容，将知识教授给学生，这就是传统的"知识本位"。学生素养发展的过程需要教师从内容要求中发现、挖掘历史学科核心素养，制订素养目标。如要认识"中国境内有代表性的文化遗存与中华文明起源"比较容易，设计家国情怀教学目标就是"知道我们的祖先是谁""知道中华民族是从哪里来的"，这是民族认同的重要内容。一种文明一定要溯源。但是，"中国境内有代表性的文化遗存，与私有制、阶级和国家产生的关系"又如何理解？我们可能要从原始社会婚姻发展设计，探索对子女后代的所有权变迁入手，一步步推演，以形成此时期的人—家—社会关系演变发展链条，揭示生命意识与家国情怀，从而设计家国情怀素养目标。这对教师的专业素养要求很高，预示着"从知识本位转变为素养本位，努力将学生对知识的学习过程转化为发展核心素养的过程"非常艰难，尤其是家国情怀素养。

我们进一步分析《课程标准》中选择性必修课程的内容要求。如《课程标准》中"国家制度与社会治理"模块中的要求：

---

① 中华人民共和国教育部. 普通高中历史课程标准（2017年版）[S]. 北京：人民教育出版社，2018：47.

1.3 法律与教化

知道中国先秦时期成文法的产生过程,以及这一时期思想家对于德治、法治关系的讨论;知道自西汉起历代王朝法律、礼教并用的统治手段;了解近代西方法律制度的渊源和基本特征,知道宗教伦理在西方社会发展进程中的作用;了解当代中国的法制建设和精神文明建设成就。

从上述引文中,可以看到选择性必修内容要求,对于家国情怀素养有一定体现。但是,《课程标准》主要还是内容与探究方向的描述,依旧需要教师拥有家国情怀素养意识与观念,能够从中发现、制订家国情怀素养目标。思想家对于德治、法治关系的讨论必然涉及对人性的讨论,这就是生命教育内容。法律、德治、宗教、中国当代法制与文明建设,可以建构正确的文化观素养目标,并统一于"国家制度与社会治理"模块主题,形成正确的国家观素养目标。

从课程内容要求中建构家国情怀素养目标,就需要教师充分研究家国情怀素养目标,能够从《课程标准》各模块要求中发现相关的素养目标,这是教学设计实现"发展学生素养的过程"目标的前提。有了素养目标,才能够针对性设计素养达成与发展的学生活动方案。

(二)知识与素养转化过程中建构家国情怀素养目标

在第三章我们提到的"知识本位转变为素养本位"意味着教师要走出熟悉的甚至是固化了的知识教学观,这种转变需要一个艰难、长期的过程,关键在于建构有效的"知识—素养"联系途径。我们提到了李润洲的处理方案[1],在此结合教学目标制订,展开详细的讨论。

首先,"将素养目标知识化,即把要培育的学生素养转化为可操作的知识"。《课程标准》明确指出,学生的历史学科核心素养不能凭空形成,也不能只靠灌输形成。只有通过以学生为主体的活动,在做中学,进行自主学习、合作学习、探究学习,在认识历史的过程中联系和运用知识,掌握探究历史的方法和技能,逐步学会全面、发展、辩证、客观地看待和论证历史问题,才能使学生的核心素养得以提升和发展。[2]这里其实是反对"素养目标知识化",反对进行"灌输"的,我们也认同《课程标准》这种观点。但是,

---

[1] 李润洲. 基于完整知识观的素养教学[J]. 中小学教师培训, 2018, 386(9): 33.

[2] 中华人民共和国教育部. 普通高中历史课程标准(2017年版)[S]. 北京: 人民教育出版社, 2018: 50.

家 国 情 怀 的教学设计与学业评价

面对抽象的家国情怀素养目标，《课程标准》理想化的素养目标追求与历史教师教学现实脱节太远，必须要找到有效的实施途径。李润洲的观点比较贴近现实。教师知道家国情怀素养是什么，将其知识化，有利于教师理解家国情怀素养目标，进而付诸实践。换句话说，就是教师要知道家国情怀概念中的"人文追求""价值关怀"内容是什么，才能够有效理解课程目标、学业质量等所体现的素养目标。

在本书中，家国情怀素养分为生命意识、家国情怀、人类命运共同体，分类中也出现一些概念交叉与混杂，但是，基本上将家国情怀素养知识化，教师能够明白基本内容。此外，家国情怀素养课程目标中提到的国家观、民族观、文化观、历史观究竟是什么，这仍然需要知识化，在看到教育部考试中心关于2018年高考历史命题的解读时[1]，我们才豁然理解。如从汉阳铁厂办厂史看出中华民族伟大的奋斗精神等，从而理解家国情怀的人文追求与价值关怀。

教师将自己知道的素养知识直接交给学生，学生记忆理解，就是知识本位的"灌输"，而不是素养发展。因此，教师所知需要通过"素养发展的过程"来实现。

其次，"将知识教学素养化，即根据知识的类型匹配恰当的教学方式，将知识目标转化为学生素养"。《课程标准》在教学方式中，提出活动目标的设计思路，需要注意与传统的教学过程设计的不同，需要透彻理解"学习中心课堂"。[2]

再次，"素养教学评价化，即从素养立意检测学生的学习效果"。李润洲这些观点符合上述课程标准要求，即素养通过"过程"实现、建构基于素养表现的水平评价。本书各相关部分均反复阐述这一观点，注意理解领会。

在此需要强调的是评价与教学目标的关系。通常理解，评价是对学生学习现象或结果做出的价值判断。但是，评价同样可以作为教学目标，实现评价引领作用。高考命题考查是评价，但是其在引领教师教育教学方面发挥着重要作用。学生为主体的学习，可以设计素养评价目标，引导学生按照这个目标学习与探究。

---

[1] 教育部考试中心. 激扬家国情怀 传承时代精神：2018年高考历史试题评析[J]. 中国考试, 2018, 315（7）：36-42.

[2] 中华人民共和国教育部. 普通高中历史课程标准（2017年版）[S]. 北京：人民教育出版社, 2018：51.

（三）在学生综合素养发展中凸显家国情怀素养目标

学生历史学习综合素养发展，对于家国情怀素养而言，主要涉及历史学科核心素养的综合、情感态度价值观的综合、家国情怀素养目标内容的综合。这种综合非常复杂，只能具体问题具体分析，在各种综合中提出所凸显的素养目标，以建构教学目标。提出这个问题，主要基于一些究竟是围绕哪个素养目标的争论。解决这些争论，就需要正确理解素养目标的综合性，历史学科核心素养本身就是一个不可分割的整体，许多问题刻意分清究竟是哪个素养目标，实际上是做不到的。如围绕一个情境教学，研读情境必然涉及历史时空观念、史料实证，历史解释必然涉及历史时空、史料实证、历史唯物史观、家国情怀四个素养目标的部分或全部。再如正确的国家观，必然包含着历史观、民族观与文化观，也包含生命意识（人生观）等。为此，我们通过下列教学设计进行分析。

教学设计 4-1

考察中国历史上的外来农作物（专题2.1）[①]

一、目标

1. 考察中国外来农作物的来源，了解它们是在何时、通过何种渠道传入中国的，以及这些物种引入中国后的情况。

2. 以考察外来农作物为例，认识外来物种的传入对中国的影响（如粮食生产、饮食习惯、生态环境等），进而探讨物种交流对人类社会生活的影响。

二、过程

1. 教师可先概括介绍人类历史上物种交流不断扩大的情况。

2. 学生根据自己的兴趣，选择某种外来农作物（如胡萝卜、马铃薯、甘薯、玉米、西红柿、西瓜、南瓜、辣椒等）作为研究对象，进行材料收集和整理，考察其来源及引入中国的情况。

3. 在文献研究的基础上，梳理外来农作物传入中国后对粮食生产、民众生活、生态环境等方面的影响，并在此基础上探讨物种

[①] 中华人民共和国教育部. 普通高中历史课程标准（2017年版）[S]. 北京：人民教育出版社，2018：29.

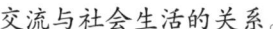的教学设计与学业评价

交流与社会生活的关系。

4. 运用现代信息技术，在班上展示自己的研究成果，进行交流；将学生的成果汇集整理，出一期专题板报。

二、研究设计学生学习活动方案

《课程标准》特别强调学生学习活动在教学中的地位，提出："基于培养学生学科核心素养的教学设计……更重要的是在教学理念上要以学生的学习与发展为教学的本位、重点，以调动和发挥学生历史学习的积极性、主动性和创造性为核心，以学生的学习活动为实质性线路，以学生的自主探究活动为中心展开。……真正实现以学生学习活动作为整个教学活动中心的'学习中心课堂'。"①因此，教学由知识本位转向素养本位，实现学生素养发展的过程，核心就是学生学习活动，这是设计学生学习活动的主要思路与要求。

（一）学生学习活动设计的基本结构

教学设计 4-1，一是通过对某一外来农作物传入中国情况的探讨，培养学生自主选择研究对象并进行史料实证的能力。传入中国的外来农作物很多，学生选择何种农作物作为研究对象，既要根据自己的兴趣，更要根据所掌握的史料情况而定。对于一些外来农作物传入的时间及对传入地的影响，学界有不同的认识。学生应对自己所收集的资料进行辨析，并能运用史料作为证据来论证自己的观点。二是通过物种交流，探讨文明因交流而多彩的理念，推动学生树立人类命运共同体意识，形成正确的文化观。同时，探讨物种交流背景下的生态情况，推动生命教育。从中，我们可以清晰地看到历史学科"关键问题"、历史时空观念（人类历史上物种交流不断扩大等）、史料实证（选择某种外来农作物进行材料收集和整理等）、历史唯物史观与家国情怀素养（农作物传入中国后对粮食生产、民众生活、生态环境等方面的影响，物种交流与社会生活的关系等）、历史解释（展示自己的研究成果等）。家国情怀素养目标不是孤立呈现的，而是有机地渗透在历史学科核心素养诸要素目标中。

此外，《课程标准》在教学设计部分，要突出学生活动设计。教学设计

---

① 中华人民共和国教育部. 普通高中历史课程标准（2017年版）[S]. 北京：人民教育出版社，2018：50–51.

4-1 就是采用"活动目标""活动过程""活动说明"三部分建立基本结构体例。其实，完整的活动设计还应该包括"活动评价"。本章教学设计主要呈现学生学习活动设计，采用课标这一体例。

因此，家国情怀素养教学目标，要理解为各种素养中凸显的目标，并据此进行目标设计及目标描述。

教学设计 4-2

18 世纪加里曼丹岛的华侨[①]

一、目标

1. 通过多种关于华侨史、华人史的书籍，了解 18 世纪加里曼丹岛华侨的历史事实，并结合新航路开辟以后的中、西方历史线索，理解他们南下的原因，体会他们对自己家族、家庭的责任感。

2. 观看《下南洋》等视频，通过其中的学者解释，深入地、具体地理解华侨在东南亚的辛苦开拓的历史，以及他们对祖籍家乡的高度认同感、归属感。体会东南亚华侨深刻的家国情怀。

3. 以加里曼丹岛华人历史为切口，了解明清时期的社会发展、世界变化对中国的影响，认识中国社会面临的危机。

二、过程

1. 通过图书馆的资料检索系统，学生分小组合作，查找各种文献，从中提取出加里曼丹岛华人的相关介绍。熟悉基本史实。

2. 整理所研究对象的相关材料，多角度、多层次分析这批华人南下的原因，与所学知识相结合，加深对这一时期中外历史发展的理解。

3. 选取一位东南亚华侨的文章为分析对象，以他的个人活动为中心，体会东南亚华侨对自己、家族和国家的责任感和奋斗精神。

4. 动员有兴趣和有能力的学生，进行个体的进一步研究，提高他们收集资料、整理材料、进行初步历史探究的能力。

教学设计 4-2 试图以加里曼丹岛华人的发展过程为研究对象，引导学生

[①] 案例来源：深圳市新安中学。作者：林峰。

理解体会明清时期的政治、经济形势对他们南下的影响，新航路开辟以后殖民侵略对东南亚地区的影响。并以东南亚华人自己的文字为分析对象，从中体会他们深刻、浓郁的家国情怀。

教学设计4-2试图向学生展示"资料收集—史料整理—背景分析—结论探讨"的史学探究的简单过程，并以学生的已有基础为出发点，帮助他们迁移运用知识，对新情境、新问题进行深入研究，从而提高他们的学科素养能力。

课题为"活动主题"，教学目标转向"活动目标"，教学过程转向"活动过程"，教学建议转向"活动说明"。这种观念转化需要教师高度重视，认真对待并积极付诸实践探索。这种观念转化同样是一个长期的学习、理解与实践的过程，教师可以先从模仿做起，在实践中逐步理解与运用，以使相关认知及实践水平不断提高。

此外，需要注意《课程标准》隐含的课堂教学时间，这是教学设计结构需要综合考虑的内容，也是教师教学设计需要注意的地方。《普通高中历史课程标准（实验）》基本上是一个课程标准内容子目要求一个课时，教师已经形成习惯。但是，2017年版历史课程标准不同。必修课程24个课标子目学习主题，对应72个学时，4个学分。扣除其他因素，授课时间基本为60个课时，平均每个主题2.5个课时，需要根据内容采取2~3节课设计。选择性必修每个模块6~7个学习主题，对应36个课时，每个学习主题应该有5节课左右。因此，相关设计要注意整体下的每节课的主题分类建构。

（二）整合课程资源设计活动情境

"家国情怀"的特征之一是一种认同感、归属感，是自豪感和责任感，是一种心理体验和人文情怀。而历史课堂所承载的历史是特定时空下的客观存在，历史已经逝去，无法观察，要拉近学生与历史的距离。任何历史人物的家国情怀与其所处的社会背景、经历、教育等各种情况都有关系。教师想要让学生理解并认同这一情怀要求，必须让学生能够设身处地感受到人物和文化背后的精神和情感，让学生切身体验当时特定的历史情境和历史人物需要面对的实际情况，学生才能够产生心理体验，并继而激发人文情怀。家国情怀的培育，仅仅依靠单向传授、记忆、重复等手段是无法实现的。"情动—体验—理解—迁移"的学习过程，是学生在教师教学活动的组织下自我内化建构的结果。因此，教师更应注重设计教学过程，不仅要注重情境创设，更要关注问题探究、体验学习、故事描述和史料研习等的活动设计，让学生在潜移默化中形成价值认识，在情感体验中形成认同。可见，家国情怀素养的情境设计尤为必要，也非常重要。

家国情怀素养的情境设计需要整合课程标准、教科书及其他各种课程资源。整合课程资源的原则、学生活动情境等问题,在第三章已经做了深入分析。在此,我们主要探讨课程标准关于情境的三个基本问题:真实、复杂与开放。《课程标准》在"以新情境下的问题解决为重心"部分提出,学生能否应对和解决陌生的、复杂的、开放性的真实问题情境,是检验其核心素养水平的重要方面。[①] 其中,"陌生的"容易理解,"问题情境"参照第三章,"复杂的、开放性的真实问题情境"还需要解读。

首先,真实情境。这里有两个关键词,一是"真实",二是"情境"。"所谓真实,不是指情境中所有细节都是历史上发生的,而是其人、其事、其观点、其感情在历史上是有可能存在的。"[②] 这个描述比较单一,"真实"还有许多含义。如"真实"还体现在独特且"不可复制",需要具体问题具体分析,这应该是"真实"的主要诉求。电视上中国传统文化类节目中,常常"打比方",如"丞相"相当于今天的国务院总理等,这是极不严肃的。关于情境,在第三章做了详细分析,在此需要强调的是,情境是一个非常复杂的研究课题;情境涉及认知过程中的主体和客体两个方面;情境由主体和客体互动形成。对于情境客体,需要尽可能真实地还原历史及历史所处的时空,为客观的具体分析提供有效信息;对于情境主体,需要高度重视认知过程的复杂性、多样性。复杂性在后文讨论,多样性指面对客体情境,认知者(主体)不同的认知理解、情感、态度、价值观等的综合反映。这些都是真实情境需要研究讨论的问题,需要与学生活动一体设计,而不是仅仅呈现一堆材料。

所以,学生要认识历史,需要了解、感受、体会历史的真实情境和当时人们所面临的实际情况。一方面,在学生活动过程的设计中,教师要营建一个比较完整的真实的历史情境。如通过图像展示、影视播放、文字材料、语言描述等还原历史的真实情境,从现实事物中引出历史问题,从日常生活中探寻历史根源,从学术争议的情景中引发探究等。具体可针对不同的活动内容创设不同的情境,如利用疆域地图为学生提供时空观念里的家国意象;以民族英雄人物与重大历史事件激起学生的情感波澜;从中国汉字、绘画、书法、楚辞汉赋唐诗宋词元曲、青铜器、长城等优秀传统文化入手,"神入"历史情境、生成家国情怀等。让学生在学习过程中获得尽可能真实的体验,继而对历史进行探究。另一方面,要给学生创造与情境互动的机会,设计相

---

① 中华人民共和国教育部. 普通高中历史课程标准(2017年版)[S]. 北京:人民教育出版社,2018:59.

② 何成刚. 历史课堂教学技能训练[M]. 上海:华东师范大学出版社,2008:120.

应的学习活动。一是给学生时间，观察、体验、思考、感悟。许多教师在教学中有很好的情境设计，但是，有的教师为了"赶时间"，自己迫不及待地讲解材料，剥夺了情境要求的学生互动。二是尽可能组织学生围绕一些问题展开讨论，如采用学案等形式由学生独立书写完成，也一定要有分享交流的过程。这一过程能够将学生认知过程中的多样性、复杂性呈现出来，并在分享交流过程中，互学、互鉴，从而使自己的认知不断趋于完善。这种分享交流绝不是简单的"对答案"，而是相互补充、质疑、求同存异的深层思维过程。

>>> 教学设计 4-3

德国法西斯专政的建立 [①]

导入：展示了一张历史照片《受迫害的犹太人》

用多媒体投影先展示照片上"小男孩"的局部特写——他高举双手，有着一双大大的眼睛，但却神色惊恐……

再放大到照片全景——小男孩和一群犹太妇女、儿童在一起，旁边是荷枪实弹的德国士兵……

在学生观察体验基础上，老师讲解："这是一张二次世界大战中的历史照片，其中这个小男孩吸引着我们的目光，他为什么要高高举起自己的双手呢？是不是正在和小伙伴玩游戏呢？他的目光否定了这一点。在他身后，有一些荷枪实弹的士兵，正在驱赶着一队毫无抵抗力的妇女和儿童离开自己的家园。这些士兵是什么人？他们为什么要驱赶这些人……"

赵利剑老师所呈现的就是很好的真实情境设计，结合问题，就形成真实的问题情境。但是，学生与情境的互动不是教师讲解的，教师切忌将自己的"发现"迫不及待地交给学生，要耐得住性子，给学生时间观察与思考。深圳市宝安中学的王雪老师，带着学生参观博物馆。第一次参观，王老师担心学生看不懂，不知道怎么看，围绕参观主题，做了比较详细的指导，学生参观后提交的报告与教师思路、视角一致。第二次参观，王老师没有做指导，结果学生提交的报告很精彩，有宏观有微观，许多独特的视角以及分析见解

[①] 齐渝华，石蒿. 历史教学课例分析[M]. 北京：高等教育出版社，2003：228.

让王老师吃惊。因此，要相信学生，给学生时间，充分展示学生认知过程中的多样的、复杂的认识。

当然，面对的学生群体不同，教师需要针对设计启发方案，但启发设计应该突出情感的体验激发、观察或思维方向的指引等，而不是简单的知识问答。如德国法西斯专政的案例中，赵利剑老师提问："这张照片是哪个历史时期拍摄的？理由是什么？"学生可能有多种回答，在回答中统一客观认知，学生会注意到照片细节。"最吸引你的是什么？理由是什么？"学生同样会有多样回答，直观反映出学生不同的兴趣取向。教师直接用自己的视角束缚学生，就违背了情境开放状态下所追求的学生认知复杂性，而这是学生学习活动的主要追求之一。此外，史论结合的思维训练途径多样，贯穿于整个教学过程。

其次，复杂性与开放性情境。复杂性是本次课程标准提出的课程理念，就目前而言，也是基本被忽略的理念，需要认真研究。复杂情境涉及的是复杂性科学理论，复杂性本身就是一个开放的体系，与开放性一体。20世纪80年代兴起的复杂性科学，不仅引发了自然科学的变革，而且日益渗透到哲学、人文社科的各个领域。这个问题比较复杂，我们通过一些情境简单梳理其基本脉络，帮助大家理解。

（简单性范式）自文艺复兴以来，现代科学都是以物理学为先导，物理学成了现代科学的代表和范本。科学家们认为，只要通过一定的还原过程，其他一切学科，如化学、天文学、地学等，甚至包括生物学、生态学，最后都可以还原为物理学的基本规律。

复杂性范式则认为，并不能把所有学科的规律最后都还原为物理学规律，特别是生物学、生态学等，以及社会科学中的许多学科，其研究对象都是活的，具有主动性和适应性。因此，正在兴起的复杂性范式，其认识论主要建基于生物学，它追求的是结构、模式、自组织、生命周期等，强调构成要素的主动性和适应性。

在复杂性范式里，研究对象并不是完全被动的，而是具有主动性、适应性的主体，这些主体的特性会随着观察者或研究者的行为而产生适应性，而其自身也将有自组织性和演化性，因此在由观察者和观察对象，或研究者与研究对象所组成的系统中，它们之间并不能完全分离和独立，而是相互影响和耦合，甚至形成协同进化关系，因果关系非线性化。[1]

---

[1] 黄欣荣. 复杂性范式：一种新的科学世界观[J]. 系统科学学报, 2013, 21 (2) : 18.

这段描述也有一些值得讨论的问题，如复杂性范式主要基于生物学。其实，海森堡不确定性原理（测不准原理）、爱因斯坦相对论为代表的物理学首先质疑以牛顿经典力学为代表的简单性范式世界观；20世纪60年代，气象学家洛伦兹提出了著名的混沌理论，指出微小的变化可产生巨大影响，如著名的"蝴蝶效应"。一般而言，简单性范式忽略了"过程"中的变化，复杂性范式则强调"过程"中的变化。所以，历史学科学生学习活动情境的复杂性应该有两层含义：一是情境自身呈现复杂信息，教师容易理解；二是学生学习活动过程中的复杂性，教师难以理解。所以，课堂中"讨论"为主体的开放性学生学习活动设计就是对学生活动复杂性的尊重，充分考虑学生群体在学习过程中的不同认知表现。

理解了复杂性，就能够理解问题情境的本质，即学生在认识活动中不是完全被动的，而是"具有主动性、适应性的主体"，并且在学习活动中与情境问题"相互影响和耦合，甚至形成协同进化关系"。这种"协同进化"，通俗理解就是学生的学习生成，这是教师讲授无法实现的，也就是这种学生素养的发展需要在学生与问题情境的互动过程中，发展进化得以实现。我们通过案例教学设计进一步说明。

教学设计 4-4

五四运动情境设计[①]

一、军阀反应

大好河山，稍有人心，谁无义愤。彼莘莘学子，激于爱国热忱而奔走呼号，前仆后继，以草击钟，以卵击石……其心可悯，其志可嘉，其情更有可原。

——吴佩孚

顷接京电，惊悉青岛问题有主持签字噩耗，五衷摧裂，誓难承认。

——吴佩孚

二、学者反应

北大校长蔡元培：同情学生，积极营救学生。

北大教授陈独秀：热烈支持，积极投入运动。

[①] 任烨. 多重解读历史核心素养之家国情怀的渗透与培养[J]. 中学历史教学，2018（7）：12–14.

三、商人反应

学生一日不释,本店一日不开!齐心救国,岂贪区区之微利?挽救学生,不释万万不开门!罢课救国,罢市救国,我两界挺身先起;民心未死,民国未死,愿大家努力进行。

四、乞丐反应

自罢市以来,路上乞丐,几不见其踪迹。闻天后宫中人云,乞丐之首领,六日曾有通告,不准在路行丐,以免妨碍国人救国之行动。其业扒手掏摸者,亦各有首领,与丐首下同以一之通告,戒令罢市期内,不许行偷。故六日以来,市上绝无失窃之事。

——《五四爱国运动(下)》

五、妓女反应

印发《敬告花界同胞书》分发各妓院,提议花界同胞不购日货,不收日本纸币,将二十一条印在请客票后面,捐助国民大会及学联经费。

——《五四运动画传》

这个情境设计就体现了情境复杂程度、开放程度。任烨认为教材中叙述了五四运动中学生、商人和工人在国难当头之下的斗争,以此来体现五四精神,教材中呈现的这些因素属于显性情感。但可以深入进行挖掘,挖掘其他阶层人群的反应,凸显社会各阶层普遍的爱国情感。遗憾的是任烨在该文中没有提及具体的学生学习活动任务(问题),以帮助我们深入理解"复杂的真实问题情境"。此外,吴佩孚、商人、乞丐及妓女的反应,材料只是一种呈现,是简单性表现。背后是否还有更多的其他原因,这构成深层的复杂性,同时也会令人质疑材料是否能够证明这些人的真实表现。任烨的分析如果能够更深入下去,或许就能够深入理解这个情境设计所蕴含的素养教育价值。

最后,开放性要特别注意正确的价值导向。《课程标准》在"教学与评价建议"部分指出,"深入分析课程结构,合理整合课程资源",并强调"设计新的综合性的学习主题"。[1] 这意味着课标强调发挥教师主观能动性,开展教学设计的创新研究与实践活动。但是,从教师常态教学活动观察,教

---

[1] 中华人民共和国教育部制定. 普通高中历史课程标准(2017年版)[M]. 北京:人民教育出版社,2018:47-48.

师是否具备这种"整合"与"设计"的能力素养,这个问题需要高度重视。常见的问题,一是材料拿来就用,缺乏一般的考证,且往往呈现为"碎片化"材料;二是欠缺正确的价值观判断与引领,这个问题需要高度警惕。对此,我们通过教学设计4-5予以解读。

> **教学设计 4-5**
>
> **基于价值观的历史解释**
>
> 一、材料
>
> 1907年,美国总统罗斯福向国会提出咨文中认为"美国政府除确实费用及一切损失赔偿1165万美元之外,所余1200万美元,实为浮数,受之有愧,应以之退还中国","美国宜实力帮助中国厉行教育……宜招学生来美,入我国大学及其他高等学社"。
>
> ——吴孟宪、李丹《美国退还庚子赔款与中国近代教育的发展》
>
> 二、问题
>
> 评析材料中罗斯福的观点,指出罗斯福的精神。

在听课调研过程中,我们发现教师设计的教学案例中的一个片段,而学生从材料中理所当然地概括出罗斯福具有伟大的人文精神。这个案例典型说明教师在历史新材料、新情境的设计过程中,缺乏价值判断的基本意识。这是一个看似偶然实则普遍的现象。在临下课前5分钟,笔者征得授课教师的同意,与学生围绕这段材料交流。

教师:中国给美国的这笔赔款是怎样形成的?
学生:《辛丑条约》规定。
教师:《辛丑条约》又是怎样形成的?
学生:八国联军侵华战争,中国战败签订。
教师:这笔钱合理吗?
学生:不合理。
教师:同学们回答得很好。这就好比有八个强盗,不远万里来到你的家,打死你的家人,抢夺你家的财产,还要签订条约给你家定规矩、强索赔款,还不许反抗。这是什么逻辑?

学生：强盗逻辑。

教师：非常正确。但是，其中一个强盗说，我抢多了，有一半应归还中国，但是中国政府贪腐，应该用于资助留美学生。这是良心发现吗？这是人文精神的体现吗？

学生：（七嘴八舌，观点混乱）

教师：所谓良心发现，要有证据。证据在哪里？证据在材料。从材料看，罗斯福对于这笔中国赔款的态度是什么？

学生：理所应当；中国赔多了。

教师：这种态度反映出罗斯福丝毫不为美国对中国的侵略而愧疚，这样的人，能体现出人文精神吗？

学生：不能。

教师：请同学们注意本段材料"吴孟宪、李丹《美国退还庚子赔款与中国近代教育的发展》"，课后读读这篇文章，看看作者怎么说。

2003年课程标准改革以来，一份材料说一份话的观点逐渐为历史教师所接受，在教学实践中大量使用新材料，建构新情境、新问题。但是，教师随意从网上收集一些材料，为了适应课堂需要，往往断章取义，从而使材料呈现"碎片化"现象，"碎片化"材料必然导致许多错误的认知。因此，历史学科核心素养的设计与提出，其学习实践目标不仅仅是针对学生，也是针对历史教师。

三、研究设计学生活动评价方案

学生学习活动的复杂性不仅仅体现在问题情境的设计、学生活动设计，也体现在评价设计。课堂学生学习活动评价是一个复杂的系统，涉及各个方面，呈现出过程性、发展性评价的特征。本部分主要探讨家国情怀素养的过程性、发展性评价。

课堂评价具有强烈的主观性、复杂性，尤其对于家国情怀素养而言，教师、学生评价一般基于自身经验。如学生爱自己、爱家、爱社会、爱祖国、爱中华民族的深厚情感，如何定性、定量评价？学业质量呈现的是简单性范式标准评价，"有"还是"没有"，"对"还是"错"等，无法呈现学生学习活动中所呈现的认知复杂性，即不同学生个体的差异性、水平的层次性。因此，家国情怀素养一定要通过学生对历史事物的认知过程，以及在认知过程中的素养表现，才能够呈现及相对评价，这就是黄牧航教授提出的三个水平层次评价的价值与意义所在。

水平 1　知道家国情怀素养的基本观念与价值取向，对历史做出是非判断。

水平 2　理解家国情怀素养的基本观念与价值取向，解析是非判断的理由。

水平 3　运用家国情怀素养的基本观念与价值取向，解决各种实践问题。

水平 1、水平 2 的层次划分基本属于传统的简单性范式，体现出对学生素养表现层次的基本判断。对此，教师比较熟悉，容易理解和实践操作，如学生讨论问题过程中，有的能简单做出是非判断，有的能够结合历史事例史论结合；有的史论结合，有的则能够在此基础上结合背景、影响等因素综合分析。此即对"是非判断的理由"中的"理由"进一步做出水平划分。

水平 3 的层次划分则更多地体现复杂性范式特征，针对同一实践问题，评价学生所呈现出不同的且复杂的素养表现。正如鲁迅在《绛洞花主》小引中讲道："《红楼梦》是中国许多人所知道，至少，是知道这名目的书。谁是作者和续者姑且勿论，单是命意，就因读者的眼光而有种种：经学家看见《易》，道学家看见淫，才子看见缠绵，革命家看见……"对于同一段材料描述，以不同的观念看到及认识理解的观点层次是不同的。水平 1、水平 2 层次的划分，做了基本的家国情怀素养中"正确的"价值规范，在此前提下，学生的认知有共性，但也能够呈现出不同的个性认知。这种个性认知，很有可能就是创造性思维的表现，也是创造性思维培养的途径。

发展性评价主要体现在水平 3。通过学生学习讨论，学生能够从水平 1 发展到水平 2，即简单性的水平发展，更多地体现在认知能力的发展方面。水平 3 则呈现出学生讨论学习过程中更为复杂的认知与实践变化，能够为学生思维的开拓、原理的迁移运用提供更多的帮助，从而体现相对高层次的素养发展。这种素养发展的有效途径就是学生自主的学习活动，教师讲授也能够达成，但需要学生通过针对性习题反复训练，才能够达到。

>>> 教学设计 4-6

关于美国使用原子弹轰炸日本的美国反应

材料：当时《芝加哥论坛报》刊有一幅漫画，认为 4 年前日本的珍珠港偷袭，已经点燃美国对日本使用原子弹导火线。战后一首美国民谣也唱道:"原子力量是上帝强力之手授予……广岛,长崎,为他们的原罪付出代价……"原子弹也成为当时流行的大众消费元素,一些服装制造商甚至用核试验场附近的沙砾作为装饰品。

——摘自史宏飞《核恐惧与美国科学家对核能国际控制的追求(1945—1946)》

学生活动:(讨论)评析材料中的美国人对美国使用原子弹轰炸日本的态度认知。

学生答案参考示例:

反对日本被炸是罪有应得的观点。

在原子弹爆炸中伤亡更多的是日本民众。日本被炸是罪有应得的观点没有区分出日本法西斯与日本人民。无论使用原子弹的理由多么充分,针对平民的屠杀都是反人类的行为,要予以批判。

学习与探究历史要有人文追求与价值关怀。针对美国使用原子弹轰炸日本的美国态度,我们需要有这种人文追求与价值关怀,即批判为了自身利益不择手段的行为,用核武器恐吓全区的霸权政策。首先使用核武器基础上的核威慑政策,其本身就是对国际和平与安全的最大威胁之一。将核威慑矛头指向无核武器国家,是霸权主义和强权政治的突出体现。中国也是核大国,但拥有核武器几十年来,中国始终恪守不首先使用核武器、不对无核武器国家和无核武器区使用或威胁使用核武器的承诺,不附加任何条件,今后也不会改变。

评价说明:

水平 1　知道家国情怀素养的基本观念与价值取向,对历史做出是非判断,在解决学习问题的过程中浅层次地理解历史。学生反对日本被炸是罪有应得的观点,具有基本的价值是非判断素养,即基本符合家国情怀素养水平1的要求。认同这一观点,则缺乏基本的是非判断,判断错误而无分。

水平 2　理解家国情怀素养的基本观念与价值取向,解析是非判断的理由,在解决学习问题的过程中比较深入地理解历史。

水平 3　运用家国情怀素养的基本观念与价值取向,解决各种实践问题,是深入的理解认识,即在说明自己对学习问题的看法中解释历史。

总而言之,基于学生学习活动中的素养达成及表现的评价,是师生共同面临的重要课题,也是家国情怀素养目标能够有效推进的重要指引与保障。相关研究,需要各方面高度重视,探寻更多的可操作评价方案。

第二节　基于生命意识的教学设计案例

生命意识教育贯穿整个历史课程，是教育教学的本质。在本书第一、二章中，比较系统地阐述了生命意识的内涵与外延，而在历史教学中贯彻生命意识教育，就是家国情怀素养教育，也是我们期望推进的生命教育。生命教育在我国港、台地区，乃至欧美、澳大利亚等地均有开展，但基本上呈现为"危机应对"状态，如应对校园欺凌等。目前，在内地实践中，生命意识存在隐性的与显性的两种设计。以下主要呈现显性的生命教育案例（见教学设计4-7、4-8）。

>>> 教学设计 4-7

统一的多民族封建国家初步形成①

一、目标

《课程标准》（中外通史纲要）1.3　秦汉大一统国家的建立与巩固

通过了解秦朝的统一业绩和汉朝削藩、开疆拓土、尊崇儒术等举措，认识统一多民族封建国家的建立及巩固在中国历史上的意义；通过了解秦汉时期的社会矛盾和农民起义，认识秦朝崩溃和两汉衰亡的原因。

1. 学生通过分析战国时期社会发展状况，分析秦国所具有的统一优势，理解秦国统一的历史背景，认识统一是历史发展的必然，探讨国家统一对民众生命的影响。

2. 学生通过了解秦朝统一后采取的一系列变革措施，认识统一的多民族国家初步建立、秦朝的制度创新及维护统一的措施在中国历史上的意义。

3. 学生通过了解秦朝时期的社会矛盾和农民起义，认识秦朝崩溃的原因，理解此时期"个人—家—国"的关系，认识统治者对生命和尊严的认识与态度以及其对国家治理的意义和价值。

---

① 案例来源：深圳市宝安第一外国语学校。作者：李红玲。

二、过程

1. 多民族国家的统一

分析秦国能够统一六国的原因，认识战国末期天下统一是历史发展的必然，树立维护国家统一的观念。

材料：经过100多年的持续努力，至公元前246年秦王嬴政继位时，实现统一的条件已经基本具备。这时，一方面，社会经济发展，各地联系加强，民族联系加强，"四海之内若一家"，为统一提供了必要的社会基础。另一方面，秦国变法比较彻底，政权巩固，经济发展，国富兵强，在实力对比上较之山东六国有着明显的优势，已经有了进行统一战争的可能性。充分运用这些有利条件，秦王嬴政……果断发动了大规模的兼并战争，从秦王嬴政十七年（前230）灭韩起，至二十六年（前221）灭齐止，前后只用了十年时间，便"初并天下"，统一了六国。……结束了过去那种"兵革不休""流血满野"的战乱局面，改变了长期以来"国异政教，各自独断，上无天子，下无方伯"的状态。这既有利于社会经济的恢复和发展，也符合历史的趋向和大多数人的心愿。

——白寿彝《中国通史》（第四卷中古时代·秦汉时期）

活动任务1：教师以PPT课件呈现秦统一六国图，学生阅读材料与地图，讨论秦统一六国的历史背景与过程。

活动任务2：学生列举战国时期主要的战争，讨论列国、统一战争对于民众生命的影响。

教师预设：局部的统一、封建经济的发展、民族融合的加强、人们渴望统一，统一是春秋战国以来历史发展的必然趋势。统一的任务由秦国完成，是因为秦国相对于六国，具有明显的优势。秦国有优越的地理位置。位于关中，东有函谷关，西有大散关，南有武关，北有萧关。在冷兵器时代，这四关堪称固若金汤。依靠四关，秦国足以御敌于外。由于远离中原政治中心，避开了大国的政治纷争和军事角逐。这种优越的地理位置，成为秦积蓄力量的天然环境。商鞅变法使秦拥有强大的经济和军事实力。后商鞅虽然被杀，但他的变法成果仍得以延续。秦国逐渐成为当时战国七雄中最为强大的诸侯国。常年的征战，造就了秦人彪悍的尚武精神和娴熟的军事技能。在对外战争中秦人的民族情绪高涨，内部相对团结，有较高的民族凝聚力。当一片广阔的区域由于经济和文化的趋同性而形成一种共同体时，形成一个强大的中央政权就成为趋势。秦国的统一是十几代秦国君臣共同努力的结果，最后由秦始皇抓住机遇，扬长避短，完成了首次统一。

战争对于民众而言，都是灾难；反对战争、追求和平是对民众生命的保护与尊重；在战国至秦统一时期，统一能够避免列国不断的战争对民众的伤害，这是中国自古以来强调统一的主要人文关怀与价值追求。

2. 春秋战国时期人文精神

以春秋战国时期"人才"政策问题为切口，进一步探讨"人才"政策背后同一文化、同一民族的文化基础，探讨对人的价值发现与尊重。通过分析秦国大力引进人才等走上强国之路的史实，认识人才、人才政策的连续性、使用合适的人才等对国家发展的重要性。通过对比法家与其他学派在当时的不同影响，认识个人的人生目标只有同社会发展方向和时代要求相一致，人生价值才更加有意义。

材料一：春秋战国时期，任用引进人才的现象，在列国也普遍存在。但与秦国相比，他们的人才引进规模及任用效果都逊色很多。秦国自穆公开始，多代国君连续地贯彻执行人才引进政策。将人才引进制度化、规模化，并将引进人才纳入国家官吏体系中进行统一管理，取得了人才争夺及任用上的成功。这一成功使秦国得以更有效地利用自身政治、经济、军事、地理等方面的条件，迅速发展了综合国力，最终兼并六国，结束春秋战国长期分裂割据的局面，建立起统一的中央集权的封建国家。

——孙赫《论春秋战国时期秦国人才引进》

材料二：齐国多引进如稷下学宫的学者，绝大多数是儒、墨、道三家。如孟轲、荀况为儒家；宋钘为墨家；田骈、接予、慎到、环渊为道家。仅引进一个纵横家苏秦，还是燕国的一个间谍。而秦国多引进法家、纵横家、军事将领。如商鞅、李斯为法家；张仪、公孙衍、范雎为纵横家；司马错、蒙骜、蒙恬等为军事将领。

齐国经济较富庶，文化也比秦国发达。所以，齐国选择儒、墨、道三家。齐的稷下学宫就是一个学术活动基地，来此均为学者，学者的主要活动就偏向于著书立说……较少有机会参与齐国的政治。而秦国……长期受北方游牧民族的影响……造成了秦文化重实用功利和尚武的特点。所以，较多选择法家、纵横家、军事将领等人才，他们的目的就是让他们参与国政，以使秦国富国强兵。

——郑玲童《春秋战国时期秦齐两国人才政策之比较》

活动任务1：结合材料，学生讨论各国的人才政策，探讨各国不拘一格、不分国别引进使用人才的历史文化背景。

活动任务2：讨论人才政策下，对人的价值发现。再扩展，此时期对人口的政策、民本思想的发轫等；理解此时期，民本思想所体现的对人的尊重。

教师预设：不拘一格的人才政策是对分封制、宗法制传统的突破，春秋战国时期，出于富国强兵的时代需要，在此主题之下，用人不再考虑出身，民众成为国家兵源、财力物力来源等认知逐渐成为主流，背后蕴含的是人文精神的发展。扩展：民众是国家、民族之本，探讨家国情怀等问题。

3. 了解统一多民族国家初步建立的史实，认识秦王朝的历史地位

学生通过这部分内容的学习，能认识到秦朝是我国第一个统一的多民族的国家，统一中央集权国家的形成，是历史发展的必然。统一的国家政权能推动多民族国家的发展，从而增强民族的认同感，进一步理解国家统一的重要性。

材料一：公元前230年至公元前221年，秦国相继灭掉东方六国，建立起新的统一王朝——秦朝。……随后，秦又征服了南方越族地区，并加强了对云、贵一带西南夷的控制。在北方，秦击退了游牧民族匈奴的进攻，在原有北方诸侯国旧长城的基础上，修筑了西起临洮、东至辽东的万里长城。

材料二：秦的统一，建立起"东至海暨朝鲜，西至临洮、羌中，南至北向户，北据河为塞，并阴山至辽东"幅员辽阔的国家，奠定了此后历代疆域的基本版图。统一中央集权国家的形成，是历史发展的必然，也是客观需要。空前统一的国家政权，促进了各民族的交往、交流与交融，推动了多民族国家政治、经济、社会的发展。

——普通高中历史试教教材《中外历史纲要》

活动任务1：教师以PPT课件呈现秦朝疆域图，结合材料，分析秦朝的疆域版图。

活动任务2：讨论秦统一的意义。

教师预设：引导学生结合初中所学秦朝维护国家统一的措施，

从先进生产力与生产方式的扩展、经济文化交流等方面，理解统一的意义。关注统一背景下，全国范围内民众所受的影响等。

秦始皇不仅完成了中原地区的统一，还进一步统一了西南少数民族地区，统一了今天江浙南部和福建一带东南沿海瓯越和闽越地区；统一了今两广一带的南越地区；又击退了匈奴贵族对中原地区的扰乱，在我国历史上第一次建立了幅员辽阔的统一的多民族的国家。这不仅符合历史发展的要求，也符合各族人民的共同愿望，同时对中国社会的发展有着深远的影响。

4. 理解此时期"个人—家—国"的关系

理解此时期"个人—家—国"的关系，认识统治者基于生命和尊严的认识与态度，对国家治理的意义和价值。学生通过阅读上面材料和教材，明白秦的速亡与秦的暴政有着不可分割的关系。能够认识统治者对人民的残酷剥削，肆意践踏人民的生命，必然会引起人民的反抗，"失民心者，失天下。"理解统治者生命观念与社会治理的关系。

材料：《续汉书·百官志》称："秦爵，二十等为彻（列）侯，金印紫绶，以赏有功。功大者食县，小者食乡亭，得臣其所食吏民。"次于彻侯的关内侯，名义上虽然"无土"，但仍规定"寄食在所县，民租多少，各有户数为限"。

秦简《法律答问》规定：奴婢的主人擅自杀死、刑伤、髡剔其子或奴婢，奴婢也不得"告主"。如果控告，则政府不仅不予受理，而且还应治"告者罪"。还规定："人奴擅杀子，城旦黥之，畀主"；"人臣"和"人妾"合谋盗卖主人的耕牛后潜逃，"当城旦黥之，畀主"。"畀"，予也。

秦制规定：一般劳动人民年十五始服役，六十岁老免。一生中须为正卒一年，屯戍一年，每年还要为更卒一个月。国家规定的这些徭役本来已经很重了，但实际上除此之外，还有大量的额外徭役，有的甚至不计役期。

秦代除修阿房宫、兴骊山墓外，还有不少大规模徭役征发。其中有的征发，如筑长城，开灵渠，戍边塞，修驰道、直道等，虽然在客观上有一定积极作用，但在短期百役并兴，旷日持久，其结果也必然给人们造成巨大灾难。

——摘编自白寿彝《中国通史》

活动任务1：结合材料，同时PPT课件呈现沉重的赋税、繁重的劳役与兵役，秦残酷的法律等相关资料，引导学生讨论秦朝短命而亡的原因。

活动任务2：讨论严刑峻法与沉重的赋税、繁重的劳役与兵役之间的关系，严刑峻法等苛政对民众生命的伤害等。

活动任务3：讨论秦修长城、灵渠、直道等问题。

活动任务4：讨论秦始皇的"作为"背后隐含的个人生命观念。

教师预设：活动任务1直接对应材料，学生获得直观认知。活动任务2则深入探讨，隐含法律与社会治理之间的关系，以及体现对民众生命的人文关怀。活动任务3则需要在尊重民众生命的前提下，辩证地具体问题具体分析。活动任务4则直奔秦始皇个人的生命认知：对自己生死的认知、对秦氏家族家天下的认知、对天下民众的认知等。

三、评价

水平1：知道家国情怀素养的基本观念与价值取向，对历史做出是非判断。例如学生能够从肯定统一、肯定人民群众创造历史、肯定人民生命价值、辩证分析"个人—家—国"关系等角度出发，对相关各种历史现象与问题做出是非判断。

水平2：理解家国情怀素养的基本观念与价值取向，解析是非判断的理由。例如学生能够理解统一的历史背景与意义，理解家国之间的逻辑关联，正确认识人民群众的力量等。

水平3：运用家国情怀素养的基本观念与价值取向，解决各种实践问题。例如学生能够从国家治理角度理解国家制度创新，理解法治与德治，理解农民起义所包含的人文生命价值与观念；能够形成自己的合理正确观念，迁移运用解决其他相类似的历史问题。

教学设计 4-8

走向整体的世界[①]

一、目标

《课程标准》（中外通史纲要）1.17　全球联系的建立

---

① 案例来源：深圳市宝安第一外国语学校。作者：彭雅琴。

通过了解新航路开辟所引发的全球性流动、人类认识世界的视野和能力的改变,以及对世界各区域文明的不同影响,理解新航路开辟是人类历史从分散走向整体过程中的重要节点。

二、过程

1. 尊重自己的生命

学生能够通过阅读材料,感知麦哲伦在航海过程中遭遇的种种艰难险阻,体会以麦哲伦为代表的航海家们开拓进取、不畏艰险的精神。树立积极向上、艰苦奋斗的人生态度,为进一步形成正确的生命观、价值观打下基础。

通过呈现麦哲伦航海过程中生动的细节材料,一方面可以增强学生的学习兴趣,丰富对历史的感性认知。另一方面可以直观感知历史、理解历史,感受麦哲伦及其船员不畏艰险的进取精神,增强对坚强勇敢、吃苦耐劳等品质的认同。辩证思考麦哲伦海航的目的,正确理解尊重自己的生命价值,进一步理解尊重自己的含义。

材料:麦哲伦出发时有五条船,在穿越南美洲最南端的海峡时损失了两条船,横渡太平洋用了80天,这期间船上的淡水和给养都严重不足。一位船员记述了他们在航行期间的苦难:"我们所吃的饼干不再能称为食物,它们只不过是些粉末和吞噬了饼干的蛆虫,而且,粉末浸透了耗子撒的尿,散发着叫人无法忍受的臭气。我们不得不喝的水是同样恶臭、令人作呕……实际上,我们常不得不靠吃木屑过活,就连耗子这种极叫人憎恶的食物,大家都在贪婪地寻找,一个耗子能卖得半个达卡金币。"

由于食物和淡水严重不足,许多船员得了坏血病,在太平洋上航行期间,共有19人死于此病。到达菲律宾后,麦哲伦死于与当地人的冲突,还损失了一条船。剩余的两条船在收购香料后返回时,一条被葡萄牙人捕获,最后仅有破损严重、水手严重减员的"维多利亚"号经印度洋和非洲于1522年9月3日返回西班牙。

——普通高中历史试教教材《中外历史纲要(下)》

活动任务1:学生讨论当时航海的条件,探讨麦哲伦探险的目的及探险的精神。

活动任务2:从个人主观角度、历史影响等方面讨论个人理想与追求。

教师预设:历史上,个人的主观目的不同,对人生的认识理解不同；个人主观目的可以明确地推动社会发展，也可以无意中产生深远的历史影响；在人类历史的发展进程中，那些勇于开拓、甘当先锋的历史人物不应该被忘却。

麦哲伦航海的主观目的需要辩证分析。

2. 尊重他人的生命

学生通过西班牙殖民者对印第安人进行压迫和杀戮的历史材料，能够深刻感受殖民者在殖民地进行侵略扩张活动的血腥和罪恶，进而认识到，正确的生命观和价值观不仅是能够正视自身的生命意义和价值，还包括能够尊重和珍惜他人的生命存在和价值。

通过阅读材料，学生能够感知西班牙殖民者加诸印第安土著居民的种种创伤，既有身体上的折磨和杀戮，也有心理上的蔑视和摧残，从中我们看到的是西班牙殖民者人性的泯灭和对生命尊严的践踏。在西班牙殖民者眼中，印第安人仅仅作为劳动工具、杀人玩具而存在，而作为一个与欧洲人同样重要的"人"的价值存在被完全抹杀和忽视，这是一种不平等、不合理的生命观、价值观。学生通过对殖民活动罪恶性的感受和认知，在充分认识和发挥自身生命价值基础上，学会尊重他人的生命价值和尊严，世界各国人民生而平等，都有其存在的特殊价值和意义，都值得被尊重和接纳，从而形成正确的生命观、价值观和历史观。

材料：他们（西班牙殖民者）对这些印第安人所施的"恩典"就是把男人送到矿上去采金，这是一种不堪忍受的繁重劳动；把妇女赶到农场去掘土种地，这种劳动即使对男人来说，也是极为繁重的。无论男女，只给他们一些野草和其他毫无营养的东西充饥。暴徒们把产妇的乳汁挤干，以饿死她们的婴儿；丈夫被遣往远方，不能与妻子同居，上述两个原因便使印第安人绝了后代。在矿山上，男人们死于劳累和饥饿；在农场里，妇女们也因同样的原因而丧命。

这些为西班牙人做苦工的印第安人的样子实在令人可怜，让人痛心：他们全都赤身裸体，只用一块兽皮遮羞，肩上背着一个小网兜，里面装着几块干粮。他们全都紧挤在庭院里，像驯服的羔羊跪在地上，武装的西班牙人把守大门，一切就绪之后，西班牙人便拔出利剑向"羔羊"刺去，一个都不放过。两三天后，一些浑身鲜血淋漓的印第安人从死人堆里活着逃了出来，他们向西班牙人流着泪乞求怜悯，请他们勿再杀人，但这些心狠手辣、没有一点良心的强盗又把这些印第安人剁成碎块。对那100多名被捕的头人，队长下令将他们捆在柱子上活活烧死……他们（西班牙殖民者）闯进村庄，见到孕妇和产妇便挑破她们的肚皮，然后剁成碎块，犹如宰割羔羊。歹徒们还打赌，看谁能够一刀把人从中间劈开，谁能提起孩子往石头上摔。

——摘编自巴托洛梅·德拉斯·卡萨斯《西印度毁灭述略》

活动任务1：结合材料中殖民者的行为，讨论他们是如何对待被殖民的民众生命的。

活动任务2：讨论殖民者与被殖民者两方面对上述行为的描述。

教师预设：教师呈现PPT准备的材料。殖民者为自己行为的辩护，如当欧洲殖民者奴役、杀害其他国家和地区的被殖民者时，他们为自己的行为辩护，提出这样的理由："我们是一个优等民族，正在将自己优异的文明之光带给世界上诸劣等的（因而也是落后的）民族。"另外就是被殖民者如印第安人当时见到白人时的描述。引导学生分析两方面描述的不同，深入思考尊重他人生命的含义。

殖民者的理由自提出至今引起无数学者的争论，种族有优劣之分么？1952年体质人类学家和遗传学家在一次国际会议上发表的声明较好地回答了这一问题："虽然有些人认为，人类诸群体在发展智力和情感的天赋能力方面有差异，但现有的科学知识并未为这种看法提供任何依据……遗传差异在决定人类不同群体之间的社会差异和文化差异的过程中，不起什么重要作用。"西方殖民者将种族优劣论视为他们侵略行为的借口，对被殖民者尊严、生命的蔑视和摧残使他们的殖民活动充满血腥和罪恶，这是无法抹去的历史，也是不可重蹈的覆辙。

3. 追求共同发展

学生通过菲律宾马克坦岛上纪念碑关于麦哲伦和拉普拉普的不同评价，体会新航路开辟给世界各国带来的不同影响，学会辩证认识历史事物。通过欧洲国家在发展中对亚非拉国家的侵害，进一步加深对人类命运共同体的认同，理解共同发展繁荣、共同解决困难。

材料：在菲律宾马克坦岛上航海家麦哲伦遇难的地方，有一座纪念亭，亭中立有一块石座铜碑。碑的下面有这样的文字："费尔南多·麦哲伦。1521年4月27日，费尔南多·麦哲伦死于此地。他在与马克坦岛酋长拉普拉普的战士们交战中受伤身亡。麦哲伦船队的一艘船——维多利亚号，在埃尔卡诺的指挥下，于1521年5月1日升帆驶离宿务港，并于1522年9月6日返抵西班牙港口停泊，第一次环球航海就这样完成了。"这块碑的背面，则刻着另一段文字："拉普拉普。1521年4月27日，拉普拉普和他的战士们，在这里打退了西班牙入侵者，杀死了他们的首领——费尔南多·麦哲伦。由此，拉普拉普成为击退欧洲人侵略的第一位菲律宾人。"

活动任务1：纪念碑正面和背面镌刻的文字都包含着对逝者的价值评价，换位思考濒死的麦哲伦心中的想法与拉普拉普杀死麦哲伦时的心情。

活动任务2：讨论，结合材料谈谈你对"文明因交流而多彩，因互鉴而丰富"的认识。

教师预设：纪念碑正面的文字是对麦哲伦的评价，他领导了第一次环球航行，对人类文明做出了贡献；纪念碑背面的文字是对拉普拉普的评价，他领导了反侵略斗争，对民族做出了贡献。

对两人的不同评价实则是辩证认识新航路开辟的影响。一方面，新航路开辟结束世界相对孤立状态，促进世界文明的交流与碰撞，推动人类文明的转型与进步；另一方面，伴随新航路开辟而来的是西方殖民国家的扩张给亚非拉殖民地人民带去的侵略和灾难。这是当事人当时没有的想法，而是后人的评价观点。

辩证认识新航路开辟的世界影响。一方面，世界各国联系更加紧密，欧洲成为世界市场的中心，亚洲收获大量白银，美洲吸收人才和技术。另一方面，随着物种、商品交换而来的是黑奴贸易、疾病传播，世界经济、文化在交流中得到发展的同时也面临罪恶和灾难。欧洲国家在发展自身时，忽视了其他国家的生存和发展需要，这是一种不合理、不公正的国际经济旧秩序。随着被殖民国家和地区的发展强大，寻求自身的独立和发展成为其历史使命和共同追求。不同国家因实力、利益和需求不同，对新航路开辟会有不同的境遇和评价，但历史是不断走向发展进步的。过去血腥暴力方式的资本原始积累阶段早已过去，当今世界和平与发展成为时代主题；经济全球化加速发展，各国经济联系更加紧密，世界日益成为一个你中有我、我中有你的共同体；应在追求本国经济发展的同时，兼顾他国的合理利益，共同构建人类命运共同体，共同分享发展成果，共同解决发展问题。从对历史和现实的辩证认识中，学生能够树立正确的世界观、价值观和历史观，理性、客观地分析历史和现实问题。

价值判断具有相对性，历史时空不同、立场不同、角度不同、需求不同，价值判断也就不同，会对同一事物或行为做出不同甚至截然相反的判断；价值判断的相对性并不否定价值判断的客观性，做出正确的价值判断，必须遵循社会发展的规律，正确处理国家发展与世界各国共同发展的关系，以正确的历史观、价值观和世界观为依据和前提。

正因为麦哲伦具有强烈的欧洲优越心理、宗教使命等认知，视土著为未开化野蛮人，土著则视麦哲伦为侵略者、寇仇，所以，今天文明需要交流与沟通，文明因交流而多彩，因互鉴而丰富，求同存异，在共识中谋求合作与发展。这是中国智慧，不同于近代以来传统的大国霸权全球治理观念。

4. 反思"远航"历史

学生通过对比郑和下西洋和麦哲伦远航，认识中国古代和平外交与西方殖民者暴力扩张的不同影响和价值，增进对当代中国独立自主的和平外交政策的认同，并从历史中吸取教训，坚定中国继续深化改革开放、抓住机遇努力发展的中国特色社会主义的道路、理论、制度和文化自信，实现中华民族伟大复兴。

通过材料，对比郑和下西洋和哥伦布远航，学生能够从中国的和平之旅和欧洲国家的暴力之旅中，进一步感知中国自古以来以和为贵的文化及外交传统。这是中国在发展中需要始终坚守的重要原则，也是郑和较之于哥伦布远航的可贵之处，学生能够以此形成珍爱和平、反对侵略的正确价值观念。但中国古代的朝贡贸易难以为继，虽然远航条件优越却没能给中国和世界带来重大的历史影响，没有经济发展的动力支撑、没有抓住重要的历史机遇发展蜕变，当欧洲国家在积极探索外部市场寻求自身发展时，中国实行了"海禁"和"闭关锁国"，消极保守的对外政策使中国落后于世界潮流。由此学生能够从历史中反思古代朝贡外交的经验教训，加深对当今中国独立自主和平外交政策的认同，增进对深化改革开放、把握机遇努力发展，实现中华民族伟大复兴的中国特色社会主义的道路自信、理论自信、文化自信和制度自信，形成正确的世界观、民族观和历史观，并将其作为分析、解决历史和现实问题的理论依据。

材料：郑和七次远航，怀着"播仁爱于友邦"的愿望，以"厚往薄来"式的贸易给所到之处人民送去了友好的问候以及代表和平美好生活的精美丝绸和瓷器，也带回了各国人民的友好祝福以及同样代表和平美好生活的香料、药材和珍贵的动植物。而哥伦布、达·伽马、麦哲伦及其后继者们给美洲、亚洲和非洲人民带去的是骇人听闻的杀戮和难以想象的暴行，带回的是掳掠来的土地、黄金、女人和奴隶。

郑和给所到之处的人民留下的是美好的记忆和无尽的怀念，而哥伦布们留给的却是抹不去的心灵创痛。

——马经《郑和、哥伦布、达·伽马、麦哲伦与世界和平诸问题》

活动任务1：讨论郑和与哥伦布海外活动的特点，探讨郑和下西洋难以为继的原因。

活动任务2：探讨郑和与哥伦布海外活动对当今中国发展"一带一路"的启示。

教师预设：对比郑和与哥伦布的远洋航行，反思中国的历史得失，在继承中发展。

郑和下西洋，秉承的是和平贸易理念，中国作为财力丰厚的宗主国，对周边附属国奉行厚往薄来的原则，以此宣扬国威。哥伦布远航的目的是掠夺财富和占有殖民地，给被殖民地国家和人民带去侵略和灾难。但是，郑和下西洋不计经济效益，不能给经济提供持续发展的动力，长期厚往薄来的朝贡贸易政策给明朝造成巨大的财政负担，随着国力衰退，航海壮举悄然结束。而欧洲航海活动多以经济目的为重，追求财富和殖民地的欲望激发探险者前赴后继，并翻开了人类经济发展史上崭新的一页。从历史中反思现实，今天的中国在对外交往中，依然要坚守和平、友好、平等理念，坚决抵制和摈弃侵略扩张理念，坚持以经济建设为中心，并注意维护国家权益。郑和时代有着比欧洲更强大的航海能力和国家实力，却未能将此转化为国家发展的良好契机和现实力量，错失了历史机遇，因此，在新的历史发展阶段，中国应深化改革开放，努力发展，增强实力，抓住机遇，迎接挑战，实现中华民族的伟大复兴梦。

第三节　基于家国情怀的教学设计案例

本节案例（见教学设计 4-9、4-10、4-11）呈现的家国情怀，主要是指围绕多民族国家形成与发展过程中，体现出的正确的国家观、民族观、文化观与历史观。

教学设计 4-9

明清海禁政策与国家观、民族观[①]

一、目标

1.《课程标准》（中外通史纲要）1.6　明至清中叶中国版图的奠定、封建专制的发展与社会变动

通过了解明清时期统一全国和经略边疆的相关举措，知道南海诸岛、台湾及其包括钓鱼岛在内的附属岛屿是中国版图的一部分，认识这一时期统一的多民族国家版图奠定的重要意义；了解明清时期社会经济、思想文化的重要变化；通过了解明清时期封建专制的发展、世界的变化对中国的影响，认识中国社会面临的危机。

2.《课程标准》（选择性必修一）1.4　民族关系与国家关系

了解中国古代的民族政策和边疆管理制度，认识中国作为统一多民族国家的发展历程，以及中国古代处理对外关系的体制。

3. 从对海禁政策的认识和理解，认识明清时期社会解决的发展和世界变化对中国的影响，理解中国面临的危机，进一步从明清政府关于边疆的政策角度思考其体现的国家意识、社会治理意识，探索国家观与民族观的建构。进一步理解学习与探究要有人文追求与价值关怀，推动学生走出传统欧洲中心历史观认知，即海禁是愚昧导致落后的根源等，而是要学生学会置于国家治理视域思考。

二、过程

1. 海禁政策以及"闭关锁国"的原因

通过史料分析，认识什么是海禁政策。在对比史料中发现有

---

① 案例来源：深圳市宝安中学。作者：王雪。

疑问处，从而提出新的问题。运用时空定位，能够将海禁政策置于明清两代的时空尺度中，综合分析海禁政策的基本延续性和发展变化，得出合理的认识。

通过明清疆域、边患问题的分析，走出传统的欧洲中心历史观认知，认识这一时期海禁政策对于统一的多民族国家版图奠定的重要意义。

材料一：明清之际……西方殖民势力已经东来，福建、广东沿海人民与西方人的私人海上贸易已很频繁。明清易代以后，东部沿海的抗清势力比较强大，统治者担心这些力量相互结合，会给统治秩序造成威胁，宣称"天朝大国物产丰盈，无所不有，原不藉外夷货物以通有无"，长期实行海禁政策。

——岳麓版高中历史必修二"第6课 近代前夜的发展与迟滞"

材料二：明朝初期，东南沿海倭寇日益猖獗。明太祖担心流亡海上敌对势力勾结倭寇，危及统治，下令实行海禁。他规定：人民不得擅自出海与外国互市，对外贸易只能在官方主持下进行。清初，为了对付东南沿海的抗清斗争，政府厉行海禁，禁止官民私自出海，又将沿海居民内迁数十里，不许人民片板下海，实行"闭关锁国"政策。

——人教版高中历史必修二"第4课 古代的经济政策"

活动任务：学生依据材料讨论海禁政策。

教师预设：为什么要海禁？两个版本的教材表述有何不同？通过不同版本教材的对比阅读，引导学生学习海禁政策的基本内容：禁止私商出海，官方把持对外贸易。从材料中可以概括得出海禁政策的原因：明政府担心反对势力与倭寇内外勾结，清政府为了防范外国侵略和对付东南沿海抗清势力，明、清政府都担心会引发社会动荡，威胁统治秩序。

学生在两则材料的对比阅读中，发现岳麓版的表述是清代"实行海禁政策"，而人教版的表述是清代"实行'闭关锁国'政策"，两个表述存在差异，在质疑和思考中生成新的问题——海禁政策是否等同于"闭关锁国"政策？进一步辨析海禁政策，得出自己的认识。

比照人教版和岳麓版教材，可以发现其对海禁政策表述侧重点不同，岳麓版只讲了清代的海禁政策，没有体现海禁政策从明代到清代的延续。人教版对海禁政策的内容和原因都给了结论，但结论过于简单和概括，缺乏历史的细节。另外，岳麓版教材和人教版教材表述存在差异，进而引领学生在阅读中于不疑处质疑。从问题的设置上，让学生在阅读教材中首先学会概括观点，继而学会发现问题，对教材的简单性结论提出质疑和思考，培养批判性思维。

海禁政策和"闭关锁国"政策是否等同？事实上，"闭关""锁国"等语汇，是工业革命后英国商人所用的语辞，后为马克思在《中国革命和欧洲革命》一文中所采用，认为清政府实行了"闭关自守"。这一观点于20世纪50年代纳入了当时中国的主流意识形态，并被写进教科书沿用至今。

通过分析明、清国家对外贸易政策的变化，提高对国家对社会治理的发展变化的认知。认识世界变化对中国的影响和中国面临的危机，增强对国家和民族的担当和社会责任感。这是传统的欧洲中心史观，我们需要从中国当时的历史情境出发，从国家边疆治理角度思考海禁政策的合理性，从而建构正确的国家观与民族观。

2. 明、清政府海禁政策

了解明、清政府海禁政策的变化，分析影响海禁政策的变化有哪些因素。对影响海禁政策的因素以丰富的史料进行多角度论证，培养对问题多角度思考的能力，以及更全面、更丰富的问题解释能力。以批判性思维对熟悉的历史结论进行审辨质疑，能够基于当时的历史对海禁政策形成更客观的认识。

学生了解明、清海禁政策发展变化的来龙去脉，补充印证了之前所论及的清代"闭关锁国"政策的说法不准确。实际上明、清两代的海禁政策是具有延续性的，但是明、清两代面临的时代环境不同，开海、禁海的理由也不尽相同。引导学生在历史的变化中理解历史时空和环境因素对历史的影响。进而能够将历史问题置于具体的明、清时空框架下，分析明、清海禁政策的不断变化实际上是国家政治统治意图的体现。当遭到外部侵袭或者内部动荡之时，明、清政府收紧海禁政策，而当政局稳定之时，明、清政府放宽海禁政策。

材料：明初（1374年），"明祖定制，片板不许下海"。

1548年明朝关闭沿海，禁止一切对外贸易。

1567年明朝解除海禁之令，史称"隆庆开关"。福建巡抚奏疏中说："市通则寇转而为商，市禁则商转而为寇。"

1656年清政府颁布海禁令，1661年颁布迁界令。

康熙年间统一台湾之后解除沿海各省份的海禁。

1685年清政府开澳门、漳州、宁波、南京为对外贸易港口，分设海关。

1757年清政府下令关闭其余各海关，指定广州一口通商。

——摘编整理自张九渊《中国经济史概论》等

活动任务： 讨论明、清两代海禁特点，解除海禁的原因，开海、禁海的不断变化反映出的统治者国家主权与边疆治理意识。

教师预设： 学生可以从材料中认识到海禁政策的特点，如海禁政策是政府主导的政策，明、清两代具有政策延续性，海禁政策在不断变化，时开时禁。学生在海禁政策的不断变化中生出疑惑，进而思考影响统治者做出政策变化的原因有哪些。从材料中"福建巡抚奏疏中说：'市通则寇转而为商，市禁则商转而为寇。'"可以具体认识到明代解除海禁的原因之一是因海禁造成东南沿海大量私商流寇。从材料中"康熙年间统一台湾之后解除沿海各省份的海禁"可以认识到清代解除海禁的原因之一是清政府统一台湾，东南沿海政局稳定。

学生可以发现具体的解除海禁的原因虽有不同，但影响明、清政府政策变化顶层设计的宏观考量都是从国家政治局势稳定的角度出发，和海禁的原因同属于政治因素。

3. 认识朝贡贸易

引导学生从熟悉的八年级教材中所讲的"郑和下西洋"入手，认识何为朝贡贸易。对比朝贡贸易与海禁两个看似不相干的政策，从中把握相关史实之间的时间空间联系，对同一问题进行不同角度的思考，从而对历史事实和概念有更清晰的认识和界定。朝贡贸易笼罩着浓厚的政治色彩，其政治意义远大于经济意义，体现了明政府"怀柔远人"的理念。海禁政策对私商的限制，也是从另一方面对官方的朝贡贸易的维系和肯定。

把握郑和下西洋与海禁政策两个事实之间的时空联系，并加以说明。结合明、清两代疆域版图，将明、清的海禁政策的发展演变，置于明、清疆域版图的变化和早期全球化发展的对比下考察，认识到自从经济中心南移后东南边患成为明、清统治者的心患，而西方的崛起在当时并没有成为对统治者致命的威胁。以更具体的历史事实和更宏大的历史视角思考海禁政策的原因。

材料一：1405—1433 年间，明成祖等派宦官郑和率领船队七次远航西洋，成为世界航海史上的壮举。这比欧洲人开辟新航路早半个世纪，船队规模也大得多。……但是郑和下西洋的目的不是发展海外贸易，每次远航的花费都很大。

——人教版八年级历史与社会下册《来自海上的挑战》

材料二：凡外夷贡者，我朝皆设市舶司以领之……许带方物，官设牙行与民贸易，谓之互市。是有贡舶即有互市，非入贡即不许其互市明矣。

——王圻《续文献通考》

活动任务：讨论郑和下西洋是什么性质的贸易？何为朝贡贸易？分析海禁政策和郑和下西洋是否冲突？

教师预设：学生能够从材料中"郑和下西洋的目的不是发展海外贸易"，认识到郑和下西洋的目的不在贸易本身，结合两则材料和所学可知郑和下西洋的实质为朝贡贸易。据材料可以概括出，朝贡贸易就是明朝政府特许前来进贡的外国商船，带来一定的货物，在指定地点与中国进行官方的商品交易。

引导把握海禁和郑和下西洋两个史实之间的时间空间联系，对明朝政府的对外贸易政策进行不同角度的思考。认识到海禁所针对的是民间的私人海外贸易，郑和下西洋属于明代的"朝贡贸易"体系。海禁政策是被动地维系着传统朝贡贸易体系，郑和下西洋是国力强盛时做出的主导朝贡贸易的行为。

4. 海禁政策的经济根源与对民众生活的影响

基于明、清的现状和后来的历史发展两种不同的角度，对明、清的对外贸易政策进行分析，认识到对历史做出评价要在一定的历史条件下，要具有人文追求与价值关怀。

通过材料让学生思考海禁政策是否有经济形态方面的深刻根源，从而理解明清统治者严格限制民间海外贸易的根源基于自然经济的自给自足。要求学生能够从经济基础与上层建筑、生产力与生产关系的角度理解海禁政策的提出和发展变化的根源，论证农耕经济与海外贸易之间的联系。

材料一：明代海外贸易饷税收入，在比较高的万历二十二年（1594）为二万九千两白银，而万历年间钱赋收入每年大约是四百万两白银。

——田汝康《中国帆船贸易和对外关系史论集》

材料二：清朝康雍乾三代耕地面积扩大，引进高产作物番薯玉米"亩产得数千斤，胜种五谷几倍"。1723年清"摊丁入亩"放弃人头税，"盛世滋生人丁永不加赋。"乾隆年间人口超过一亿。

——整理自维基百科"康乾盛世"词条

活动任务：海外贸易有着不菲收益，统治者为何还会继续实行海禁政策？

教师预设：学生从材料中认识到明代海外贸易的收入在国家赋税收入中占比较小，从经济层面上国家统治者对海外贸易并无很大的需求。探讨海内外贸易对中国农业经济及民众生活的影响。

结合材料和所学知识，学生可以运用"经济基础决定上层建筑"的唯物史观，综合分析认识到，统治者继续实行海禁政策的根源，在于中国古代社会的自然经济自给自足，农业生产水平较高，尤其明、清时代农业生产达到前所未有的高度，对海外贸易的依赖程度自然就比较低。

5. 中华民族多元一体的发展趋势

通过了解明、清时期统一全国和经略边疆的相关举措，认识这一时期统一多民族国家版图奠定的重要意义，把握中华民族多元一体的发展趋势。运用时空定位，以地图和文字材料引导学生综合分析古代中央政权对于疆域问题的思考，把握较长时段疆域和边患问题的走向及其对中央政策的影响。能够在探究边患问题这一看似与海禁不相关的问题的时候，尝试从更多元的角度分析影响海禁政策的因素，理解边患问题在明清统治者眼中是关系到国家政权稳定的关键问题，其重要性远胜于贸易问题，因此在遭到边患困扰的时候，海禁便是统治者必然为之的政策。

材料一：明初，蒙古人退居漠北，对此，明朝先后北征六次，欲一举歼灭北元政权，但始终没有能使蒙古臣服。在通过战争征服不了蒙古的情况下，明朝不得不由进攻策略转为全面防御布置，到永乐年间，修筑起了东起鸭绿江、西到嘉峪关，绵延万里的"明长城"。北元蒙古和明朝两个政权隔着长城相互对峙的局面持续了二百多年。终明一朝，始终没有能够成功解决北方的边患。

——《明朝天子守边的真相》

材料二：清初，沙俄侵略中国北方，1689年中俄签订《尼布楚条约》划分了中俄两国东部边界，使中国东北边疆获得了一个较长久的安宁,但俄国仍没有放弃侵占黑龙江地区的野心。1662年,荷兰殖民者被郑成功逐出台湾。清朝政府为防范台湾郑氏反清势力,在东南沿海"围海迁界"。

1757年,英国商人多次违反清政府禁例,并有"移市入浙"的趋势,清政府以"洋商错处,必致滋事"为由,规定西洋商人只可以在广东"一口通商"的政策,并设立"十三行"统一经营管理对外贸易。1759年清政府又制定《防夷五事》规定,对外商在华权益予以规定和限制。

——整理自《清代闭关政策原因浅论》《中国古代史》等

活动任务:结合材料讨论明、清两代分别面临的边患问题。探讨明、清两代统治者的国家治理观:边患问题和贸易问题孰轻孰重?

教师预设:通过材料进一步深入探讨明、清边患问题。明代面临的边患问题主要是来自北方蒙古的威胁,清代的边患问题有了新的变化,外国势力侵扰我国:有沙俄对我国东北的侵占,荷兰对台湾的侵占和英商在东南沿海地区的贸易活动。

引导学生从中国古代疆域版图的历史发展上综合分析,中国自秦汉以来的边患从地域上看大体由西北地区向东南发展。北方边境一直为中原王朝的心腹之患,国家以巩固版图为重。自从宋朝以后经济中心南移完成,南方经济优势远超北方,东南沿海的倭寇、海盗、西方殖民者等危害国家安全的势力作祟开始令统治者坐卧不宁,因此海外贸易利益让位于国家安定。海禁作为国家政策的提出,有统一管理对外贸易,严防西方势力渗透,维护政权稳定和社会安宁的考虑。学生能够把握中华民族多元一体的发展趋势,能够将历史所学和民族国家的发展繁荣结合起来。

结论:海禁政策是明、清政府推行的边疆治理的重要举措,起到了反对外国侵略、维护国家统一、维护边疆稳定的积极作用。虽然,有些时期阻碍了中国与世界的文化交流,但根本原因还是基于中国社会经济发展状况。学习与探究历史需要人文追求与价值关怀,我们应该树立基本的国家意识、民族意识,正确看待中国历史。

三、评价

水平1:能够从明、清时期社会经济与国家边疆治理角度,对海禁政策做出是非价值判断。

水平2：能够理解掌握水平1是非判断的理由。

能够将海禁政策置于明、清时期社会经济发展中加以分析；能够理解明、清政府在外有外国侵略、内有抗清势力的情况下，调整海外贸易政策是为了维护国家主权和国家统一，保障社会秩序稳定，认识海禁政策的价值和意义。

水平3：能够将水平1、2运用于其他历史学习与探究实践。

能够基本区分欧洲中心的世界观；能够从不同国家、地区及民族自身的发展理解各自的政策等。即能够在历史学习与探究中具有人文追求与价值关怀。

如能够在对海禁政策的分析和评价中汲取经验教训，更全面、客观地认识历史和现实社会问题，并将所得为中国的发展繁荣提供借鉴等。能够认识到殖民扩张对该地区的国家和人民的生命和尊严带来了冲击甚至灾难，了解当地人民为维护尊严而做出的努力；能够认识到新航路开辟后对世界各区域文明带来的不同影响，理解人类从分散走向整体的历史过程；理解文明需要沟通交流，需要在互鉴中求同存异，在共识中和平发展，树立人类命运共同体意识等。

教学设计 4-10

感悟中国爱国官兵的家国情怀
——以甲午中日战争为例[①]

一、目标

《课程标准》（中外通史纲要）1.7 晚清时期的内忧外患与救亡图存

认识列强侵华对中国社会的影响。概述晚清时期中国人民反抗外来侵略的斗争事迹，理解其性质和意义；认识社会各阶级为挽救危局所作的努力及存在的局限性。

1. 学生能够通过本课的学习，掌握中日甲午战争的原因，了解甲午战争中中国人民反抗外来侵略的史实，反思甲午战争中国战败的原因。

---

① 案例来源：深圳市宝安中学。作者：付华龙。

2. 聚焦生命意识，聚焦生命的责任意识，也就是对自己的社会身份负责，从而使自己的生命意识具有社会意义；进一步发展到超越功利的人生情怀追求，追求生命的价值与崇高意义。帮助形成正确的世界观、人生观和价值观，把自己的生命、身份责任意识和国家命运、国家危亡相联系，渗透家国情怀素养。

3. 认识到中国是世界的一员，中国命运和世界发展大势是紧密相连的，树立人类命运共同体意识。

二、过程

1. 导入

展示"致远舰"正在黄海海面渐渐下沉的图片，播放背景音乐《东方有一片海》歌曲：

东方有一片海，海风吹来童年的梦，
天外有一只船，请带我漂向那天边。
东方有一片海，海风吹过五千年的梦，
天外有一只船，船一去飘来的都是泪，洒在海边。
再不愿见那海，再不想看那只船，
却回头又向它走来，却又回过头，
向——它——走——来！

教师预设：通过儿童凄厉的歌声和"致远舰"下沉的图片达到"凝神、起兴、点题"的效果，创设历史情境，尽量让学生"回到历史现场"，感受甲午战争那悲壮、凄凉又无可奈何的败局，切入正题。为什么100多年前会爆发一场中日战争呢？戚其章《甲午战争新讲》写道："水有源，树有根。凡事情的发生都有它的根由，它的原委，它的因果关系。有因必有果；反之，有果必有因。甲午战争自然不能例外。"中日甲午战争涉及中国、日本、中国的附属国朝鲜、欧美列强等相关势力，为说明此问题，引入下个环节。

2. 甲午之因，认识19世纪末日本发动甲午战争的深层次背景

（1）略

（2）中国方面原因

材料一：慈禧太后形成了以她为核心的"后党"集团，虽然对日本在朝鲜的膨胀势力深感不安，但又低估了日本的侵略企图。1888年北洋海军正式建成后，更是有恃无恐，掉以轻心，并建议挪用海军经费修颐和园。光绪帝依靠自己的师傅翁同龢，集结了部分

官僚，与慈禧太后争衡，时人称为"帝党"。很希望阻止日本的侵华野心；又很想趁机增强光绪皇帝的权力和扩大自己的影响。李鸿章不满奕譞（后党）等人阻挠北洋海军的建立，不满帝党动辄"主战"，又一向惧怕慈禧太后，乃在政治上倾向后党，移拨海军经费，停购船械。

——李侃《中国近代史》

材料二：但是内乱（东学党起义）平定之后，日本仍不撤兵……要求中日两国共同强迫高丽改革内政。李鸿章不答应，因为这就是中日共管高丽。士大夫以为日本国力甚小："倭不度德量力，敢与上国抗衡，实以螳臂挡车，以中国临之，直如摧枯拉朽。"

——蒋廷黻《中国近代史大纲》

材料三：李鸿章则觉得一调大兵，则双方势成骑虎，终致欲罢不能。李觉得既有俄国的援助，不必对日本让步。殊不知喀西尼（沙俄驻华公使）虽愿意给我援助，俄国政府不愿意。等到李鸿章发现喀西尼的话不能兑现，中日外交路线已经断了，战事已经起始了。

——蒋廷黻《中国近代史大纲》

材料四：为什么从李鸿章的决策当中，我们可以看到息事宁人的意味？因为1894年中国的政治年，主要原因就是慈禧太后的六十大寿。（其重要程度）大到今天我们怎么去估价都不为过，一百多年前就是家天下，慈禧太后就是大家长，是一家之主。甲午战争从爆发到9月18日，人们关注的还是慈禧的祝寿活动。即使日本打到了中国本土，祝寿活动依然进行。

——马勇《甲午战争十二讲》

活动任务：认识19世纪末中国在甲午战争之前和甲午战争爆发之后的状况

教师预设：学生通过阅读理解材料一可以得出统治集团内部矛盾重重、严重影响了中国的备战；通过材料二可以得出中国的士大夫群体存在普遍的轻敌、自大心态；通过材料三可以看出李鸿章寄希望于外交调停，未能认真备战；通过材料四可以得出1894年的政治年约束了清政府的行政能力。

通过对上述材料的研读和学习，学生可以认识到清朝官员的腐败，即慈禧祝寿比甲午战争更重要。这也能够说明中国对甲午战争的认识不足、准备不充分。

3. 甲午之战，了解甲午战争中中国人民反抗外来侵略的斗争事迹，感悟其爱国精神

材料一：黄建勋，超勇快船管带，超勇渐难支撑，右舷倾斜，海水淹没夹板，黄建勋随之坠水。这时，北洋舰队的左一鱼雷艇驶近相救，抛长绳以援之，黄建勋不就而沉于海。时年43岁。

林履中，杨威舰管带。杨威以先（超勇）起火，又受伤多处，林履中仍亲率千总三副曾宗巩等奋勇抵抗，发炮击敌。杨威伤势过重，首尾各炮已不能动，而敌炮纷至，舰身渐沉，只得驶离施救，终于搁浅。林履中登台一望，愤然蹈海，随波而没。时年亦43岁。

邓世昌，致远舰管带。死事最为壮烈，朝野为之震动。光绪皇帝亲赐挽联曰："此日漫挥天下泪，有公足壮海军威。"并谥为"状节"。致远舰帮带兼领大副，陈金揆时年46岁亦同时沉海。全舰200余名官兵，除27人遇救生还外，其余皆葬身海底。

林永升，经远舰管带，因他在此次海战争"争先猛进，死事最烈"，清廷照提督例从优议恤，追赠太子少保，故获以"林少保"称之。全舰200余人中，仅有16人生还。

靖远舰、来远舰以寡敌众，苦战多时，均受重伤。"战后，来远驶归旅顺，中外人士目睹其损伤如此严重，尚能抵港，皆为之惊叹不止"。

定远、镇远二舰在这场你死我活的搏战中，尽管战后环境险象环生，将士始终怀着必胜的信心。其中，表现最突出的是定远管带刘步蟾及镇远管带林泰曾、帮带大副杨用霖。在海战第三回合中，定远和镇远在战局急转直下的危急时刻，仍能巍然屹立，勇搏强敌，力挽危局，重创敌之旗舰，终于化被动为主动，使日舰本队不敢久战而南遁。

——摘编自戚其章《甲午战争新讲》

材料二：千古艰难唯一死！丁汝昌（北洋水师提督）之死堪称甲午战史上最为悲壮苍凉的一幕。丁汝昌困守刘公岛，在内无弹药、外无援军的情况下，仍率领上下士卒先后击退日军十次进攻。他宁死也不愿背叛自己的国家，又不忍心让全岛军兵随自己赴死，在全然看不到希望的情况下，他在深夜吞下鸦片：凄凉地死去。

——陈悦《沉没的甲午》

活动任务：知道甲午战争中中国人民反抗外来侵略的斗争事

迹，感悟其爱国精神。

教师预设：学生研读材料一、二之后，教师可以问学生，从黄海大战中诸将领的行为中你们感受到了什么？是这些中国将士不爱自己的生命吗？他们为什么以生赴死？引导学生得出甲午将士们是在尽自己军人的天职，这是对自己生命的更高层次的尊重。"怕死"追求能够多活几年，这只是动物一般的生命意识，而不是人有别于其他动物的生命意识。超越功利的人生情怀追求，追求生命的价值与崇高意义是生命意识的高级层面。这是人自我意识的觉醒，人格的发现，是对自己生命的尊重。通过感受中华民族英雄的情怀，帮助学生形成正确的国家观、民族观，培养超越自身功利的民族国家意识和家国情怀。

甲午中日战争之前中国的士大夫群体普遍轻敌、自大，认为中国必胜，甚至很多西方学者也认为中国具备相当的优势。但是战争的结局是中国惨败，北洋水师全军覆没，最终签订了对中国影响巨大的《马关条约》，东亚的势力格局彻底改写。我们在思考原因时一般都归结为官兵贪生怕死，是一帮酒囊饭袋；中日之间武器装备实力悬殊；中国的综合国力不如人等。再或者是清军不懂得团结、发动人民群众，从而失去了本来可以获得的胜利；更高的一层我们往往总结为中国落后的封建制度无法战胜先进的资本主义制度。这种一度非常流行的说教式总结，在今天看来显得近乎苍白无力。更接近历史的真实是什么呢？

4. 家是小小国，国是千万家。理解认识中国家国一体的国家观、民族观

材料一：当时英国军事情报局资料

甲午战争中，日军17万人，清军约25万人。在武器装备上，当时清军使用的是欧洲毛瑟枪，甚至是先进的后膛连发枪，火炮多用克虏伯后膛炮。而日军主要使用国产村田式步枪和青铜山炮，其全军拥有的野炮不过300门，武器性能和数量均不如清军。

材料二：

中日实力战前对比

国家	人口/人	国土面积/千米^2	财政收入/两白银
中国	4亿	1 000多万	9 000万
日本	4 000万	37万	8 000万

中日实力战中对比

国家	动员人数/人	动员战舰/艘	总吨位/吨
中国	96 000	107	85 000
日本	24 000	52	6 000

——选编刘亚洲等《甲午思殇》

活动任务：讨论中日武器对比、中日实力战前对比、中日实力战中对比。

教师预设：通过以上中日武器对比、中日实力战前对比、中日实力战中对比三方面，我们发现中国是明显占据优势的，我们说甲午将士们贪生怕死也不符合我们之前材料一、二所给史实。平时在教学中跟学生讲的中国战败的原因是苍白无力的。那甲午中日战争中国战败的根源在哪里呢？我们需要进一步的探讨，出示以下几则材料：

材料三：甲午战争中丁汝昌遭到了一场雷暴般的拔丁运动。一个国家的前敌海军将领，在大战临头，外敌叩门之际，却遭到了最高权力阶层的猜忌、拆台，乃至无理的诽谤谩骂。这位任劳任怨的前敌统帅在外临强敌时，所做的任何努力都无法得到政府的肯定，几度因为敌对派系的谣言而被革职查办，甚至差点被处死，这样的精神摧残在他心里肯定产生了很大的负面影响！

——陈悦《沉没的甲午》

材料四：伴随着战争进程，日本人支持战争的声音越来越大，对中国由敬畏、仰视到贬低、蔑视，演变为极端民族主义思潮。8月1日，福泽谕吉在《时事新报》上刊登"表诚义金"的募捐广告，带头捐出巨款1万日元。

——史桂芳《甲午战争与东亚格局的变动》

材料五：光绪在战争期间责令翁同龢上呈记载康熙煊赫武功的《圣武记》，且多次严旨切责李鸿章等北洋将领"迎头痛击"，"务求全歼倭寇"。明治亲往离前线最近的广岛，和诸将领商讨对策，只有一把椅子专属于他，其他都是和大臣们共用，晚上把桌子围上幔帐休息。内事官鉴于天气寒冷，想为天皇取暖被严辞拒绝。皇后在战争期间率领宫中女官赶制绷带，并亲往战地医院为伤残战士安装假肢。

——陈悦《沉没的甲午》

材料六：辽东失手，战场转移至威海。身为直隶总督兼北洋大臣的李鸿章，无权指挥山东防务。山东巡抚李秉衡与淮系有隙，坐观北洋覆灭。北洋鏖战日人，而南洋水师不救。广东水师驰援是因为时任两广总督李翰章乃李鸿章之兄。梁启超评论李鸿章是"以一人敌一国"；李鸿章自己也抱怨"以北洋一人之力，搏倭人全国之师"。

——摘自姜明《龙旗飘扬的舰队》

活动任务：讨论甲午中日战争中国战败的根源。

教师预设：通过材料三，我们看出前线将领得不到统治者支持，中国的士大夫群体不是在为战争出谋划策，而是在背后非议、诋毁前线将领。通过材料四我们看到日本士人群体积极支援前线，同心协力支持日本战胜中国。通过材料五中日两国最高统治者对战争态度的对比发现，中日君主对战争的态度是有着鲜明反差的。通过材料六发现甲午战争中中国人并没有团结抗战。中国是一个拥有非常丰富战争资源的国家，但是在战斗真正打响的时候且无法集中这些资源，不能对资源进行有效的整合，反而，这些资源之间互相掣肘、互相排斥，影响了中国的战力。为何一场事关中国命运的大战却无法整合中国的资源呢？为什么梁启超评论李鸿章是"以一人敌一国"，陈悦在《沉没的甲午》中写道："这场失败实际上缘于中国近代化改革的不彻底，在军事、政治、经济、教育、文化各个领域都没有彻底近代化的中国，输给了完全近代化的日本。"

中国的国家制度等不能够跟随时代发展，不能够有效治理边疆；大多数中国人没有形成近代的家国意识与观念，认同地缘、血缘，是温情脉脉的人情关系、身份关系，仍然是"家天下"观念。因此，在中华民族面临危机之时，没有意识，也无法调动集中所有资源。甲午战败的悲惨结局需要我们认识到，民族国家和普通民众的命运是紧密相连的，家国是一体的，国是最大的家，我们必须做到全民族的觉醒才能形成强大的合力。但是，我们应该注意到，因为民族危机的加深，古老的中华民族在民族危亡之际，民族意识、家国情怀逐渐转向，救亡图存成为时代强音。今天我们重温那段甲午悲歌岁月，更是要进一步地认同、深化家国情怀，培养超越功利的人生情怀追求，树立正确的国家观、民族观。

家国情怀的教学设计与学业评价

> 教学设计 4—11

从"想象"到"可见"
——近代传媒发展视角下的民族国家①

一、目标

《课程标准》（中外通史纲要）1.7 晚清时期的内忧外患与救亡图存

认识列强侵华对中国社会的影响。概述晚清时期中国人民反抗外来侵略的斗争事迹，理解其性质和意义；认识社会各阶级为挽救危局所做的努力及存在的局限性。

《课程标准》（中外通史纲要）1.8 辛亥革命与中华民国的建立

了解孙中山三民主义的基本内容，理解辛亥革命与中华民国建立对中国结束帝制、建立民国的意义及局限性；了解北洋军阀的统治及特点。

1. 学生能够通过阅读材料，了解近代民族国家从民众的"想象"到"可见"的发展历程。客观评价近代传媒在这一发展历程中的作用。

2. 学生通过阅读材料，了解近代报刊、影视创办者们为挽救危局所做出的努力，感悟他们对祖国的深情大爱。

二、过程

1. 报刊中的"想象的共同体"

材料一：它（民族）是想象的，因为即使是最小民族的成员，也不可能认识他们大部分的同胞，和他们相遇……小说与报纸为"重现"民族这种想象的共同体，提供了技术上的手段。

——本尼迪克特·安德森《想象的共同体》

材料二：1902年，梁启超在《新民丛报》上连载《论中国学术思想变迁之大势》一文，最早使用了"中华民族"一词，指代汉族。1905年，他又在该报发表《历史上中国民族之观察》一文，以汉族之义7次使用"中华民族"一词，成为书写"中华民族"之史的先驱。

---

① 案例来源：深圳市罗湖外国语学校。作者：卫然。

1907年杨度在立宪派喉舌《中国新报》上发表《金铁主义说》一文，较早倡导"民族大同"，并开始大体在国内各民族整体意义上，尝试使用现代中华民族概念。

1907年，清宗室恒钧、满族人乌泽声等在东京创办《大同报》，主张君主立宪、开国会，致力于"满汉人民平等，统合满汉蒙回藏谓一大国民"，揭开了中国国内各民族现代意义上的一体化运动之先声。

——黄兴涛《重塑中华：近代中国"中华民族"观念研究》

传播文明三利器即学校、新闻和演说，以近代报章的功业最为显而易见。

——梁启超《饮冰室自由书》

活动任务：分析报刊是如何推动"中华民族"这一现代民族意识的形成和传播的？

教师预设：从材料一中，我们可以看出在早期民族国家形成的过程中，由于时代的局限性，大部分国民都不能够与他的同胞相遇，如何知道民族和国家的边界呢，只能靠"想象"，而报刊这种媒体就承担了重现想象的技术手段；从材料二我们可以看出，无论是"中华民族"这一概念，还是国内各民族现代一体化运动的提出，都主要依赖于当时的报刊宣传。

材料三：19世纪以来现代民族国家的纷纷建立，常常与大众传媒的兴起步调一致，尤其仰赖报纸这一新媒介。与其他媒体不同，"首先，报纸是定期、多次发行的（至少每周一次）。其次，因为期数多，每期报纸都包含各种消息。再次，报纸都有前后一致、容易辨认的标题或格式"。此外，报纸发明了"新闻"这个现代知识形式……通过持续地向国家空间注入具体的事件，那些超出人们经验的事务被报纸打开了，从而获得了被审视和谈论的可能……原本不曾清晰的国家，成为日常的"可见之物"。

持续地阅读新闻，报纸的读者们确认了一个由具体事件构成的、处在持续运动之中、具有生命力的国家主体，其形象呼之欲出。"激励民族活力，并使之万众一心、众志成城的，正是报纸每天的波动状况。"因此，阅读具有时间性的报纸，是人们与国家建立交往关系的最重要实践，国家也因此获得了日常的可见性。

——卞冬磊《"可见的"共同体：报纸与民族国家的另一种叙述》

活动任务：探讨报刊为何能够促进近代民族国家意识从"想象"到"可见"。

教师预设：从材料三我们可以看出，报刊这一大众媒体在传播现代观念的过程中，具有天然的优势，比如固定的发行期限和数量，统一的格式和标题，"新闻"这一现代知识形式，都使得具体的历史事件获得了被审视和谈论的可能，使原本不曾清晰的国家和国民，成为日常的"可见之物"，因此"中华民族""国家"等现代民族国家概念，逐渐从"想象"到"可见"。

材料四：近代中国的报纸，大多创办于国家风雨飘摇之际，整体上有一种沉重的责任感，无论出版于中央或地方、沿海或内地、所在地繁华或偏僻，均受到近代救亡图存气氛的感染，而呈现出显著的国家主义偏向……在中国现代国家的形成中，报纸扮演了重要的"唤起"角色，是塑造民族国家意识的重要媒介。

——卞冬磊《"可见的"共同体：报纸与民族国家的另一种叙述》

活动任务：阅读材料，结合所学，分析报刊在促进近代民族国家意识形成的历史背景。

教师预设：从内忧外患、救亡图存这两个关键词，我们可以结合所学知识将近代重大历史事件进行阐述，可知近代民族国家意识形成的主要背景在内忧方面主要表述为清政府专制统治、官僚贪污腐败、太平天国运动对清政府统治的冲击等，而在外患方面的主要表现为西方的殖民侵略和工业文明的冲击，使得近代报刊整体上具有一种沉重的救亡图存的责任感。在这一家国情怀的历史责任感的驱使下，近代知识分子通过创办报刊去"唤起"或"塑造"民族国家意识，并通过报刊的宣传传播这一观念，引导国家和民族的认同。

2. 近代画报报刊中"可见的共同体"

材料一：受《点石斋画报》成功范例的鼓舞，晚清出现一股画报热。据彭永祥统计，截至1919年年底，国人共刊行过118种画报，其中绝大多数是图画石印或刻板。

张若谷在《纪元前五年上海北京画报之一瞥》中宣称，"因为文字有深浅，非尽人所能阅读，若借图画表现，可以使村夫稚子，都能一目了然"，因此对画报极为推崇。

英国名记者北岩氏说过：图画是一种无音的新闻，最能吸引读者注意。

——根据陈平原《左图右史与西学东渐：晚清画报研究》一书整理

材料二：1905年创办于广州的《时事画报》其宗旨为：仿东西洋各画报规则办法，考物及记事，俱用图画，以开群智，振发精神为宗旨。

1906年创刊于京师的《开通画报》其宗旨为：有开愚故事，特别感化社会之演说，惟王写文寄信本馆，必能说明图画，以扩充耳目。

1909年创刊于上海的《图画日报》其宗旨为：本馆之设，为开通社会风气，增长国民智识，并无牟利之心。

——根据陈平原《左图右史与西学东渐：晚清画报研究》一书整理

活动任务：探讨画报在近代民族国家意识兴起中的作用。

教师预设：结合张若谷对画报的看法和英国记者北岩氏的观点，谈谈近代画报在民族启蒙上的作用。同时分析近代画报如此强调"启蒙与开愚"的原因。

教师引导学生分析：画报的特点"因为文字有深浅，非尽人所能阅读，若借图画表现，可以使村夫稚子，都能一目了然"。在识字率不高的近代中国，普罗大众能够借助图画表现，一目了然地了解国内外大事。这也是近代"画报热"出现的重要原因。与此同时，近代画报宗旨并非是单纯的娱乐消费，并非单纯为牟利，而大多数秉承着"开智""振发精神""开风气"的宗旨。

材料三：《良友》画报"以出版业保国育民、以印刷业富国强民"，九开本，采用图片、漫画、摄影、文字等多种符号形式，详尽报道中外时事，介绍美术名作、科学知识、体育活动和妇女儿童、摩登时尚、健康活泼等方面的潮流。在172张封面图像中，有161张女性图像，11张男性图像，女性所占比例达到94.3%，男性所占比例仅5.7%。《良友》画报真正有名字可考的女郎共96个。初步探究其身份发现，体育健将或体育家2名，美术家1名，学生9名，名媛6个，电影明星或演员占据绝大部分。

——吴果中《〈良友〉画报与上海都市文化》

个人的解放是通向群体、社会和国家真正解放的基本条件。

——汪晖

活动任务：从画报中分析"可见"的民族形象有哪些？探讨个性的解放是如何推动中国近代化的。

教师预设：阅读以上材料，从画报中女性身份图像推测当时社会对女性有怎样的社会期待？分析画报这一传播媒介的兴起，是如何推动国家到"可见"的？和同桌一起探讨近代中国个性的解放是如何推动社会和国家的逐渐近代化的？

3. 现代影视作品中"可见的共同体"

材料一：

中国电影史大事记

中国电影史大事记（1895—1945）	
1896年	上海徐园"又一村"放映西洋影戏，这是中国放映电影最早的记录
1905年	中国人自己摄制的电影《定军山》首映成功
1913年	中国第一部故事短片《难夫难妻》上映，以潮州买卖婚姻为题材，讽刺旧式婚姻压抑人性和虚伪丑恶
1930年	联华公司成立，以"提倡艺术，宣扬文化，启发民智，挽救影业"为纲，开启"复兴国片"运动
1931年	第一部有声片《歌女红牡丹》上映，揭露旧礼教对妇女精神的毒害
1933年	"新兴电影运动"兴起，左翼文化人加入制片公司，诞生了《渔光曲》《风云儿女》等艺术和商业均成功的影片；本年被誉为"中国电影年"
1937—1945年	抗战全面爆发后，爱国影人以"一寸胶片、一粒炮弹"实践"的精神电影抗战，诞生《八百壮士》《淞沪抗战纪实》等大量抗战故事片及纪录片；延安电影团摄制《南泥湾》等一批反映根据地政治、军事及日常生活的纪录片

材料二：瑞典学者OrvarLöfgren（1989：23）较早指出，国家认同不仅需要意识形态的建构，也是日常实践的产物，"瑞典人之所以成为瑞典人，便是经由观赏奥运的电视转播、家族聚会时的摇旗呐喊与假日游览名胜古迹等日常生活经验的涓滴细流所凝聚而成"。

如今，随着媒介技术变迁，报纸已逐渐式微，摄影、电视、计算机，甚至给出过更为清晰和更加直接的国家图像。……当人们在新闻中找到同胞——无论是通过读报纸、看电视、使用互联网或手机，就不再会感到孤立无援；当空间可以被新闻透视、现代国家成为"可见的共同体"，进而人们就可以使用较为精确的语言去描述，去讽刺，去批判，去行动。一言以蔽之，一种现代政治生活的可能性就蕴涵在其中。

——卞冬磊《"可见的"共同体：报纸与民族国家的另一种叙述》

活动任务：通过上述电影及主题，谈谈电影、电视、网络等新传播媒介在近代民族国家兴起中的作用。

教师预设：一个国家、民族或社会群体在建构认同时往往借助于文字、仪式和图像传媒等。影视、电视以其丰富的影像和大众化的视听语言，可直接影响到一个族群的集体记忆，成为人们日常"谈论""选择""表现"乃至"消费"的载体之一。正如有专家指出"国家不简单是宏观结构力量的产品，同时也是普通民众从事日常活动的实践型成就"。国家在日常存在的几种方式：一是"谈论国家"，通过日常的互动谈话来塑造国家；二是"选择国家"，对国家的感觉潜藏于人们所做的决定；三是"表现国家"，通过仪式化符号生产关于国家的情感；四是"消费国家"，用每日的消费习惯表达对国家的品位与偏好。

第四节　基于人类命运共同体意识的教学设计案例

本部分案例（见教学设计4-12、4-13、4-14）的目的是树立人类命运共同体意识，即世界各国人民基于"人类只有一个地球，各国共处于一个世界"而产生的安危与共、荣损相依、合作共赢、权责共担的总体意识。作为一种先进意识，人类命运共同体意识超越了狭隘的民族、国家界限，将整个人类视作一个有机的整体，在此基础上考量人类社会进步与发展的价值理性，解决全球问题、保障人类延续、促进人类福祉。

通过高中历史课程树立人类命运共同体意识，要注意坚持上述价值理念，还要注意加强交流互鉴是理解各国、各民族文化的主要途径。

的教学设计与学业评价

>>> 教学设计 4-12

从造纸术看中华文化的世界意义①

一、目标

《课程标准》（选择性必修三）3.1　源远流长的中华文化

了解中华优秀传统文化的内涵；从人类文明发展和世界文化交流的角度，认识中华优秀传统文化的特点和价值，认识中华文化的世界意义。

1. 了解造纸术的发明和造纸工艺的进步，认识中华民族创新精神。理解纸的发明在传承及促进中华文化发展中的作用。

2. 尝试收集并综合利用各类文献等历史资料，了解造纸术的发明与造纸技艺的进步促进人类文明发展和世界文化交流，认识中华民族为世界文明做出的贡献。

3. 通过造纸术的发明及传播，在传播中的发展，理解文明因交流而多彩的意义。

4. 学生撰写"纸的世界史"之类的文章，并与同学分享交流。

二、过程

1. 导入

通过阅读英国人托马斯·丘奇亚德（1520—1604）的诗歌以及一系列的设问，让学生对造纸术有个基本的认识，要求学生运用时空观念来初步认识造纸术的外传及其历史地位。

> 我赞颂第一位造纸者。
> 世间众善，皆源于此。
> 它使新书面世，旧作永传，
> 价值远超尘世。
> 羊皮纸虽传播时空广远，
> 但不能替代纸张的优良，
> 纸张在大众中普遍流传，
> 而羊皮纸仅为少数人所拥有。

---

① 案例来源：深圳市西乡中学。作者：冯威娜。

问题：诗歌中描述的第一位造纸者是谁？造纸术什么时候传到欧洲？为什么羊皮纸会被中国纸所取代？……

组织学生讨论。

2. 认识中华民族创新精神

了解造纸术的发明和造纸工艺的进步，认识中华民族创新精神。理解纸的发明在传承及促进中华文化发展中的作用。

材料一：中国在发明造纸术以前，早已积累了提纯麻类植物纤维的技术经验，沤制过程正是造纸过程的预备阶段。……如约公元前5世纪的《诗经·国风·陈风》记载："东门之池，可以沤麻……东门之池，可以沤苎（多年生草本植物）。"……中国古代特有的漂絮制棉技术又为造纸提供了技术暗示。……帛在制造过程中有一道漂絮工序，将丝纤维放在竹席上于水中击打，击碎的丝絮落在席上晒干取下后，形成类似纸的薄片，弃而不用。

——潘吉星《中国古代四大发明——源流、外传及世界影响》

材料二：蔡伦发明的造纸术基本的工艺特征可总结为"剉、煮、打、抄"。"剉"字从刀，即切断的意思，把造纸术用的树皮、敝布和渔网用刀切断；"煮"：用常压的木楻与铸铁锅煮料，《天工开物》"杀青"篇中也有楻煮的插图；"打"：舂捣纸浆，这一步是使纤维能相互缔接成纸页的关键工序；"抄"：抄纸，经过舂捣纸浆的纤维，均匀悬浮于水中，用纸抄帘过滤成湿纸张页，干燥后即成纸张。

——李玉华《蔡伦发明的是"造纸术"》

材料三：东汉后期、三国、两晋和南北朝诸代是造纸术的传播和推广时期。在此期间，纸张的砑光、施胶、涂布和染色等加工技术不断出现和进步，并由于东晋末年，朝廷命令今后的奏议、公文一律以纸张取代竹简……此后，各地私办纸坊和官办纸厂陆续建立起来。……隋唐、五代十国、宋、辽、西夏、金诸代是造纸术的扩展和繁荣时期。在这一时期，造纸发展有六大特点：造纸区域迅速扩大，造纸原料更加扩大，造纸技术不断创新，名纸繁多争奇斗艳，纸制品普及民间生活，纸史、纸谱多有问世。……元、明两代是造纸术的稳定和保持时期，这一时期，造纸业也有一定的发展，产量和质量均有提高。鸦片战争以前的清代是造纸术全面发展时期，制造技术、名纸品种与质量均达到历史的高峰。

——戴家璋《中国造纸技术简史》

活动任务：

（1）依据材料一，结合所学讨论造纸术发明的历史因素，感悟中国古代劳动人民的创新智慧。

（2）依据材料二，讨论蔡伦改进的造纸术的技术特征及价值。

（3）依据材料三，归纳中国古代造纸术的发展历程，探讨造纸技术对于社会经济、文化的影响。

教师预设：组织学生进行讨论活动。通过引导学生阅读史料，将造纸术置于历史时空长河中，了解造纸术的发明到工艺的进步凝结了历代中国劳动人民的智慧结晶。通过阅读材料一，认识到造纸术发明之前就已经有了相应的造纸技术基础，同时也认识到造纸术发明改进是源于劳动人民平时的实践，在实践中创新，从而促进造纸术发明。通过阅读材料二、材料三，能归纳出造纸术发明和改进的发展历程，认识随着历史的发展，造纸术工艺不断发展进步。通过阅读材料一、材料二，了解纸材料易得，工序清晰，技术容易掌握，适合家庭制作，能够大量制造等优点，同时了解中国传统纺织技术经验。所学需要引导学生联系时空，如中央集权国家需要大量文书、档案传递信息，对文字书写材料有现实要求；毛笔在竹简、绢帛上书写习惯的影响；诸子百家整理文化、表达主张等。目的是引导学生展开思维，感悟中国古代劳动人民的创新智慧，建构中华民族具有伟大的创新精神的观念。

3. 理解中华民族为人类做出的贡献

收集并综合利用各类文献等历史资料，了解造纸术的发明与造纸技艺的进步促进人类文明发展和世界文化交流，认识中华民族为世界文明做出的贡献，理解文明因交流而多彩，因互鉴而丰富。

通过造纸术外传路线图的分析，深化以造纸术为代表的中华文化向世界传播的理解，认同以造纸术为代表的中华优秀传统文化，涵养家国情怀。引导学生观察地图，通过分析图中造纸术向世界各地传播的方向和时间，知道造纸术向朝鲜、越南、印度和西欧的传播，了解以造纸术为代表的中华优秀传统文化向世界的传播。

材料一：纸与古代所有书写材料相比，其优越性如下：（1）表面平滑，洁白受墨，幅面大，容字多。（2）体轻柔韧，耐折，可舒卷，粘贴，便于携带和存放。（3）物美价廉，原料遍及全球，随处皆可制造。（4）寿命长，用途广泛，可进一步加工制成工农业、军用和日常用品。纸是所有以往材料无法可比的万能材料，纸的出现是人类文字载体发展史中的划时代革命，两千多年来作为世界各国通用的材料，在推动人类文明发展中起了重大作用，而且在21世纪以后的很长一段时间内还会如此。

——潘吉星《中国古代四大发明——源流、外传及世界影响》

活动任务：讨论纸的主要特点，以及对人类文化传播、传承的意义。结合现实，讨论纸在生活中的广泛使用，理解其价值。

教师预设：学生通过阅读材料，能归纳纸相比其他书写材料具有不可比拟的优越性，认识到纸在人类文字载体发展史中具有划时代的意义，在推动人类文明发展中起了重大作用。

材料二：

造纸术的外传路线图

材料三：造纸术的发明是古代技术的一项重大成就，为人类的文化传播、思想交流和科学发展，提供了资金，也提供了不可缺少的信息存贮和传递手段。诚如美国学者德克·卜德说："纸对后来西方文明整个进程的影响，无论怎样估计，都不会过分。"中世纪欧洲印制一部《圣经》，至少需要300多张羊皮。这种状况如果继续下去，那么除了少数富有的人外，没有人可以买得起书，文化信息的传播就会受到极大限制。中国的造纸技术从根本上改变了这一状况。在这个意义上可以说："世界受蔡侯的恩惠，要比受许多更知名的人的恩惠更大。"

——教育部高教司编，张岱年、方克立主编《中国文化概论》

材料四：中国发明纸之后，并未垄断专用，而是与全人类共享，纸所到之处，立即成为其他古代材料的有力竞争对手，并逐一将其取而代之。纸在保存和传承人类文化遗产中有着不可磨灭的历史功勋，纸写书本是传播人类文明的圣火。

——潘吉星《中国古代四大发明——源流、外传及世界影响》

活动任务1：观察地图，讨论造纸术的传播路径及范围。

活动任务2：讨论造纸术对人类文明做出的贡献。

教师预设：学生通过观察造纸术的外传路线图可以看出，造纸术首先在6—7世纪传入与我国毗邻的朝鲜、日本；从西藏传入印度后，在8世纪传到了阿拉伯帝国；12世纪传入非洲、欧洲，16世纪传入美洲。总的来看，造纸术向西传播的顺序大致是印度、阿拉伯、叙利亚、埃及和摩洛哥，最后是欧洲和美洲。中国向世界传播的是造纸及加工的完整体系，影响了世界各地的文化信息传播材料的革新历史。

从造纸术传播对人类文明和世界文化交流的影响两个角度，分析造纸术的传播对人类文明和世界文化交流的影响，认识中华文化的世界意义。学生通过阅读材料，认识到造纸术为人类的文化传播、思想交流和科学发展提供了资源，提供了不可缺少的信息存贮和传递途径。中国古代造纸术的发明与全人类共享，在保存和传承人类文化遗产中有着不可磨灭的历史功勋，纸写书本使得人类文明得以延续和发展。学生可在课程中深化对历史的理解，提高历史解释能力，增强对中华文明成就的自豪感，对中华优秀传统文化的认同，涵养家国情怀。

三、说明

本活动的设计旨在通过了解四大发明之一造纸术的发明、工艺的进步等史料，感悟其作为中国优秀历史文化遗产的魅力。知道造纸术凝结了历代中国人民的智慧，增加对中华优秀传统文化的认同感、自豪感。活动设计侧重于通过造纸术的外传等史料，探究造纸术在人类文明发展历程和世界文化交流中的作用，提高学生理解历史、解释历史的能力，同时培养学生对以造纸术为代表的中华优秀文化遗产的认同，涵养家国情怀素养。

教学设计 4-13

亚非拉民族民主运动对国际秩序的影响
——以印度非暴力不合作运动为例[①]

一、目标

《课程标准》（中外历史纲要）1.22 世界大战、十月革命与国际秩序的演变

通过了解两次世界大战，理解20世纪上半期国际秩序的变动；理解两次世界大战之间亚非拉民族民主运动对国际秩序的影响。

1. 了解印度非暴力不合作运动的史实，感悟印度人民的民族主义精神。

2. 尝试收集并综合利用各类历史文献资料，理解非暴力不合作的思想内涵，领悟甘地对印度民族乃至人类命运的关怀，认识以非暴力不合作运动为代表的亚非拉民族民主运动对国际秩序的影响。

3. 通过认识亚非拉民族民主运动对国际秩序变迁的影响，理解人类命运共同体意识对于当今全球治理体系创建的意义。

二、过程

1. 导入

通过多媒体展示视频《甘地传》中食盐进军片断，提出一系列设问，引导学生直观感知到印度人民被激发的民族情绪。通过视频了解印度非暴力不合作运动的实践活动，引导学生认识自制食盐表明印度人民"不合作、不服从"，象征印度团结民族反抗侵略，维护民族经济，摆脱英国殖民统治，实现独立的决心。

活动任务：学生讨论。视频片断反映的是历史事件，视频中哪一幕场景对你有所触动并阐述理由，食盐代表着怎样的精神等。

教师预设：通过视频建构历史情境，使学生了解印度人民以非暴力斗争争取民族独立的历史事件，感悟印度人民以食盐为手段非暴力反抗英国的殖民统治的决心和力量，通过感悟印度人民的民族主义精神，来建立起学生对祖国和人民的深情大爱。

---

① 案例来源：深圳市西乡中学。作者：喻芬芳。

2. 领悟甘地的家国情怀

理解非暴力不合作运动的思想内涵，领悟甘地对印度民族乃至人类命运的关怀，感知精神的力量。学生阅读史料，理解非暴力不合作运动的思想内涵，使学生认识到非暴力斗争之所以能够推动印度的独立运动，主要在于它的精神力量。

材料一：这个词（"萨蒂亚格拉哈"satyagraha）的本义是坚持真理，从而也就是真理的力量。我也曾把它叫作爱的力量或精神的力量。在应用萨蒂亚格拉哈时，我在最初阶段发现，追求真理是不许向敌人施加暴力的，而应以忍耐和同情使其摆脱错误。在某一个人看来是真理的东西，在其他人看来可能是错误的东西。忍耐之意，就是自我受苦。因此，这个学说的意思，就是要辨明真理，但不是靠使敌人受苦，而是使自己受苦。

——齐世荣《世界通史资料选辑·现代部分》

材料二：愚见认为，与邪恶不合作正如与善良合作一样，都是一种责任……我尽力向我的同胞表明：暴力不合作只能增加邪恶，既然邪恶只能靠暴力来维持，那么对邪恶不予支持，就需要完全戒除暴力。非暴力的含义，就是指为了不与邪恶合作而自愿服刑受罚。

——齐世荣《世界通史资料选辑·现代部分》

材料三：甘地他们通过反复的和平抗争方式，反复冲击挑战这种政策与法规，最后唤起全民的抗争，同时也唤起政策、法规制定与执行者的反省，使他们不得不寻求走出现实困境的路径，终至双方坐下和平协商解决问题。

——王德邦《文明制度下的文明反抗》

活动任务：根据材料一、二，讨论非暴力不合作的思想内涵并分析实施非暴力不合作的原因。

教师预设：在传统历史叙事中，"暴力斗争""革命"被视为直接有效的方式。通过引导学生阅读材料，理解甘地的思想及精神，使学生认识到和平世界的构建，并非只有"暴力"这种手段。"非暴力"这种社会对抗模式，在一定的社会条件下也可以推动政治变革。通过引导学生认识甘地对印度民族乃至人类命运的关怀，使学生能够感知精神的力量，关注人类的共同命运。

学生阅读材料一、二，认识非暴力不合作运动主要是以爱、真理和非暴力进行斗争，以追求民族的自治和独立。向敌人施暴只能增加邪恶，暴力会带来更大的仇恨，人类最终可能在暴力循环中走向自我毁灭。

学生阅读材料三，认识在某些历史条件下，"精神的力量"更显强大。甘地勇于承受敌人施加的暴力，形成强大的道德压力，使殖民者被迫退却而实现和平。但需注意的是非暴力运动成功的前提，取决于殖民者的政治伦理观念的进步，被动地退却和放弃统治来实现和平转型，并不适用于所有国家。

3. 认识亚非拉民族民主运动对国际秩序变迁的意义

通过史料，认识亚非拉民族民主运动对国际秩序变迁的意义，从历史中汲取推动当今国际秩序建立的经验教训。

材料一：在第二次不合作运动中，甘地精选了2 500名志愿者步行向丹地盐场进军，这些赤手空拳的志愿者面对殖民者的警棍和铁棒，毫无惧色，一批人被打倒在地，另一批人又挺身而上，仍保持着原来的队形。在第三次不合作运动中，不仅甘地和国大党的大多数领导人被逮捕，而且还有大批民众陆续被捕入狱。仅在1941年上半年，被捕人数就达2万多，这些以甘地精神武装起来的"坚持真理者"，手持印度教经典《薄伽梵歌》，视死如归，面不改色地走进监狱。

——引自（美）罗兹·墨菲《亚洲史》

材料二：由于民族独立运动的兴起，列强不得不承认民族平等、民族自决原则，不得不正视民族独立运动的伟大力量，对未独立的殖民地转而采取所谓的"委任统治"形式。虽然这并没有改变殖民统治的实质，但列强的殖民统治范围已大大缩小，再也不能随便奴役民族独立的国家了……也由于殖民地半殖民地人民反抗宗主国压迫、剥削斗争的深入，导致了第二次世界大战，在大战中第二次民族主义浪潮风起云涌，旧的国际秩序随即灰飞烟灭。这次民族主义浪潮不仅冲垮了几个列强的殖民帝国，而且摧毁了整个帝国主义的殖民体系。

——侯保龙《20世纪民族主义与国际秩序的变迁》

材料三：有学者认为，在近500年来世界历史从分散发展走向整体发展的进程中，国际关系中的"新来者"挑战"现有领导者"，从而导致"权力从一群国家向另一群国家转移"。也有学者认为，一系列现代性的变革——政治的、社会的、经济的和技术的变革，导致现代化工业国家组成了一个处于支配地位的中心地区，而那些相对落后的国家和民族构成了一个规模巨大、处于服从地位的外围地区。旧式国际关系实际上是强权政治、均势政治实践或者思维的产物，国家无论大小、贫富、强弱都应当一视同仁，平等相处，应当以多赢、共赢新理念，替代你输我赢、赢者通吃的旧思维。

——摘编自王庚武、魏玲等《国际秩序的构建：历史、现在和未来》

活动任务1：根据材料一、二，讨论亚非拉民族民主运动对国际秩序的影响。

活动任务2：综合上述材料，谈谈所学对我们推动当今国际秩序建立的启示。

教师预设：学生通过阅读材料一，感悟以印度为代表的亚非拉国家和人民，为实现民族独立和国家富强不断奋斗。他们团结民众、不畏生死、坚持斗争，以国家强盛、民族自强和人类进步为使命。学生通过阅读材料二，认识亚非拉民族解放运动的开展，不仅促进了本民族的国家独立，更重要的是给世界殖民体系以沉重打击，一定程度上冲击了以霸权为特征的国际秩序，促进了国际秩序的调整。

学生从学习亚非拉民族民主运动反观当今国际秩序的建立，认识我们应该把维护世界和平、促进共同发展作为宗旨，维护国际公平正义，推动构建以合作共赢为核心的新型国际关系，树立人类命运共同体和利益共同体的意识。

近年来，重建国际新秩序成为焦点。习近平总书记在访美时指出：中国是现行国际秩序的参与者、建设者、贡献者，同时也是受益者。通过引导学生将历史与现实结合，培育学生学习和探究历史应充满人文情怀并关注现实问题的意识，树立服务于国家强盛、民族自强与人类社会的进步的使命。

本活动的设计旨在通过了解印度非暴力不合作运动，理解亚非拉民族民主运动的高涨。通过了解亚非拉人民为了民族国家独立及发展，不懈斗争、持之以恒的历史，感悟体会其对祖国的深情大爱。活动设计以印度非暴力不合作运动为例，通过对非暴力不合作思想及精神力量的认识，理解和尊重世界各国走向解放的独特道路，认识构建和平世界的不同途径。通过史料阅读，一方面培养学生的信息提取能力及历史解释能力，另一方面培育学生学习和探究历史应充满人文情怀并关注现实问题的意识。通过认识亚非拉民族民主运动对国际秩序变迁的影响，为当下中国参与国际秩序的构建提供启示。

教学设计 4-14

布雷顿森林体系的建立和崩溃[①]

一、目标

《课程标准》（中外通史纲要）1.23　冷战与20世纪下半期世界的新变化

通过了解第二次世界大战后资本主义、社会主义与第三世界国家的变化，认识其发展中的成就与问题；通过了解冷战时期的典型事件，认识冷战的基本特征，理解冷战的发生、发展与世界格局变化之间的相互影响。

《课程标准》（中外通史纲要）1.24　当代世界的发展特点和主要趋势

通过了解冷战结束后世界多极化、经济全球化、社会信息化、文化多样化的发展特点，以及出现的全球性问题，认识人类社会面临的机遇与挑战，理解和平、发展、合作、共赢成为时代潮流；牢固树立构建人类命运共同体意识，共同担当，同舟共济，共促全球的和平与发展。

1. 学生能够通过两次世界大战之间国际经济大事时间轴，对世界经济秩序进行总体把握，建立相关史实之间的时空联系。通过阅读材料，认识利己主义经济理念的危害，明确战后各国从无序、战争、利己走向有序、和平、共赢的历史必然性。

2. 学生能够运用辩证唯物主义分析战后布雷顿森林体系的影响，学会全面、客观地评价历史事物。把握二战前世界各国利己混乱状态到战后合作有序状态的历史进步历程，从历史中吸取经验教训，学会用正确的观念与方式认识矛盾冲突。

[①] 案例来源：深圳市宝安第一外国语学校。作者：彭雅琴。

3. 学生能够通过阅读材料和联系所学，分析布雷顿森林体系崩溃的原因，认识由美国单极主导的不公正、不合理的经济秩序走向更加公正合理的国际经济新秩序的必要性。能够进一步认识到世界经济发展重任需各国共同承担，形成正确的世界观、历史观。

4. 学生能够通过对比"美国优先"和"人类命运共同体"理念，加深对和平发展、合作共赢价值观念的认同。通过反思历史和联系现实，能够认识"人类命运共同体"思想是化解各国冲突和危机的有效途径，也是当下和未来各国相处的正确之道。认识树立人类命运共同体意识是中国为世界历史的发展做出的贡献，体现着中国智慧。

二、过程

1. 探究"体系"之缘起

了解两次世界大战期间世界经济秩序及二战后资本主义世界经济体系建立的背景。战后，资本主义世界经济体系的建立有着深远的历史和现实背景，资本主义各国吸取过往历史留下的深刻教训是背景之一。二战之前，各国经济处于混乱无序状态，在贸易、关税、货币等方面展开激烈的竞争，遇到经济危机时采用的是不惜牺牲他国利益、保护本国利益的关税战和货币战，导致危机越演越烈，最终引发世界大战，给整个人类世界带来巨大创伤。历史的教训告诉我们，利己对抗不是解决危机的最佳办法。所以，战后许多国家达成共识：要重建战后世界经济秩序，要从战争走向和平，要从利己走向共赢。

材料一：事件时间轴

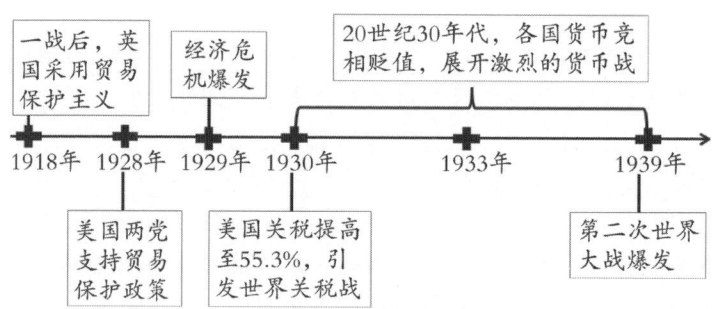

材料二：世界经济的混乱、各国利己货币贬值政策，是导致1929年经济危机加深，并由此促使德意日走向法西斯道路，发动第二次世界大战的原因。

——斯泰尔《布雷顿森林货币战：美元如何统治世界》

活动任务：学生讨论两次世界大战期间世界的经济特征以及战争带来的影响、教训。

教师预设：通过呈现两次世界大战期间国际经济大事时间轴，一方面可以培养学生的时序观念，建立不同历史事物之间的内在联系，提升学生的时空观念素养；另一方面，可以更加直观地了解两次世界大战期间，世界经济处于混乱无序状态，以及这种状态带来的破坏性后果。材料二则引导学生更加深入、理性地分析经济危机和世界大战爆发的重要原因之一是各国利己主义思想。借助材料，通过层层设问，从事件本身、事件结果到事后反思，学生能够学会从历史的角度看问题，认识二战后各国达成重建战后世界经济秩序、由战争走向和平、由利己对抗走向合作共赢的历史必然性。增强对有序、和平、共赢等价值观的认同，为树立人类命运共同体意识，提升家国情怀准备必要的价值认知基础。

2. 探究"体系"之影响

认识布雷顿森林体系的建立对世界经济的影响。布雷顿森林体系作为战后资本主义各国共商共建的产物，有其历史的进步性。通过建立资本主义世界各国认可的国际货币制度和国际金融机构，为世界各国货币体系的正常运转提供了统一的参照标准，为各国金融危机和发展困难提供经济援助，一定程度上规范了世界经济秩序，推动了世界经济的恢复和发展。但是，由于美国在战后明显超越于其他各国的经济实力，这一体系不可避免地体现着美国的主导和特权地位。不论是以美元为中心的"双挂钩一固定"制度，还是美国对国际货币基金组织和世界银行的控制，都体现了这一点。从历史发展的进程来看，这是国际经济秩序建立初始阶段带有的历史局限性，但各国能够从恶性竞争走向团结合作，使世界经济由混乱无序向规范有序发展，这是历史的进步。

材料一：从二战结束到20世纪70年代初，大多数国际贸易和金融都以美元结算和支付，汇率标定也以美元为基准……欧洲和亚洲经济从废墟中恢复，并以惊人的速度增长。

——洪千帆、林忠凡《外汇知识与交易技巧》

材料二：（布雷顿森林体系）停止了恶性贬值带来的贸易冲突，为国际经济开拓了全新的视野和思维。从大航海时代以来，这是最重要的一次全球化进展。

——孔笑微《斯芬克斯的遗产》

法国总统戴高乐曾尖锐指出:"'美元特权'把世界贸易变成了美国的仓库,美国出现了贸易赤字,只需要多印些美元就可以无偿向其他国家换取商品和劳务。"

活动任务:阅读材料,讨论布雷顿森林体系的影响。

教师预设:通过阅读材料,学生能够从进步意义和存在不足两方面辩证认识布雷顿森林体系建立的影响,在历史唯物史观指导下正确评价历史事物。首先,布雷顿森林体系的建立,为战后世界各国提供了统一的货币关系标准,使战后世界货币体系得以正常运转,进而能够推动战后世界经济的恢复和发展;其次,布雷顿森林体系的建立,改变了战前世界经济无序混乱的状态,使各国之间的国际贸易得以顺利开展,一定程度推动了世界经济的全球化发展;最后,不能忽视在美国主导下建立的布雷顿森林体系,体现了美国的经济特权和支配地位,对其他国家有不利的一面,这也是体系的不足之处。不可否认,相较于二战前各国应对危机采取的对抗措施,二战后各国能用协商合作的办法来处理各国经济关系,能用统一的制度和体系来规范各国经济行为,这是历史的进步。通过客观分析布雷顿森林体系的影响,学生能够加深对合作共赢、共同化解经济危机模式的认同,对世界经济走向体系化、制度化的认可,对经济霸权主义的不公正有更清晰的认识,形成正确的世界观和价值观。

3. 聚焦"体系"之崩溃

分析布雷顿森林体系崩溃的原因,认识该体系崩溃对世界经济格局的影响。布雷顿森林体系在20世纪70年代走向崩溃既有其自身制度设计的缺陷,也有美国发展中遇到的问题。"特里芬悖论"从理论上较清晰地阐释了以美元为中心的国际货币制度本身不可调和的矛盾,学生理解会有一定困难,可以通过材料和老师的讲解让学生弄懂这一问题。另外,通过回忆所学,学生能够从西欧和日本的崛起、美国70年代发动越南战争和遭遇石油危机等方面全面分析布雷顿森林体系崩溃的原因。通过分析这一体系崩溃的影响,学生能认识到美国经济霸主地位的衰落和世界经济走向多极化的趋势,结合二战前世界经济的无序混乱、二战后初期建立以美国为主导的战后世界经济体系的史实,学生能够得出世界经济正朝着更加公正合理的新秩序发展的结论。由此,把握历史发展的进步历程,提升历史唯物史观素养,增进各国共建公正合理的世界经济新秩序的价值认同。

材料：各国为了发展国际贸易，必须用美元作为结算与储备货币，这样就会导致流出美国的货币在海外不断沉淀，对美国来说就会发生长期贸易逆差；而美元作为国际货币核心的前提是必须保持美元币值稳定与坚挺，这又要求美国必须是一个长期贸易顺差国。

——特里芬：《黄金与美元危机》

活动任务：根据材料，并结合所学知识，讨论布雷顿森林体系在20世纪70年代初走向崩溃的原因，这一体系的崩溃对世界经济格局的影响等。

教师预设：通过阅读材料，学生能从布雷顿森林体系制度设计本身思考其内在缺陷，理解其走向崩溃的历史必然性。另外，结合所学知识，学生能够联想到20世纪70年代美国外部面临来自欧共体和日本崛起的经济冲击，以及美国本身深陷越南战争和石油危机泥淖，导致其经济实力下降，从而无力承担国际黄金汇兑和保持固定汇率的义务。布雷顿森林体系的建立和崩溃充分证明，单靠一国之力无法保证世界经济的持续有序发展，世界经济格局从美国单极主导向多极化方向发展，这是历史发展的大势所趋，也是世界经济走向更加公正合理的必经之路。由此增强学生对世界各国共同建立公正合理的国际经济新秩序的价值认同，加深对人类命运共同体内涵的理解，即世界经济发展的任务由各国共同承担，最终实现各国经济的共同繁荣，涵养家国情怀素养。

4. 反思"体系"之演变

材料：20世纪70年代以来国际经济大事

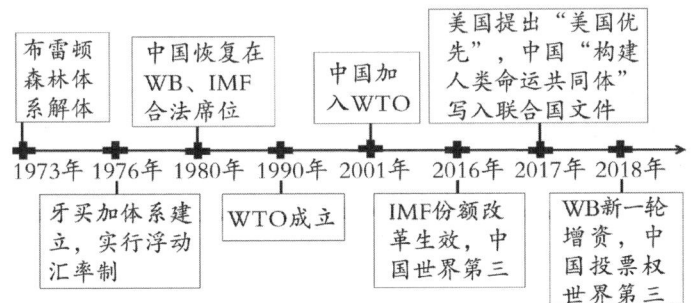

活动任务：以上时间轴反映了怎样的经济发展趋势？讨论"美国优先"和"人类命运共同体"分别体现的经济发展理念。

教师预设：通过时间轴，学生能够获取信息：20世纪70年代以来，中国在世界经济中的地位越来越高，对世界经济的影响越来越大，从感性认识上增强国家自信心和民族自豪感。

对比分析"美国优先"和"人类命运共同体"的区别，反思各国相处之道。20世纪70年代至今，中国的经济实力不断上升，作为世界上最大的发展中国家，中国对世界经济的影响力与日俱增，中国作为世界大国正不断崛起。同样作为世界大国的美国，在发展战略上坚持"美国优先"，仍坚持经济发展中的霸权主义和利己主义，这种狭隘的民族主义不论是从历史还是现实角度分析，都不利于世界问题的妥善解决。中国提出的"人类命运共同体"方案，着眼于世界各国的共同命运和共同发展，在追求本国发展的同时，兼顾世界各国的共同发展。这是解决当今世界问题的理想途径，也是各国相处的正确之道。

材料：对于任何一个政府而言，将其国家与国民利益放在最优先的位置，都是理所应当和无可厚非的。但问题是，它所提出和秉持的理念是否真的于己有利，尤其当这种理念会深度影响该国与世界其他成员的整体关系时。由此产生的一个深刻问题是：国家狭隘主义可能会操控一个国家整体的世界观，并在其处理与整个世界关系时导致危险的排他主义。"美国优先"就是这样一个例子，它表明至少一部分美国"政治精英"，仍狭隘地将"霸权竞争"及"零和博弈"视作当今世界的主要矛盾。

与此形成对比的是中国如何看待自身及其与世界的关系。中国人民在努力实现民族复兴，但关键是，在一个包含政治、经济及文化多样性的多元文明世界中，中国是以"共同命运"视角看待世界其他国家与民族，这也理应是应对和平与发展这个当今世界主要矛盾的根本途径。从这个意义上讲，"共同命运"既是世界观也是方法论，是当今世界和平发展道路上的航标。

——金凯《"共同命运"与"美国优先"之深刻区别》

活动任务：根据以上材料，并结合所学知识，谈谈你对"美国优先"和"人类命运共同体"的认识。

教师预设：将"美国优先"和"人类命运共同体"所体现的"利己"和"共赢"两种不同的发展理念进行对比，结合材料和所学知识，学生能够站在历史和现实的高度，理性反思世界各国的相处模式。历史上，为了应对经济危机，各国采用的利己主义政策，带来的是危机加深和战争灾难；二战后在美国主导下建立起新的世界经济秩序，一定程度促进了世界经济的恢复和发展，但美国拥有特权地位，是一种不公正不合理的国际经济秩序，而且将世界经济秩序稳定的重任寄希望于美国一国，从理论和现实上都存在很大风险和弊端。布雷顿森林体系的崩溃，充分证实世界经济发展重任需要各国共同承担，世界经济秩序需要从美国一国单极主导走向多极化，建立更加公正合理的国际经济新秩序已然成为当今世界各国的共同追求。作为世界上最大的发展中国家，中国提出了符合各国共同利益的中国方案——人类命运共同体，这是解决当今世界各国所共同面临的经济、政治、文化、安全、生态等各种问题的正确途径。正如习近平总书记提到"世界命运应由各国共同掌握，国际规则应由各国共同书写，全球事务应由各国共同治理，发展成果应由各国共同分享"，这才是各国相处的正确之道。在历史与现实的反思中，学生能够形成正确的世界观、历史观和价值观，并将其作为分析和解决更多现实问题的指导思想。

三、评价

水平1：能够认识两次世界大战期间世界经济秩序的混乱及各国采取利己和对抗措施的危害，对重建世界经济秩序、维护世界和平、从利己走向共赢的认同，认识本课的学习价值。

水平2：能够辩证认识布雷顿森林体系的影响，加深对各国合作应对经济危机和困难的理解和认同，同时能够意识到美国主导世界经济体系的弊端。

水平3：能够从布雷顿森林体系的崩溃中把握世界历史发展的进步历程，判明世界经济格局演变中的价值取向，加深对人类命运共同体内涵的理解，能够从美国霸权地位衰落的进程中汲取经验教训，更全面、客观地认识历史和现实问题。

水平4：通过比较"美国优先"和"人类命运共同体"两种不同的发展理念，对历史上不同时期各经济发展和危机化解方式进行反思，从历史中汲取经验教训，增强对人类命运共同体的认同，运用正确的历史观、世界观、价值观以便更全面、客观地分析和解决现实问题。

家 国 情 怀 的教学设计与学业评价

第五章　家国情怀素养的命题研究

《课程标准》是我们研究家国情怀素养终结性评价的基本依据。一般而言，终结性评价主要形式是纸笔命题考查。广东省高中学生学业水平终结性考查形式主要是纸笔命题考试，分面向全体学生的合格考和高考方向的等级考两种。所以，本章所述家国情怀素养学业水平终结性评价，主要针对纸笔命题形式。

一般而言，评价是根据一定的标准对事物进行价值判断。评价包含四个要素：评价的标准、评价的内容、评价的途径方法、评价的结论，四个要素综合一体，缺一不可。《课程标准》对于评价目标有明确的规定，终结性评价结论主要表现为成绩。这两个问题本章不做探讨，主要讨论家国情怀素养纸笔命题的主要内容与方法。

▶第一节　家国情怀素养命题的内容

根据本书关于家国情怀素养的生命意识、家国情怀与人类命运共同体内容划分，命题内容主要从"对生命价值的追求""对国家民族的感情""对人类命运共同体的意识"三个方面展开讨论。第一章做了相关的理论阐释，本章不再探讨，主要通过案例予以解读。

"我是谁？从哪里来？要到哪里去？"这是任何哲学避不开的主题，也是必须解决的命题。家国情怀素养从不同层面、角度探讨这个问题，以实现立德树人目标。

一、对生命价值的追求

"人啊，认识你自己。"据说这是刻在希腊阿波罗神殿上的一句名言。

对生命价值的追求，就是人对自己生命的一种认知。在立德树人根本目标下，关注学生发展。学生发展的核心是追求生命价值，集中表现在人生观的形成与知行合一品格的养成。参照必备品格终身发展与社会参与的基本内涵，对生命价值的追求大致可以粗分为"尊重自己的生命""尊重他人的生命""追求自我生命的价值"三个阶段。需要注意的是这三个阶段有许多地方互有交叉，相互印证。如下述例5-1至5-15，既是尊重他人的生命典范，又体现出自己对生命价值的追求，以及对国家民族发展的精神追求。

（一）尊重自己的生命

尊重自己的生命，本身蕴含着追求生命价值的完整意义，也是人生情怀的集中体现。对自己生命价值的真正尊重，就是生命价值有意义的追求与实现，包含"热爱自己的生命""尊重他人的生命""追求生命的价值"等。因此，这里所言尊重自己的生命，主要限于对人的思考及个人的生命价值追求。

例 5-1　（原创）匡衡本来"家贫"，"凿壁偷光"苦读事迹名世，成为西汉儒学宗师。及为丞相、封侯之后，便"专地盗土以自益"，甚至侵占官田四百顷。匡衡的所作所为反映出（　　）

　　A．匡衡为人师表，发家致富　　　B．匡衡热衷于获取土地财富
　　C．环境变化对人的复杂影响　　　D．通过发奋读书可改变命运

【参考答案】C

匡衡的人生是一个典型案例。"凿壁偷光"的故事影响中国至今，成为励志苦读的典范。但是，随着功成名就，贪污腐败，则表现为人生的丑恶。"环境变化对人的复杂影响"的结论主要基于历史唯物史观，隐含着人生追求要有家国情怀，始终如一。通俗地讲，匡衡读了儒家的书，但是"修身、养性、齐家、治国、平天下"的儒家人生理念并没有成为他的人生信念；具有家国情怀的人，才能够不受环境的影响。命题突出家国情怀素养，还可以设计为"缺乏正确的人生目标追求"。对不尊重他人生命的现象要予以批判，以史为鉴。中华人民共和国实现了人民当家作主，许多出身贫寒的人走上重要的领导岗位。其中，少数人贪污腐败、锒铛入狱。因此，历史要教育学生树立正确的人生观，并终生践行。这就是不忘初心的一种追求。

例 5-2　（2019年全国文综Ⅰ卷第26题）唐代之前，荆楚民间存在一种祈求丰收的"牵钩之戏"，至唐代称作"拔河"，广为流传。唐玄宗《观拔

河俗戏》诗云："壮徒恒贾勇,拔拒抵长河。欲练英雄志,须明胜负多……预期年岁稔,先此乐时和。"据此可知,在唐代（   ）

A. 江南文化成为主流　　　　B. 耕战结合观念深入人心
C. 阳刚与力量受到推崇　　　D. 诗歌以描写宫廷生活为主

【参考答案】C

社会存在决定社会意识,社会意识反作用于社会存在。一般命题考查历史唯物史观,就要追溯材料所述现象的社会根源。家国情怀素养的命题考查立意不同,强调情境材料中的人文追求与价值关怀。本题是对人的自然力量的认知及追求,是自恢复高考以来,少见的反映体育运动所体现的"阳刚与力量"健康追求的题目,追溯古代（主要是盛唐）时期人们对强健体魄的生命追求。本题结合现实,针对现代男性女性化、"小鲜肉"等现象提出质疑与历史反思。人的身体是人的生命发展的物质基础,也深刻影响着人的精神。彭小奇认为:"青年毛泽东深受湖湘文化的影响,他在《体育之研究》中提出:'欲文明其精神,先自野蛮其体魄;苟野蛮其体魄矣,则文明之精神随之。'这里的'野蛮',并不是惯常意义上的'不开化''残暴',而是极具湖湘文化特色的'吃得苦''霸得蛮',是指'健壮、有胆识',是'性格坚韧''敢于胜利'。"[①]在今天,人民身体健康是全面建成小康社会的重要内涵之一,是实现中华民族伟大复兴的健康基础。

认识自己生物学意义上的生命,爱惜人的自然生命以及健康,实现对"美"的思考与追求,是尊重生命的基础。

案例 5-3　（原创）明末清初思想家陈确说:"人心本无所谓天理,天理正从人欲中见,人欲恰好处即天理也。向无人欲,亦无理之可言矣!"王夫之也说:"人欲之各得,即天理之大同。"由此看来,两人的主张（   ）

A. 与社会人欲泛滥相印证　　B. 认为人欲与天理相依相存
C. 已经得到社会普遍认同　　D. 认同王阳明"心即理也"

【参考答案】B

人的欲望即人欲,内涵丰富。如何看待人欲是"认识你自己"的一个重

---

① 叶志明.《体育之研究》:经典著述,润泽百年［N/OL］.文汇报.2017-03-30［2019-06-26］.http://www.whb.cn/zhuzhan/kandian/20170330/87972.html.

要方面，涉及人性本善或本恶的思考，也是许多学说、制度等的出发点。如人性本恶，就出现严厉的法制思想与制度；人性本善，则强调德治、德育为主，法制为辅等。本题通过陈确、王夫之的言论，概括出"人欲与天理相依相存"的结论。这是对"恰好处"人欲的肯定，具有人文精神。生物学意义上的自然人欲进一步发展，就是超出生理欲望的追求，体现在兴趣爱好、社会文化等，最高境界就是理想追求、梦想精神。本题的现实价值很高，能够引导学生辩证思考人欲，尊重人欲中的正常、积极部分，知道贪欲的后果而自觉防范。"人欲与天理相依相存"就是追求积极生命的一种体现。

例5-4（2019年全国文综Ⅰ卷第35题）第一次世界大战期间，一些青年艺术家在瑞士组成艺术群体"达达派"。他们用纸片、抹布、电车票、火柴盒等进行创作，甚至把瓷质的小便器命名为"喷泉"搬上展览会。这类作品（　　）

A．抒发了浪漫情怀　　　　　　　　B．遵循了写实原则
C．突出了理性思维　　　　　　　　D．表达了幻灭反叛

【参考答案】D

个性发展也是对自己生命的一种肯定与尊重。达达派及达达主义对学生而言都是陌生的概念。杨益平认为："达达主义（Dadaist）作为20世纪著名的西方美术流派之一，以其质疑一切法则及反对拘泥某种形式的做法，颠覆艺术的自律性。目的是打破传统美学对艺术的限制，重新定义艺术，拓展艺术的边界，为探索艺术的新形式和新结构提供更多的可能性。"[①] 达达主义有利于解放思想、创造性思维。同时，杨益平也指出："达达主义有其特殊的政治意识形态原因：第一次世界大战期间，人们的日常生活和周边环境遭到严重摧毁，导致精神上的崩溃，以往安闲平稳的绘画面貌已经不再能够打动人，达达主义用一种幻想和离奇的视觉形象来表达对世界的反映。"达达主义者对一切事物采取虚无主义的态度，反映了一战期间西方某些青年的苦闷心理和空虚的精神状态，用于揭示一战时期青年艺术家的幻灭反叛，命题本身没有问题。但是，达达派的主张："荒谬的事对我们并不可怕，因为从一种更崇高的观点来看，生命中的一切就我看来都是荒谬的。"[②] 这体现的是一种虚无主义，是否能够对学生提供有益的帮助，值得深思。人的思想具有多

---

① 杨益平. 简论达达主义的艺术观［J］. 浙江纺织服装职业技术学院学报，2006（4）：72.
② Chipp H. 欧美现代艺术理论［M］. 余珊珊，译. 长春：吉林美术出版社，2000：135.

样性，一般命题都是基于积极的人生思考，也是命题的主流。负面思考与表现方面的命题常见于外国史命题。但是，高中生还缺乏对复杂现象的辨别与思考，命题需要高度警惕。

（二）尊重他人的生命

尊重他人生命，集中体现在社会参与层面（人的社会性），也是品格养成的重要内容。人的社会参与，核心出发点是价值观。无论是美国的现代品格教育，还是新加坡等国家或地区的品格教育，都强调核心价值观。中国的核心价值观集中体现为社会主义核心价值观。

例 5-5 （2018 年全国文综 II 卷第 24 题）据《史记》记载，商汤见野外有人捕猎鸟兽，张设的罗网四面密实，认为这样便将鸟兽杀绝了，"乃去其三面"，因此获得诸侯的拥护，最终推翻夏桀，创立商朝。这一记载意在说明（ ）

A．商汤成功缘于他的仁德之心　　B．捕猎是夏商时主要经济活动
C．商朝已经注重生态环境保护　　D．资源争夺是夏商更替的主因

【参考答案】A

人的道德品格思考，是对生命尊重的理性思考与情怀追求，是生命意识的发展。本题很有典型意义。个人基于人性本善、道德的追求，是决定个人行为的重要因素，有时是决定性因素。本题的干扰项的干扰因素非常强，用学生熟知的"注重生态环境保护"，与题干材料显著信息直接对应。但是，当时的历史背景是分封制的国家松散管理，商汤灭夏。商汤对鸟兽的行为表现出爱惜自然生命的仁德，拥戴者认为商汤这种仁德可以施于天下。因此形成"商汤成功缘于他的仁德之心"的合理判断。这就是古代典型的人文精神的体现，也是商汤个人的道德追求体现。本题对于学生富有教育意义。

例 5-6 （2018 年全国文综 II 卷第 32 题）罗马共和国时期，平民和贵族展开了长达两个世纪的斗争，斗争的成就主要体现为其间所颁布的一系列法律，恩格斯曾评论说："氏族贵族和平民不久便完全溶化在国家中了。"这一长期斗争的结果是（ ）

A．贵族的特权被取消　　　　　B．罗马法体系最终形成
C．公民与贵族法律上平等　　　D．自由民获得相同的权利

【参考答案】C

对人的社会权利的思考是人们对生命尊严的一种认识，也是尊重他人生命的理性基础之一。古罗马对人类文明做出的贡献之一，就是法律。人的社会权利往往通过法律表现出来，具有鲜明的历史时期特征，要注意分辨与合理认识。《课程标准》选择性必修1模块，其中一个课标主题内容就是"法律与教化"，探讨历史上的法治与德治问题。这不仅仅是对以前历史课程忽视法律的弥补，更重要的是在"国家制度与社会治理"模块主题下，探索法律、教化与社会治理的关系，以及对社会治理的价值。

例5-7 （原创）1802年的《棉纺厂儿童健康和道德调整法案》规定：学徒每天的工作时间不得超过12小时，吃饭时间不计在内。1819年通过的《棉纺工厂法案》，规定不得雇佣9岁以下的儿童，9~16岁之间的儿童每天工作不得超过12小时。材料能够反映英国当时（　　）

　　A．工厂大量使用廉价童工　　　B．资本家对工人的残酷剥削
　　C．务工儿童工作生活状态　　　D．已放弃经济自由放任政策

【参考答案】C

对他人生命的关怀，是尊重他人生命的情感基础，也是生命意识的一种体现。本题通过英国关于儿童的法案规定，反证当时英国儿童悲惨的工作生活状态，表达对英国工业革命下儿童悲惨命运的深刻同情，这是对生命的关怀。在许多人言必称英国工业革命对人类社会推动作用的同时，我们需要深刻思考资本主义机器生产下，工人，尤其是妇女儿童的悲惨遭遇。也就是家国情怀素养所追求的人文追求与价值关怀。

例5-8 （2019年全国文综Ⅲ卷第29题）1916年1月，陈独秀在《青年杂志》撰文称："个人之人格高，斯国家之人格亦高。个人之权巩固，斯国家之权亦巩固。而吾国自古相传之道德政治胥（皆）反乎是。"陈独秀意在（　　）

　　A．主张国家至上　　　　　　　B．批判封建伦理
　　C．反对西方民主　　　　　　　D．传播马克思主义

【参考答案】B

这一题目借用陈独秀的观点，强调个人的人格、人格与现代国家的关系，反对传统的封建伦理道德。陈独秀思考的主要基于民国建立之后国民社会参与面临的种种问题，具有鲜明的时代特征与现实意义。

例 5-9 （原创）19 世纪 40 年代，匈牙利爱国诗人裴多菲创作了经典诗歌《自由与爱情》："生命诚可贵，爱情价更高。若为自由故，二者皆可抛。抛后方知晓，如若没生命，爱情哪里找。"这首诗（　　）

A．认为爱情自由比生命重要　　B．为实现民族解放可抛弃生命
C．批判匈牙利崇尚爱情的风尚　　D．强调人的生命的重要意义

【参考答案】D

本题命题材料针对国人熟知的"生命诚可贵，爱情价更高。若为自由故，二者皆可抛"认知，这种认知具有断章取义之嫌，即"碎片化"材料。为此做了大量考证。但是，一直没有找到确凿的原始材料。叶然在文章中运用这一完整的诗句①，此外也看到有匈牙利文原著。但是，一般而言，没有确凿的证据，不建议用于命题。本题因为很有代表性而被坚持采用。本题涉及生命与爱情、生命与自由的关系探讨，强调人的生命的重要意义。这个描述比较模糊，但能够关照该诗整体的含义。这种关系的探讨很有现实意义，如为爱而不得出现的自残、自杀行为，经常见诸新闻报端，高中生、大学生也不少。为爱情而舍弃生命，在历史上屡见不鲜，尤其在文学作品中。虽然在特定的历史时期起过一些作用，但要批判来看。爱情，是否值得放弃生命？我们认为生命高于爱情，高于一般意义上的自由。舍生取义需要严肃对待，要认真考虑"义"是否值得生命付出。

例 5-10 （2019 年全国文综Ⅲ卷第 34 题）1947—1948 年，美国部分印第安人部族面临饥荒，美国政府拒绝提供救济，因为有人指控他们部族公社的生活方式是共产主义式的而不是美国式的。这反映出（　　）

A．三权分立体制存在重大缺陷　　B．意识形态影响政府政策
C．执政者力图重塑国家精神　　D．国家对经济的干预加强

【参考答案】B

通过材料中美国政府拒绝为饥荒中的印第安人提供援助，反映美国所谓的人权的选择性。本题正确选项"意识形态影响政府政策"过于理性，虽然

---

① 叶然．"反乌托邦"的奥威尔：于出世与入世中探寻社会文明的未来［J/OL］．（2018-01-02）［2019-06-27］．https://www.sohu.com/a/214153283_563778．

符合材料情境，但应该聚焦生命情怀，对美国政府不尊重本国少数民族生命的行为予以批判，如"意识形态凌驾于生命需求"等，家国情怀要求的人文追求与价值关怀形成的话语体系，师生都要尽快熟悉。

例 5-11 （原创）美军用原子弹轰炸日本，美国一家报刊报道认为 4 年前日本的珍珠港偷袭，已经点燃美国对日本使用原子弹的导火线。战后一首美国民谣唱道："原子力量是上帝强力之手授予……广岛，长崎，为他们的原罪付出代价。"对材料观点正确的评价是（　　）

　　A．日本人被炸是罪有应得　　　B．原子弹是美国强大的标志
　　C．错误地将人民视为战犯　　　D．原子弹是战胜罪恶的法宝

【参考答案】C

针对美国对日本使用原子弹，题目引用两则材料呈现部分美国民众的理解，要求学生做出正确的价值判断。无论原子弹轰炸日本的理由多么充分，将日本民众一起轰炸，都是对生命的践踏与不尊重。通过本题批判美国当时存在的对生命的错误认知，不能够因爱惜本国军人的生命，而伤害他国民众的生命。

（三）追求生命的价值

生命的价值在于追求，追求的过程就是生命价值的发现与努力实现。历史上有丰富的案例可以帮助学生发现生命的价值，在逐步认同的过程中，建立自己的人生观。

例 5-12 （原创）右图为"汉节"图。汉代皇帝授予使臣代表皇帝的"节"，也是国家的象征。张骞持"节"出使西域，苏武牧羊"卧起操持（节）、节旄尽落"。两人被匈奴长期囚禁，受尽磨难，但力保"节"不失，交还皇帝。两人事迹反映了（　　）

　　A．汉节的身份象征　　　B．对国家的坚守与忠贞
　　C．专制皇权的影响　　　D．汉人坚忍不拔的品格

【参考答案】B

苏武牧羊是中国人耳熟能详的故事，但通常滞留于浅层理解。历史教育的意义之一就是引导学生进入深层思考，发掘其中孕育的古代国家意识、对

生命价值的追求，以"对国家的坚守与忠贞"突出两人的生命情怀。张骞有同样的事迹，一起归类命题，呈现"保节不失"的普遍性。

例 5-13 （2019年全国文综Ⅱ卷第 26 题）程颢诗云："闲来无事不从容，睡觉东窗日已红。万物静观皆自得，四时佳兴与人同。道通天地有形外，思入风云变态中。富贵不淫贫贱乐，男儿到此是豪雄。"其体现的主旨是（　　）

　　A．人类与自然和谐共处　　　　B．人与万事万物皆同理
　　C．张扬自我的人生态度　　　　D．无为而治的思想理念
【参考答案】B

本题反映对生命价值情怀的一种思想主张，尤其是"富贵不淫贫贱乐，男儿到此是豪雄"是对孟子"富贵不能淫，贫贱不能移，威武不能屈"的认同，并将其提升到"人与万事万物皆同理"的认知高度。对比前述例5-1，能够凸显其时代价值与历史意义。

例 5-14 （2018年全国文综Ⅱ卷第 30 题）美国记者曾生动地记述抗日根据地："如果你遇见这样的农民——他的整个一生都被人欺凌、被人鞭笞、被人辱骂……你真正把他作为一个人来对待，征求他的意见，让他投票选举地方政府……让他自己决定是否减租减息，如果你做到了这一切，那么，这个农民就会变成一个具有奋斗目标的人。"这一记述表明，抗日根据地（　　）

　　A．农民的抗日热情得到激发　　B．废除了封建土地制度
　　C．国民革命的任务得以实现　　D．排除了国民党的影响
【参考答案】A

本题非常形象地探讨了"一个具有奋斗目标的人"的形成过程。中国共产党正是通过在抗日根据地推行减租减息政策、民主政权建设，推动农民翻身解放，从而唤醒了农民的民族意识，激发了农民的抗日热情。人与国家的关系不是单方面的，而是彼此互动的。

例 5-15 （2019年全国文综Ⅰ卷第 45 题）
　　材料：刘源张（1925—2014），全国劳动模范，中国工程院院士，被誉为"中国质量管理之父"。20世纪50年代，留学美国的刘源张冲破美国政

府阻挠回到祖国。回国后，他投入到工业化建设中，将所学的质量管理理论方法运用到生产实践，影响很大，被称为"工厂大夫"。1976年后，他倡导并积极推动建立严格的全面质量管理制度，在第二汽车制造厂等企业所取得的经验，经国务院采纳在全国企业推广，产生重大影响。1989年起他主持了"中国工业生产率管理理论和方法研究"项目，提出工业企业定额制定准则，在企业应用中取得较好的经济效益。他提出的有关质量管理的理论曾获奖。他参与了2012年国务院颁布的《质量发展纲要》的起草和定稿工作，该《纲要》明确规定："推动建设质量强国。"

——摘编自方莉等《少壮常怀强国志　华巅犹抱济时心》等

（1）根据材料并结合所学知识，概括刘源张对中国现代化建设的贡献。

（2）根据材料并结合所学知识，说明刘源张、李四光等先进人物体现的时代精神。

【参考答案】

（1）将西方先进质量管理科学引进中国；倡导并推动建立严格的全面质量管理制度；丰富了中国质量管理理论，将质量管理运用到生产实践，产生良好经济效益；在国家质量发展规划等制订工作中发挥重要作用。

（2）热爱、报效祖国；对科学的执着追求，奋发图强的精神；理论与实践相结合。

这是一道家国情怀素养目标考查的题目，反映了刘源张的人生观及人生价值追求，树立对国家和民族的意识，是一个很典型的案例。本题第一问就是典型的材料论证，答案"贡献"自材料中概括归纳。如将西方先进质量管理科学引进中国；倡导并推动建立严格的全面质量管理制度；丰富了中国质量管理理论，将质量管理运用到生产实践，产生良好经济效益；在国家质量发展规划等制订工作中发挥重要作用。题目答案结构基本采用归纳逻辑，第一问是对材料的归纳，第二问则是在第一问材料归纳的基础上，根据"时代精神"进行共性概括抽象。如海外归来、做出贡献概括出爱国精神；将所学的质量管理理论方法运用到生产实践概括出注重理论与实践结合精神；倡导并积极推动等概括出主人翁精神；主持了……概括出创新精神等。

二、对国家民族的感情

"我是谁？我们又是谁？"这是人的身份归属认同的核心问题。这里涉及正确的国家观、民族观与文化观的形成、认同与确立，以及进一步发展为树立为国家、民族拼搏奋斗的人生观念与追求。

（一）养成积极的国家和民族情感

爱国家、爱民族的基础是情感。这种情感既是朴素的也是不断发展的。热爱我们的国家与民族，就需要知道"我们是谁""我们从哪里来"等问题。中华民族是如何形成的、有哪些感动我们的故事、有哪些优良品质等，都需要我们了解与认识，并在这个过程中建立起深厚的感情，促进中华民族的认同，增强民族自信心和自豪感。

例5-16 （原创）夸父逐日、女娲补天、精卫填海、大禹治水、共工撞天柱、后羿射九日等中国远古神话故事反映了中华先民（　　）

A．先民与天抗争的不屈精神　　B．远古时期自然环境恶劣
C．古人丰富的思维想象能力　　D．以农耕为主的生产状况

【参考答案】A

家国情怀必须要追溯到祖先，也就是文明的源头。中华先民的事迹、精神一般都能体现于远古神话之中。中国远古神话故事丰富多彩，其中诸多事例均表达了先民与天抗争的民族性格与精神，这种精神塑造了中华民族伟大的奋斗精神。这种精神同样是人文精神的体现，而且早于古希腊文明。所以，谈及人文精神言必称希腊，实在是个误区。习近平总书记曾多次强调，中华民族是具有"伟大创造精神""伟大奋斗精神""伟大团结精神"和"伟大梦想精神"的民族，这四个精神是认识理解我们的民族与国家的价值核心。

例5-17 （2015年全国文综乙卷第24题）《吕氏春秋·上农》在描述农耕之利时不无夸张地说：一个农夫耕种肥沃的土地可以养活九口人，耕种一般的土地也能养活五口人。战国时期农业收益的增加（　　）

A．促进了个体小农经济的形成　　B．抑制了手工业和商业的发展
C．导致畜力与铁制农具的使用　　D．阻碍了大土地所有制的成长

【参考答案】A

当时的命题立意与解读主要围绕历史唯物史观。同样的情境放到今天家国情怀素养目标下，可以进一步追溯其中的中国智慧、文化自豪等命题立意。从井田制发展到个体小农经济是中国古代伟大的创新文化表现，这样的

事例能够促使学生建立自豪的情感。

例5-18 （2019年全国文综Ⅱ卷第24题）战国后期，秦国建造了一批大型水利工程，如郑国渠、都江堰等，一些至今仍在发挥作用。这些工程能够在秦国完成，主要是因为（　　）

　　A．公田制度逐渐完善　　　　　　B．铁制生产工具普及
　　C．交通运输网络通畅　　　　　　D．国家组织能力强大

【参考答案】D

本题立足于中央集权制的国家，组织能力强大，能够调动大量的人力、物力，进行大规模水利建设，创造的工程泽被后世，成为中华民族赖以生存的物质基础、宝贵的文化遗产。这里强调的是国家的统一与中央集权在促进社会发展中的积极作用。认识我们的国家，就是要解决"自己属于哪个国家以及这个国家究竟是怎样的国家"的认识问题，引导考生建构国家认同。国家认同是历史教育的基本诉求。国家的职能有很多，课程标准选择性必修模块"国家制度与社会治理"，强调的是国家的治理功能。国家的社会治理水平直接影响着民众的生活、民族的发展。

例5-19 （2018年全国文综Ⅲ卷第26题）我国第一部药学专书《神农本草经》大约成书于汉代，《唐本草》是世界上第一部由国家制定的药典，宋代颁行了多部官修本草，明代李时珍撰成药物学集大成之作《本草纲目》，由朝廷颁行。这些史实说明，我国古代药学的发展（　　）

　　A．源于大一统的政治体制　　　　B．得益于国家力量的支持
　　C．是商品经济繁荣的结果　　　　D．受到了宋明理学的推动

【参考答案】B

这是中国古代中央集权国家在推广医药学、促进民众健康方面发挥的作用。我们只有一点点积累起这样的认知，才能够比较透彻地全面理解"人—家—国"三者的关系，理解各自发挥的积极作用，并建立起深厚的情感。

例5-20 （2015年海南历史卷第21题）近代中国在不同时期学习西方的侧重点各有不同，五四运动之前大致经历了从"器物"到"制度"再到思想文化三个层面的变化。这种变化主要缘于（　　）

　　A．对西学认知的程度　　　　　　B．社会变革进程的需求

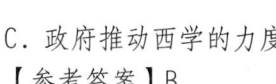

C. 政府推动西学的力度　　　　D. 传统文化势力的强弱

【参考答案】B

本题是对所谓"冲击—反应"观的质疑。中国近代学习西方，具有根据自己发展需要、社会变革进程的需求而学习的特点，强调中国的主动性，具有积极意义。

例5-21　（原创）1930年，毛泽东在《星星之火，可以燎原》中提出了"以流动游击方式扩大政治影响，等到全国各地争取群众的工作做好了，然后再来一个全国武装起义，把红军力量加上去，就成为全国范围的大革命"的思想。这一思想在当时（　　）

A. 共产党内部得到普遍认同处于主导地位
B. 意味着新民主主义革命理论成熟与确立
C. 否定了之前武装反抗国民党的方针政策
D. 冲破俄国革命模式和城市中心论的束缚

【参考答案】D

革命文化是近现代中国文化的独特表现，具有鲜明的时代特征。本题"冲破俄国革命模式和城市中心论的束缚"，表达毛泽东对中国革命道路的创新性认识的价值和意义，反映中国革命文化中的智慧。

例5-22　（原创）从20世纪50年代到今天，我国的发展观经历了这样一个变化过程：从注重"综合平衡"到"抓革命，促生产"，转到"发展才是硬道理"，再转到关注资源社会的"可持续发展"和以人为本的"科学发展"。发展观的变迁体现了（　　）

A. 从单一的经济计划转向全面规划的趋势
B. 由强调生产力转向追求社会的和谐趋势
C. 计划经济转向社会主义市场经济体制趋势
D. 社会的全面进步和人的自由全面发展趋势

【参考答案】D

本题题干概述了新中国成立以来发展观的变迁，并指向"社会的全面进步和人的自由全面发展趋势"这一结论，揭示出中国社会主义制度的本质特征。数千年来，中华民族创造并积累了极其丰富的历史文化，体现了中国智慧。通过学习中国优秀传统文化，激发我们对中国传统优秀文化、革命文化和社会主义先进文化的热爱，增强民族自信心和自豪感，促进我们对文化、民族与国家的认同。

例 5-23 （2018年全国文综Ⅱ卷第31题）右为1956年的一幅漫画《两把尺》（画中字："奶奶的尺——量布做新衣，阿姨的尺——测量祖国，建设社会主义。"）该漫画反映了（　　）

A．社会主义建设以工业化为中心
B．女性成为国家建设的重要力量
C．人民公社化运动蓬勃开展
D．城乡差别发生根本性改变

【参考答案】B

社会主义建设文化也是常见的命题主题。本题从对"奶奶的尺""阿姨的尺"的比较，反映现代妇女投身社会主义建设的事实，隐含妇女走出家庭，参与社会主义建设的热情以及社会地位的提高。

（二）形成正确的国家和民族观念

正确的国家和民族观念是在积极的国家和民族情感养成基础上的发展，由现象到本质，由感性到理性，意味着爱国爱中华民族情感的升华。

例 5-24 （原创）唐代的文化构成中，特别是生活、艺术方面，诸如服饰、饮食、音乐、舞蹈、绘画、雕塑等，大量吸收了西北、北方诸少数民族以及国外天竺、波斯东传的文化。材料所述现象反映了当时（　　）

A．唐兼容并蓄、开放的文化自信　　B．中原之外的文化成为主流
C．北朝少数民族文化依旧占据主流　D．"丝绸之路"引进西方文化

【参考答案】A

本题通过唐代文化吸收少数民族及外来文化的现象，呈现唐朝"兼容并蓄、开放的文化"以及由此体现的文化自信。

例 5-25 （原创）

清朝疆域在总体上超过了汉、唐、元、明盛世，并首次对所有地区实施了强有力的行政管辖。据此阅读材料，结合所学，回答相关问题。

材料一：清朝前期，康熙帝、雍正帝、乾隆帝多次出兵平定西北边疆叛乱，完成了对新疆、西藏的完全统一，击败沙俄侵略，收复台湾。在承认中央王朝统治前提下，允许少数民族地区实行有限自治；不同地区颁布了如《理藩院则例》《蒙古律例》《回疆则例》《西藏通则》等相应的法律；各地因俗设官（制），如驻藏大臣、军府、盟旗等；对于少数民族上层人物，用封爵、给俸、联姻、朝觐等措施加强联系；不断赐封喇嘛教领袖，在蒙藏地区形成了达赖、班禅、哲布尊丹巴、章嘉四大活佛系统；蒙古族集中生活地区划定牧区、屯田（新疆）、实行招民开垦（西南地区）等，大力发展边疆经济。

——摘编自马汝珩、马大正主编的《清代的边疆政策》等

材料二：19世纪70年代，沙俄武装强占伊犁、阿古柏盘踞新疆喀什等地、日本国入侵台湾，清朝面临边疆危机。对此，李鸿章的意见是："新疆不复，于肢体元气无伤；海疆不防，则腹心之大患愈棘。……否则，只此财力，既备东南万里之海疆，又备西北万里之饷运，有不困穷颠蹶者哉？"丁宝桢的观点："各国之患，四股之病，患远而轻；俄人之患，心腹之疾，患近而重。"左宗棠的观点是："东则海防，西则塞防，二者并重。今之论海防者，以目前不必专顾西域，请以停撤之饷匀济海防；论塞防者，则主宜以全力注重西征，西北无虞，东南自固。此皆人臣谋国之忠，不以一己之私自封者也。"

——摘编自尹全海《学术视野中的晚清海防与塞防之争》等

（1）根据材料一并结合所学知识，说明清代前期边疆稳固的原因及其影响。

（2）根据材料二并结合所学知识，概括近代官员应对边疆危机的主张，并加以简要评价。

【参考答案】

（1）原因：康熙帝等皇帝坚定维护统一的主张与行为；或清初统治者高度重视边疆问题，完成了国家统一；或清朝国力强大，抵抗侵略、维护统一等。承认中央王朝统治前提下，少数民族地区实行有限自治；或强调中央王朝统治，推行民族有限自治；或在中央集权的前提下实行边疆少数民族地方有限分权等。不同地区，颁布不同法律来治理；或通过立法加强对边疆少数民族的管理；或推行因地制宜的法律制度等。少数民族地区，或边疆地区根据习惯设官制；或因俗设官，缓和与边疆少数民族地区的矛盾；或尊重边疆地区官制，因俗设官等。多种手段加强与少数民族上层人物的联系；清政府加强和边疆少数民族上层人物的沟通；以多种手段笼络少数民族上层人物

等。通过赐封等手段，加强蒙藏地区（边疆地区等）的宗教管理；或加强边疆少数民族的宗教控制、管理等。注重发展边疆经济；或因地制宜，发展边疆经济等。

注：任答 5 点得 10 分，不超过 10 分。

影响：清朝疆域在总体上超过了汉、唐、元、明盛世，并首次对所有地区实施了强有力的行政管辖。加强了对疆域内地区的管理、维护了统一。边疆稳固，有利于多民族国家的稳定与发展。促进了边疆地区的稳定与发展。奠定了中国近代地理疆域的基本版图等。

注：任答 1 点得 2 分，不超过 4 分。

（2）主张：李鸿章认为新疆危机不重要，海疆重要，两头不能兼顾；或海疆重于新疆，财力无法兼顾；或财力无法兼顾海疆、新疆，海疆危机是心腹大患；或认为"海防""塞防（边防）"很难兼顾，主张放弃塞防（边防），加强海防等。丁宝桢认为新疆危机是心腹大患，海疆危机不迫切等；或西北地区的沙俄是大患，要集中力量对付沙俄等。左宗棠的观点是"海防""塞防（边防）并重，都是爱国之举；或"海防""塞防（边防）各有各的道理，都是尽忠报国的主张等。

评价：李鸿章从晚清的兵力、财力出发，放弃边防加强海防，有利于东南边防等；但轻视沙俄对新疆的侵略，顾头不顾尾，不利于对沙俄侵略的抵抗。

丁宝桢重点关注到俄国对我国北方领土的侵占，利于维护中国领土的完整；但轻视东南海疆危机，不利于东南海疆的防范。

左宗棠主张海防、边防并重，统筹兼顾，认为两者主张都是爱国之举，从长远来看更加注重了大局，有利于领土的完整和国家的统一；但国家财政难以保障，势必加重人民负担。清政府采用左宗棠的观点，派左宗棠新疆平叛、收回伊犁等地；筹划海防，相继建立北洋等海军。

按照历史解释的基本层次设计问题，一般情况下，第一问围绕现象追问（内容、特点等），第二问围绕本质性问题追问（原因及影响等），第三问围绕规律性问题追问（规律、趋势、认识评价等），以此呈现分层水平问题设计。本题设计了学生陌生的复杂的情境，答案信息均在材料中，原因、影响等本质性问题呈现为学生对材料内容的分析提炼，实际上属于围绕现象的追问。

正确的国家观、民族观是本题主要命题立意。命题通过清朝两个不同时期关于边疆问题的历史活动，追求"在树立正确历史观基础上，能够认识中华民族多元一体的历史发展趋势，形成对中华民族的认同感和正确的民族观,具有民族自信心和自豪感"的考查目标。

例5-26 (原创)1894年11月,兴中会在檀香山成立,其宗旨"驱除鞑虏,恢复中国"的"中国"主要是指汉族。1895年2月,香港兴中会成立,其宗旨改为"驱除鞑虏,恢复中华","中华"不仅包含汉族,也包括其他少数民族。这一变化反映了(　　)
A. 三民主义思想已经成熟　　B. 孙中山民族思想实现新的超越
C. 明确的反帝反封建纲领　　D. 各族人民反抗清朝统治的愿望
【参考答案】B

中华民族现代观念的形成,在近代经历了一个不断发展、完善与认同的过程。其中,梁启超、孙中山等人的实践探索发挥了较大作用。在历史学习中,忽视过程是比较普遍的现象。如孙中山的思想,本身就是根据革命实践不断发展的过程。关注过程中的表现,具体问题具体分析,才是比较客观的历史认知方法。

例5-27 (2019年全国文综Ⅱ卷第29题)1919年11月,全国各界联合会在上海成立,发表宣言:"数月以来,国内之群众运动,风起云涌,虽受种种压迫,而前仆后继,不少顾却;大义当前,绝不退让……全国各地,知合群自救为万不可缓之图。"这说明,当时参加联合会的各界团体(　　)
A. 对社会改造道路认识趋于一致　　B. 爱国觉悟得到提高
C. 反思资产阶级个人主义的弊端　　D. 接受了马克思主义
【参考答案】B

在纪念五四运动100周年大会上,习近平总书记强调,五四运动,爆发于民族危难之际,是一场以先进青年知识分子为先锋、广大人民群众参加的彻底反帝反封建的伟大爱国革命运动,是一场中国人民为拯救民族危亡、捍卫民族尊严、凝聚民族力量而掀起的伟大社会革命运动,是一场传播新思想新文化新知识的伟大思想启蒙运动和新文化运动,以磅礴之力鼓动了中国人民和中华民族实现民族复兴的志向和信心。习总书记的讲话凝聚着强烈的家国情怀,丰富了五四运动的意义,并与现实密切结合。本题正是在这种时代背景下,对五四运动所表现的"爱国觉悟得到提高"的认识与价值追溯。爱国行为反映的是民众的国家观、民族观意识增强。

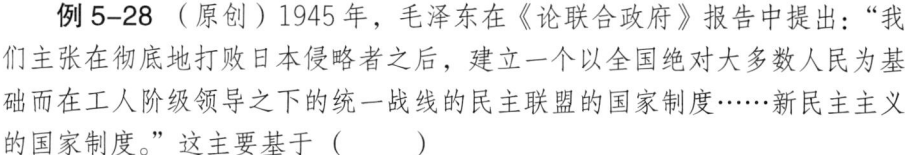

例 5-28 （原创）1945 年，毛泽东在《论联合政府》报告中提出："我们主张在彻底地打败日本侵略者之后，建立一个以全国绝对大多数人民为基础而在工人阶级领导之下的统一战线的民主联盟的国家制度……新民主主义的国家制度。"这主要基于（　　）

A．夺取抗日战争最后胜利的需要
B．参加重庆政协谈判的需要
C．完善新民主主义思想的需要
D．满足人民群众对和平与发展的需求

【参考答案】D

热爱我们的国家，首先要了解我们的国家，了解自古以来的国家发展，以形成正确的国家观。抗战即将结束，中国共产党倡导建立新民主主义的国家制度，主要是"满足人民群众对和平与发展的需求"。本题有利于学生"在树立正确历史观基础上，从历史的角度认识中国的国情，形成对祖国的认同感和正确的国家观"。

（三）树立振兴国家和民族的意识

《课程标准》关于家国情怀的概念解读如下：

家国情怀是学习和探究历史应具有的人文追求，体现了对国家富强、人民幸福的情感，以及对国家的高度认同感、归属感、责任感和使命感。学习和探究历史应具有价值关怀，要充满人文情怀并关注现实问题，以服务于国家强盛、民族自强和人类社会的进步为使命。①

从中我们清晰地看到"对国家的高度认同感、归属感、责任感和使命感"，以及"以服务于国家强盛、民族自强和人类社会的进步为使命"的明确要求。换言之，家国情怀素养就是要求师生通过历史学习等实践活动，树立振兴国家和民族的意识并为之终生奋斗。

例 5-29 （原创）1940 年国民政府修正高中历史课程标准，强调通过对历史的讲授，"使学生对于中华民族有整个之认识与爱护"，"启示学生复兴民族之途径，及其应有之努力"，"策励学生研讨世事，探求科学，而努力于抗战建国之大业"。这反映了当时（　　）

---

① 中华人民共和国教育部．普通高中历史课程标准（2017 年版）[S]．北京：人民教育出版社，2018：5．

A．注重中华优秀传统文化教育
B．追求民族救亡与复兴的时代特征
C．践行孙中山振兴中华的理想
D．中华民族理念已经深入人心

【参考答案】B

中国人民的抗日战争是中国近代以来，抗击外敌入侵第一次取得完全胜利的民族解放战争，充分体现了中华民族伟大的奋斗精神、团结精神。抗日战争中有众多的民族振兴、国家振兴的历史命题题材。本题聚焦家国情怀，通过历史课程标准修订，关注学生民族、国家意识养成，勇于实现民族救亡与复兴的题材，并从"追求民族救亡与复兴的时代特征"的结论追溯其现实意义。

例 5-30 （原创）1949—1952年，国营企业职工在改进机器、操作方法、劳动组织等方面，提出的合理化建议接近40万件，其中被采纳的就有24.1万件。材料表明（　　）

A．国企职工生产积极性高涨　　B．工人阶级主人翁意识增强
C．国有企业技术水平比较高　　D．劳动人民是经济恢复主力

【参考答案】A

本题通过国有企业工人主人翁的主动创新表现，呈现人民当家作主所焕发出的伟大创新精神。"国企职工生产积极性高涨"的结论，也是工人阶级振兴国家和民族意识的集中体现。"工人阶级主人翁意识增强"具有较强的干扰性，学生熟知"当家作主"。但是，注意此时期国营企业工人只是工人阶级的一部分，材料限于此。

例 5-31 （2019年全国文综Ⅲ卷第31题）右图是1953年创作的年画。该作品（　　）

A．继承了中国传统文人画作的基本风格
B．描绘了农民参与社会主义生产的场景
C．体现了"双百"方针提倡的创作精神
D．倡导了适应国家建设需要的社会新风

【参考答案】D

《数他劳动强》

振兴国家和民族意识并不是一定要追求轰轰烈烈,而是蕴含在正常的生活、工作态度与观念之中。积极劳动,劳动致富等都是朴素的基本的振兴国家和民族的意识,针对当前一些社会不良现象,热爱劳动更具有现实意义。因此,要"倡导适应国家建设需要的社会新风"。

例 5-32 (原创)邓小平认为社会主义的本质规定和奋斗目标是( )
A. 解放生产力,发展生产力　　B. 消灭剥削,消除两极分化
C. 以经济建设为中心　　　　　D. 实现共同富裕

【参考答案】D

题目立意家国情怀素养命题,理解社会主义的价值追求。学生要掌握邓小平相关论述的完整表述,对题目做出判断,而不是断章取义。命题立意及问题的发现,一是 2003 年《普通高中历史课程标准(实验)》对邓小平理论内容的要求;二是自改革开放以来,一直聚焦"解放生产力,发展生产力",而忽略"实现共同富裕";三是习近平同志提出"不忘初心"等回归社会主义价值取向的理念;四是教师教学普遍强调"解放生产力,发展生产力",忽视"实现共同富裕"。本题是 2015 年 1 月深圳市宝安区高二期末调研卷的题目,考试结束,教师看到答案,展开激烈争论,许多教师选择"解放生产力,发展生产力",全区学生 92% 做出同样选择。这就是俗话常说的"灯下黑"现象。

例 5-33 (2018 年全国文综 I 卷第 41 题)
阅读材料,完成下列要求。
中国基层社会治理历史悠久。改革开放以后,村民自治成为中国亿万农民的伟大创造。

材料一:宋代一些地方实行乡约制度,其功能主要是扬善惩恶,制定规约进行道德教化,并建立民间组织和相关的赏罚制度。明清时期,宣讲"圣谕"成为乡约最重要的内容。当时,由地方官吏广泛推行乡约制度,建立乡约组织,每月召集百姓宣讲、教化。康熙九年颁布了乡约组织必须宣讲的《上谕十六条》,内容包括"重农桑以足衣食""训子弟以禁非为"等。

——据杨开道《中国乡约制度》等

材料二:清末,时人认为"地方自治者,为今世界立国之基础……于救亡之事,至为切要"。1909 年,清政府颁布《城镇乡地方自治章程》,地方自治大致按行政区划分城镇和乡两级,设立议事会为议决机关,议员由选民

互选充任。

——据张海鹏主编《中国近代通史》

材料三：20世纪80年代后，村民自治迅速发展，到1997年底，全国共有91万个村民委员会的村干部由村民直接选举产生，大部分农村有90%以上的选民参加了选举。1998年颁布了《中华人民共和国村民委员会组织法》，村民委员会是我国农村基层社会的群众自治组织。

——据郭德宏等主编《中华人民共和国专题史稿》

（1）根据材料一并结合所学知识，概括宋代到明清时期乡约制度的变化，并说明乡约制度的积极作用。

（2）根据材料二并结合所学知识，简述清末城镇乡地方自治的历史背景。

（3）根据材料三并结合所学知识，说明村民自治的意义。

【参考答案】

（1）变化：宋以道德教化为主，明清增加了宣讲"圣谕"的内容；乡约组织从民间自发建立到由地方官吏推动设立。

积极作用：有利于维护社会秩序，加强基层社会治理；有利于发展生产；促进了儒家文化和传统道德的传播。

（2）内忧外患；西方民主思想传播；清末新政，改革政治制度。

（3）略。

本题充分体现了课程标准选择性必修一"国家制度与社会治理"模块的主题，选择了中国不同历史时期乡村治理的典型案例，呈现独特的中国乡村治理文化。材料反映出中国不同时期人们爱自己、爱家乡、爱国家的真挚情感，由情境进一步激发出强烈的责任意识，进而付诸报效家乡、报效社会与国家的自治行动。国家意识、民族意识以及文化意识，就是在这种过程中，逐步形成与认同，并树立起强烈的责任感与使命担当。这就是"树立振兴国家和民族的意识"的一种理解与解读。

三、对人类命运共同体的意识

2011年《中国的和平发展》白皮书提出，要以"命运共同体"的新视角，寻求人类共同利益和共同价值的新内涵。这就需要相互沟通与交流。2014年3月27日，习近平主席在联合国教科文组织总部发表演讲时强调，文明因交流而多彩，文明因互鉴而丰富。文明交流互鉴，是推动人类文明进步和世界和平发展的重要动力。

（一）理解尊重各国文化

文明交流互鉴，就需要了解世界历史发展的多样性，理解和尊重世界各国、各民族的文化传统。

例5-34（2019年全国文综Ⅰ卷第32题）古代雅典的梭伦在诗中写道："作恶的人每每致富，而好人往往贫穷；但是，我们不愿意把我们的道德和他们的财富交换，因为道德是永远存在的，而财富每天在更换主人。"据此可知，梭伦（　　）

A．反对奴隶制度　　　　　　　　B．主张权利平等
C．抨击贫富差别　　　　　　　　D．具有人文精神

【参考答案】D

关于人文精神的思考，常见于对古希腊历史的命题考核。本题通过梭伦诗作，指出当时雅典的社会现象：作恶的人每每致富，而好人往往贫穷。然后提出自己的道德观，从而呈现出人文精神的价值判断。此类题材的命题多，也比较常见。要注意甄别西方不同历史时期人文精神的内涵与历史表现，具体问题具体分析。

例5-35（原创）但丁、彼特拉克、伊拉斯谟、马基雅维里均著有《君主论》。它们的共同点在于强调政府责任和民众利益；不同之处，则是随时间、地域转移反映出来的统治者与民众关系的不断变化。由此看来，四篇《君主论》彰显出（　　）

A．资产阶级反教会统治的政治诉求
B．文艺复兴家对君主专制的批判
C．中国法家思想对欧洲学者的影响
D．人文主义政治思想的发展历程

【参考答案】D

文艺复兴时期，随着人文精神的发展，人们开始将目光从人追求现实生活幸福的权利逐渐转向对社会、国家的思考，集中体现在《君主论》的撰写方面。四篇《君主论》呈现出人文主义政治思想的发展历程，也成为独特的文艺复兴政治思想文化。

例 5-36 （原创）1678年，牛顿剑桥毕业，按照惯例需接受神职。但是，牛顿公开声明拒绝："从事物的表象来论上帝，无疑是自然哲学分内的事。只有在科学工作里揭示和发现上帝对万物的最聪明和最巧妙的安排，以及最终的原因，才对上帝有所认识。"由此看来，牛顿致力于科学研究旨在（ ）

A. 批判教会蒙昧主义　　　　　B. 理性启蒙，推动科学革命
C. 揭示自然的奥秘　　　　　　D. 用自然科学证明上帝的存在

【参考答案】D

关于牛顿，国内常见的结论是其晚年走向唯心主义。根据材料论证，牛顿的科学追求根植于深厚的基督教文化，毕生追求"用自然科学证明上帝的存在"。如同中国人深受儒家文化影响一样，欧洲人同样深受基督教文化的影响，并随着欧洲人的迁徙而扩散。因此，认识中世纪及近代欧洲，需要了解基督教文化。例如，不了解英国宗教改革，就无法解释英国光荣革命等。

例 5-37 （2018年全国文综Ⅰ卷第33题）1847年6月，正义者同盟改名为共产主义者同盟，以"全世界无产者，联合起来"的新口号代替"人人皆兄弟"的旧口号，并规定同盟的目的是："通过传播财产公有的理论并尽快地求其实现，使人类得到解放。"这一变化说明（ ）

A. 共产主义者同盟接受了马克思的革命理论
B. 马克思主义的诞生推动了无产阶级的斗争
C. 工人运动在欧洲的主要资本主义国家开始兴起
D. 无产阶级与资产阶级的矛盾成为社会主要矛盾

【参考答案】A

社会主义是近代以来形成的人类宝贵文化之一，也是外国史部分常见命题。其中，马克思主义是主要命题对象。现行教材没有涉及正义者同盟改名共产主义者同盟的内容，教师课堂教学一般也没有加以补充，题干呈现材料，建构学生陌生的复杂的不确定情境，以考查学生的历史学科核心素养。题干显著的信息在于"全世界无产者，联合起来"，以及透彻理解"通过传播财产公有的理论并尽快地求其实现，使人类得到解放"的含义。本题给教师提出基于历史核心素养，尤其是家国情怀素养的教学要求。马克思主义这个课题，不能仅仅局限在马克思主义的来源、内容等教材知识，而应该引导

学生理解思考马克思主义追求全人类解放的理想追求，理解马克思主义追求人的全面并自由发展的人文价值。

例 5-38（原创）

阅读材料，完成下列要求。

材料：《笔锋胜剑》是美国大学新闻史、媒体与社会等新闻学基础课方面的教科书。作者罗杰·斯特雷特马特在"序"中说："今天的大学生，甚至包括普罗大众，都认识到媒体是美国最强大的组织之一。……不过，诋毁者和辩护者都同意一点：媒体确实有影响力。""我确实相信，新闻报道可以——从根本上——塑造历史事件。"

全书十七章目录：散播革命种子、促成废奴运动、阻碍女权运动、抨击市政腐败、煽动美西战争、耙粪（专门搜集并揭发名人的丑事）新闻宣传、遏制三K党（美国白人种族主义组织）、广播反犹太言论、激励妇女就业、抵制麦卡锡主义（美国国内现代反共、极右的典型思想）、引导民权问题、电视转播越（越南）战、揭露水门丑闻（总统选举违法案）、报道恐怖袭击、报道黑人总统、声援同性恋者、如何塑造历史。

注："（ ）"内为编者注释。

从材料中提取新闻媒体"塑造"历史事件的相关信息，自拟论题，并结合所学知识予以阐述。

要求：写明论题（或明确的题目、观点），要有三则以上史实论据，论证过程。

【参考答案】略。具体依据表 5-1 进行评分。

表 5-1 例 5-38 评分标准量化表

水平描述	题目观点	论证过程	结论

水平1 知道家国情怀素养的基本观念与价值取向，对历史做出是非判断	有正确合理的题目观点。3分，不超过3分	要求2个以上论据，且能够与观点逻辑一致。1个3分，2个6分，不超过6分	能够从家国情怀素养立意出发，形成自己合理的结论。3分
水平2 理解家国情怀素养的基本观念与价值取向，解析是非判断的理由	有题目无观点1分		重复材料观点结论。2分
水平3 运用家国情怀素养的基本观念与价值取向，解决各种实践问题	无题目无观点0分	有论据，但与观点不一致，酌情1个给1分，不超过2分	无结论。0分。若学生体现合理的论证过程，酌情给1分

文明因交流互鉴而丰富，同样要求我们对外国历史中的一些现象做出分析。本题立意明确，即西方媒体出于某种目的，有意歪曲事实、误导社会，从而出现"塑造"历史的现象。通过鉴别，有利于培养学生批判性思维及意识。

（二）认识各国各民族的贡献

文明交流与互鉴，要具有广阔的国际视野，认识和理解各民族为人类做出的贡献，从人类文明发展中汲取时代的营养。

例5-39 （原创）唐朝时期，长沙铜官窑的瓷器产品，在湖南长沙的古墓中很少发现，但在武昌、扬州、宁波等地却大量出土，在朝鲜、日本、印度和东南亚、西亚、非洲也有发现。据此，铜官窑产品的特点是（　　）

A．产品不进入市场，赏赐外邦
B．代表此时期中国制瓷最高水平
C．长沙是中国南方制瓷中心
D．产品外销，大量供应国内外市场

【参考答案】D

中国的四大发明为人类做出了重大贡献，已为大家熟知，还有许多贡献，需要进一步发现发掘。如本题唐朝内陆长沙铜官窑的瓷器，为国内、为世界人们生活的便利等做出了贡献。同时，也反映出唐朝统一、对外开放，商品民间自然流通、扩散到亚非等地的"丝绸之路"盛景。

例5-40 （原创）牛顿力学对物质及其运动规律的认识，促进了唯物论和辩证法的产生和发展，并且成为欧洲启蒙运动的思想基础。由此可知，牛顿力学主要改变了当时（　　）

A．人们对世界的看法　　　　　　B．人们对人生价值的看法
C．人们对社会的看法　　　　　　D．人们对上帝创世的看法

【参考答案】A

牛顿的经典力学是英国为人类做出的贡献之一。科技是文化的主体之一，对于历史学科而言，不需要研究其科学原理，而应着重探讨其得以发生的历史背景以及影响。其中，不能忽略科学家本人的生命价值追求因素。本题主要聚焦牛顿力学对当时人们的世界观的改变，即对世界的看法。这种看法直接影响到启蒙思想，追求科学理性的思维方式。

例5-41 （原创）法国史学家索布尔认为，从某种角度而言，法国大革命的意义大大超过了以往的历次革命，包括英国革命和美国革命。可以用来说明这一观点的是，在启蒙思想的指导下，法国大革命（　　）

A．创建了民主共和政体　　　　　B．以暴力为革命主要方式
C．根除了专制复辟危险　　　　　D．以社会平等为首要目标

【参考答案】D

启蒙思想是法国为人类做出的贡献之一，法的精神、社会契约等都强调人的平等。这种思想直接影响到法国大革命"以社会平等为首要目标"。人与人之间的平等是天赋人权，人人平等是尊重他人的生命的基本出发点。

例5-42 （原创）2013—2016年，中国最终消费对世界消费增长的年均贡献率基本占据世界第一，按照不变美元价格计算，近几年的年均贡献率可达到23.4%。数据表明中国（　　）

A．改革开放取得巨大成就　　　　B．社会主义市场经济优越性
C．积极参与世界经济发展　　　　D．为世界经济发展做出贡献

【参考答案】D

我们通过中国最终消费数据、占比得出"为世界经济发展做出贡献"。中国的科举制度、中医药学等影响世界的题材，都可以建构相关主题的题

目。同样，英国为人类贡献了工业革命、法国为人类贡献了启蒙思想等等，都是人类命运共同体理念下的命题主题。

例 5-43（2018 年全国文综 Ⅱ 卷第 41 题）

阅读材料，完成下列要求。

材料：中国是大豆的故乡，甲骨文中就有关于大豆的记载，先秦时期，大豆栽培主要是在黄河中游地区，"豆饭"是人们的重要食物，《齐民要术》通过总结劳动人民长期的实践经验，认识到大豆对于改良土壤的作用，主张大豆与其他作物轮种。唐宋时期的文献中都有朝廷调集大豆送至南方救灾、备种的记录。大豆的种植推广到江南及岭南……从古至今，各式各样的豆制品是中国人喜爱的食物，提供了人体所需的优质植物蛋白。

1765 年，大豆引入北美，最初作为饲料或绿肥。19 世纪 60 年代，豆腐在美国开始被视为健康食品。19 世纪末，大豆根瘤的固氮功能被发现，在美国干旱地区推广种植。至 1910 年，美国已经拥有 280 多个大豆品种，1931 年，福特公司从大豆开发出人造蛋白纤维，大豆成为食品工业、轻工业及医药工业的重要原料。1954 年，美国成为世界上最大的大豆生产国，种植面积超过一亿亩，大豆在南北美洲都得到广泛种植，美洲的农田和中国人的餐桌发生了紧密联系。

——摘编自刘启振等《"一带一路"视域下栽培大豆的起源和传播》

（1）根据材料并结合所学知识，概括我国历史上种植利用大豆的特点和作用。

（2）根据材料并结合所学知识，说明大豆在美国广泛种植的原因。

（3）根据材料并结合所学知识，简析物种交流的积极意义。

【参考答案】

（1）特点：我国人民最早培育、驯化；种植范围从中原推广到南方，开发出各种豆制品；农书对劳动人民实践经验的总结与推广；政府推动。

作用：民众重要的食物来源，使中国人的食物结构合理化；推动了中国农业的发展，提供了新的备荒物资。

（2）世界各地的联系加强，世界市场的推动；大豆是一种优良作物品种，适宜种植；科学技术进步，大豆的用途得到广泛开发。

（3）物种交流是世界文明交流的重要方式；促进了人类文明的发展，有助于人类命运共同体的建构。

各国、各民族对人类的文明贡献，交流是主要途径。《课程标准》选择性必修三"文化交流与传播"模块，主要呈现了人口迁徙、商路与贸易、战争、信息技术四种交流的形式，探讨文化交流的途径、认同与碰撞等问题。本题以大豆为例，形象地展示了文明因交流而多彩的立意。

（三）关注人类共同命运

有关"人类命运共同体"的历史命题题材非常多，关键在于对"共同命运"的深入思考，这需要进一步深入理解与拓展。2011年国务院新闻办发表《中国的和平发展》白皮书提出："全球性挑战成为世界主要威胁。人类共同安全问题日益突出，恐怖主义、大规模杀伤性武器扩散、金融危机、严重自然灾害、气候变化、能源资源安全、粮食安全、公共卫生安全等攸关人类生存和经济社会可持续发展的全球性问题日益增多。任何国家都不可能单独解决这些问题，国际社会必须携手应对。"这些都是对人类共同命运的思考，不应局限于经济现象。"一带一路"也不应局限于经济通道的建立、经济联系的加强，而应有机渗透文化交流、生活影响等内容，呈现深层的聚焦共同发展的浓厚人文关怀。

例 5-44 （原创）美国内战期间，林肯总统下令封锁海岸线，禁止南方棉花输出英国。对此，英国曼彻斯特纺织工人表示支持，称废奴为"基督教英雄主义的崇高义举"。这些工人（　　　）

A．主张全世界无产者联合起来　　B．认为黑奴同样是上帝子民
C．与美共同反抗英国资产阶级　　D．具有超越功利的道德情怀

【参考答案】D

基于生命意识与情怀的人类命运思考，历史素材少，思维观念与语言表述转变幅度大，少见相关命题。人类命运共同体观念下，聚焦共同的命运，关注正义，这意味着牺牲。林肯禁令与英国棉纺织工业发展构成矛盾，影响英国纺织工人工作与生活。但是，经济利益受损的英国纺织工人支持林肯禁令，支持正义，这就是一种人类共同命运观的价值情怀。全世界无产者联合起来，本身需要全球不同地区、国家的无产者具有求同存异，超越功利的道德情怀。本题很有现实意义，能够帮助学生理解今天的国际贸易冲突、各种利益诉求与矛盾等，树立正确的人类命运共同体观念。

例 5-45 （原创）1921年6月，白手起家的美国百万富翁阿曼德·哈默，克服种种困难来到苏俄，想帮助医治当时流行的斑疹伤寒，但为饥荒所引起的灾难震惊。他用100万美元在美国购买了100万普特小麦，船运到苏俄去销售。阿曼德·哈默（　　　）

A. 行为主要基于道德良心　　B. 勇于冒险不断寻找商机
C. 震惊于苏俄当时的灾难　　D. 冲破了美国的贸易禁运

【参考答案】A

对个体生命的尊重。这是我们仿照案例5-5而命制的一道题目。基于个人道德良心驱动的历史行为，就是个体道德生命意识的体现，是需要倡导的人性。这种思考在国内传统历史命题中少见，更多的命题是从社会政治、经济、文化环境角度思考。在家国情怀素养目标要求下，对历史的理解、思考与解释，面临诸多观念转变。

例5-46 （原创）21世纪之交，美国和欧盟的大规模棉花补贴（美国每英亩棉田补贴为230美元）已导致棉花价格低于生产成本。假如取消这些补贴，世界棉价会上升15%以上，可以让成千上万的非洲农民获得温饱。这反映了（　　）

A. 美欧掠夺非洲廉价棉原料　　B. 非洲农民处于竞争劣势
C. 美欧保护自身棉纺织产业　　D. 经济全球化中不公平现象

【参考答案】D

文明因互鉴而丰富，互鉴主要就是在交流的过程中，发现对方的长处与不足，反省自身的长处与不足，求同存异，追求共识。所以，要发现及批判不利于形成人类命运共同体的现象。本题揭示了经济强国的经济霸权现象，呈现了经济全球化中不公平现象的认识判断。

例5-47 （2019年全国文综Ⅱ卷第46题）

材料：1941年12月，太平洋战争爆发，蒋介石信心大增，表示抗战到底，并建议各友邦成立军事同盟。美、英、中等国相继对日、德、意宣战。同月，美、英两国首脑在华盛顿举行会议，商讨在远东设立中国战区，包括中国、泰国、越南等地区，由蒋介石担任最高统帅。1942年1月1日，由中、英、美、苏四国领衔的26个反法西斯国家，签署了对德、意、日共同采取行动的《联合国家宣言》，规定：签字国保证运用军事和经济的全部资源，打击共同敌人；相互合作，不得与任何敌人单独媾和，世界反法西斯统一战线正式形成。同月，中国战区统帅部成立。中国以多年独立抗日所显示的伟大力量，赢得了世界大国的地位。

——摘编自张海鹏主编《中国近代通史》

（1）根据材料并结合所学知识，概括设立中国战区的背景。

（2）根据材料并结合所学知识，说明设立中国战区的意义。

【参考答案】

（1）太平洋战争爆发；世界反法西斯统一战线形成；中国抗战地位得到国际承认。

（2）加强中国与反法西斯国家的联系；增强抗战信心，增强中国对日作战能力；沉重打击日本法西斯，对世界反法西斯战争做出卓越贡献。

本题是典型的人类命运共同体命题。第二次世界大战，人类面临法西斯的严重威胁。在共同命运驱动下，人类正义力量逐步走到一起，建立反法西斯的正义联盟。题目通过两个问题的设置，将中国置于国际反法西斯正义力量团结起来共同应对人类命运挑战的时空情境进行思考，进一步凸显中国为人类正义事业做出的贡献。

例 5-48（原创）

阅读下列材料，结合所学，回答相关问题。

材料一：在马克思看来，"持续扩大产品销路的需求，追在全球各地的资产阶级身后……要靠极其遥远的国家与地区的产品来满足新的需求，取代了靠本国产品来满足的旧需求。过去那种地方性、民族性的……也被各民族各方面的互相往来和互相依赖所取代了。"这乃是资本主义利润驱动的结果。用他的话说，就是"对剩余劳动力犹如狼人般的饥渴"。

由于不列颠纺织品的竞争，"棉织工人的骸骨铺满了印度平原"。而19世纪中期在印度，东印度公司强迫契约农种植收购价极低的靛蓝，导致农民揭竿而起。

美国公司的税后利润（包括全球收入）总额从1990年的2920亿美元增长到2004年的9 000亿美元，美国工人的工资却长期陷入停滞。有批评者指出，社会下层的收入徘徊不前，而美国的富人却在享有全球化的果实。

——摘编自纳杨·昌达著《全球化的故事》

材料二："一带一路"倡议植根于和平合作、开放包容、互学互鉴、互利共赢的丝路精神，秉持共商、共建、共享的合作理念，开放包容、互利共赢是其最鲜明的特色，也是其强大生命力所在。

（1）依据材料一，马克思认为全球化的动力是什么？材料中有哪些证据可以证明这个观点？结合所学，再找出两个证据予以证明。

（2）据材料二，结合所学，中国古代以来形成的"丝路精神"有何特

点？在今天如何更好地发挥"丝路精神",推进经济全球化发展？

【参考答案】

（1）动力：资本家追求利润。

材料证据：如英国用武力将印度变为殖民地，使其成为商品市场，廉价的原料产地；美国产业转移，掠夺国外廉价劳动力，获得巨额利润等。

英国贩卖鸦片，武力入侵中国，掠夺中国财富；甲午战争后，日本在中国开厂，掠夺中国廉价劳动力、打击中国民族资本等。

（2）材料中均有依托。

角度一：和平合作、开放包容、互学互鉴、互利共赢。或和平、平等交流，共同发展等。

角度二：共商、共建、共享；或开放包容、互利共赢；或以上述理念，建构21世纪人类命运共同体等。

纳杨·昌达著《全球化的故事》是一本值得推荐的好书，也是历史教师必读书目之一。该书详解了经济全球化的历程，利益相关方的各种诉求，能够帮助我们理解经济全球化中存在的诸多问题。本题材料一从互鉴角度，对于传统的人类经济交流做出系统分析，指出其中存在的一些问题。通过材料二，引出树立人类命运共同体意识的中国治理方案，并结合现实进行深度思考。这种深度思考就是强调学生在学习的过程中理解历史，在理解历史的过程中形成自己的思考。

▶第二节　家国情怀素养命题的方法

历史纸笔命题一般包含三重结构：题干情境设计、问题设计、答案设计（选择题正确选项及非选择题答案），且逻辑一致，三位一体。历史学科五个核心素养综合一体，很难单独就某一个核心素养要素独立命题，需要综合运用及考查。家国情怀素养的纸笔命题评价方法，从命题技术、历史学科素养理念，到哲学基本思考，对于命题者而言，都需要系统学习研究，并在实践中不断提升命题意识与素养。

根据《课程标准》，学业评价的命题原则之一是：以新情境下的问题解决为重心。这里有两个关键词：一是情境，二是问题。其中，问题是纸笔命题形式中主要的任务驱动形式，也是命题立意的集中体现。新情境为问题服务，能够为学生完成问题提供有效的帮助。此外，针对家国情怀素养的特殊性，还需要建构相应的选择题选项解释及非选择题的答案解释。

一、纸笔命题的原则

《课程标准》在"学业水平考试与命题建议"[①]中，从"以历史课程标准为依据""以考查历史学科核心素养的具备程度为目的""以新情境下的问题解决为重心"三个方面，给出了具有指导性的命题原则建议。对于家国情怀素养而言，《课程标准》相关规定是命题依据，这是基本原则。考查的目的是课程家国情怀素养"具备程度"，这就需要分层。这种分层不能简单地等同于学生做题考试获取的分数，更应该呈现具有不同程度素养的纸笔考查题目，或者反映这种程度的评价方式。此外，值得重视的是"新情境下的问题解决"，素养最终表现为关键能力，体现在纸笔命题评价，不是死记硬背，更加注重素养在新情境下解决问题的能力水平程度表现。

（一）思想性原则

思想性原则是纸笔命题必须坚持的首要原则，选材正确、立论正确与导向正确。课程目标"形成正确的世界观、人生观、价值观和历史观"就是思想性原则的基本体现。思想性原则要从生命意识、家国情怀、人类命运共同体三者追求的价值理念为基本判断依据，不能以所谓开放性为由，呈现违反生命价值、反社会、反人类的命题立意；同样，也不能呈现历史虚无主义的情境内容。高中生虽然具有一定的是非价值判断能力，但思想意识毕竟还处于成长过程，不能误导学生。所以，命题选材应该从具有积极意义的历史情境入手，正面设问与引导。

（二）科学性原则

科学性原则是纸笔命题必须坚持的基本原则。在坚持历史唯物史观基础上，历史时空要准确，史料实证要严谨，历史解释要恰当合理，家国情怀要理解准确。尤其是家国情怀，价值判断与观念养成是主要目标诉求，人文性是其主要特点。所以，面对各种各样的认知观点，坚持科学性原则就要立足于思想性原则，立足于历史唯物史观，形成积极的情感态度，建构正确的价值观念，并能够具体问题具体分析。此外，史实要准确，命题思路要一致，结论要合理等也属于科学性原则内容。在教师常见命题中，错题、不周延、

[①] 中华人民共和国教育部. 普通高中历史课程标准（2017年版）[S]. 北京：人民教育出版社，2018：58.

自说自话的题目屡见不鲜，主要原因还是教师欠缺历史学科核心素养。

（三）发展性原则

发展性原则是纸笔命题倡导的新理念，即发展性评价。结合家国情怀素养纸笔命题评价思考，发展性评价就是通过纸笔命题评价推动学生家国情怀素养的进一步发展。《课程标准》明确指出了学业水平的考试性质是"高中历史学习的评价应以课程目标为依据，以学生历史学科核心素养的整体发展为着眼点，将评价贯穿于历史学习的整个过程"①。发展性评价比较抽象，主要包括已经具备的家国情怀素养程度评价，并追求评价过程中学生再学习再发展的价值。简单理解就是追求考查学生在新情境营造的复杂的不确定性新问题下，解决问题的素养能力程度的同时，强调学生做题过程中再学习、再发展的价值。换言之，考查学生已有的素养水平是一个目标，追求学生素养水平提升是另一个目标。这种提法非常有现实意义。聚焦历史知识教与学，师生共有的根深蒂固的知识学习习惯，造成教师命题、学生解题一般滞留于"对与错""有与无""能与否"的已有水平的测量阶段，发现知识漏洞、查漏补缺成为学生习题作业与考试测量的主要目的。因此，教师要深刻理解素养发展教育的理念，转变传统的教育观、教学观，在实践中探索素养发展教育。

（四）开放性原则

开放性原则在核心素养目标考查背景下，具有重要的意义，也有新的内涵赋予。家国情怀素养目标的提出，更加强调学生与问题情境的参与、互动与建构新的认知，这是开放性原则追求的方向，也是发展性原则的基本含义。此外，开放性也是发展性评价得以贯彻的有效途径之一，只有在开放的问题情境下，学生的家国情怀素养才能够得到有效发展。开放性原则在历史选择题中运用困难，学生针对题目已有选项做出判断，没有用笔表达自己思想的机会。开放性主要表现为依据材料，对材料做出重新思考解读，不受所学束缚的自由观念思维。开放性原则用于历史非选择命题屡见不鲜，一般表现为学生提供几种选择（素材或观点），学生论证。近年来，高考命题对开放性原则有更加深入的理解与运用，如学生在问题驱动下，对材料情境做出观点提炼与评判，并要求形成与材料观点不同的结论。开放性原则在命题中的运用，后续案例有相关解析。

---

① 中华人民共和国教育部. 普通高中历史课程标准（2017年版）[S]. 北京：人民教育出版社，2018：58.

需要强调的是选择性与开放性原则混淆现象。2018年深圳市教师命题比赛中,发现教师情境及问题设计普遍存在选择性与开放性混淆现象。这种混淆普遍体现在认为题干多元材料选择为开放性,而这是选择性的体现。

例5-49 (2018年全国文综Ⅰ卷第42题)

阅读材料,完成下列要求。

材料:英国作家笛福创作的小说《鲁滨孙漂流记》出版于1719年,其中许多情节反映了世界近代早期的重大历史现象,小说梗概如下:

鲁滨孙出身于英国一个生活优裕的商人家庭,渴望航海冒险。他在巴西开办了种植园,看到当地缺少劳动力,转而去非洲贩卖黑奴。在一次航海途中,鲁滨孙遇险漂流到一座荒岛上。他凭借自己的智慧和力量,制造工具,种植谷物,驯养动物,经过十多年,生活居然"过得很富裕"。宗教信仰是支撑鲁滨孙的重要力量,且是"在没有别人的帮助和教导下,通过自己阅读《圣经》无师自通的"。后来,鲁滨孙救出一个濒临被杀的"野人",岛上居民也有所增加,整个小岛都是他的个人财产。鲁滨孙获救回国后,还去"视察"过他的领地。

结合世界近代史的所学知识,从上述梗概中提取一个情节,指出它所反映的近代早期重大历史现象,并概述和评价该历史现象。(要求:简要写出所提取的小说情节及历史现象,对历史现象的概述和评价准确全面。)

材料以《鲁滨孙漂流记》小说梗概设计情境,符合陌生的新材料建构的学生学习问题情境设计。其中,提供了多元选择。学生可以从中获取航海殖民、独立生存人文精神、宗教改革等情节。但是,问题设计要求学生围绕所提取的情节,指出其所反映的重大历史现象并进行概述,实际呈现出回答有所指向的所学问题,学生没有再创造的空间,也不存在多元开放的思维要求。如果设问改为"结合世界近代史的所学知识,概述鲁滨孙事迹体现的精神,分析可能影响鲁滨孙的时代背景因素,并谈谈对自己的启示",那么,这种设问,就可以为学生与材料情境互动提供条件,推动学生创造性的开放思维,并有机渗透家国情怀素养考查、促进学生素养发展,从而体现开放性。

此外,还有适应性原则等,在后文案例分析中均有涉及。

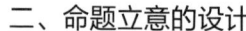的教学设计与学业评价

二、命题立意的设计

家国情怀素养命题立意的设计一般有两个层面。一是从命题内容着手，如生命意识、家国情怀及人类命运共同体，以考查学生在新情境下解决问题所反映的素养内容；二是从素养水平着力，如是非判断、知道是非理由、实践运用，以考查学生家国情怀素养"具备程度"。

（一）命题立意的形成

家国情怀素养纸笔命题要有明确的素养考查目标，即命题立意。学生学习任务驱动有多种形式，无论形式如何，都要有明确的素养考查目标。纸笔命题立意，主要通过问题设计呈现，建构学生发现问题、提出问题与解决问题的思维，以及期望学生能够达到的素养水平。

教师命题立意的形成，有被动和主动两种形式。主动形成主要依据需要考查的素养目标，寻找适合的材料，建构新情境，设计相应的问题。被动的形式主要是基于发现的具有素养考查要素的合适材料，进行考证、整合，并设计相应的题目。无论被动还是主动，教师命题立意的形成，都需要教师具有强烈的问题意识，即发现问题、提出问题与解决问题的意识。教师问题意识培养一般有以下四个途径。

第一，根据本章第一节家国情怀素养命题的内容分类形成命题立意。第一节已做详细的案例解读，不再赘述。

第二，依据课程标准内容要求，发现、提出并解决问题。课程标准内容要求遵循案例教学范式，本身就是一种学习任务设计。如《课程标准》选择性模块一"国家制度与社会治理"[①]：

> 1.1 政治体制
> 了解中国古代政治体制在秦朝建立前后的巨大变化；通过宰相制度和地方行政层级管理的变化，认识自秦起君主专制中央集权政治体制的演变线索；了解古代至近代西方政治体制各主要类型的产生和演变过程，以及共和制在中国建立的曲折过程。

由此可以看出，《课程标准》内容设计要求很高。"1.1 政治体制"的《课程标准》内容要求几乎涵盖了 2003 年版《课程标准》政治模块整本书的一半内容。按照 1 个模块 36 课时的常规设计，国家制度与社会治理模

---

① 中华人民共和国教育部. 普通高中历史课程标准（2017 年版）[S]. 北京：人民教育出版社，2018：23.

块6个学习主题，每个主题4~5节课，完成历史知识的教学时间不够。因此，高中历史知识学习不是主要目标，而是历史学科核心素养达成的载体。在初中系统学习的基础上，高中阶段应从国家制度及变迁发展过程，及其引发的社会治理情况，理解建构正确的国家观。从这个逻辑而言，课程标准任务要求可以完成。因此，我们要聚焦素养教育目标，即如何通过具体的制度、社会治理效益，建构正确的国家观。这就构成基本的问题意识。命题考查就要以正确的国家观为目标，结合《课程标准》内容建构问题情境。这就是命题立意的转变，也意味着命题评价理念的重大转变。

第三，修改已有题目，修改问题设计与选项或答案，建构题目新立意。教师手上的题目众多，问题更多。历史命题的主观性、思辨性及命题者的基本素养等因素，决定诸多题目本身就存在问题。教师要认真研读自己给学生的题目，发现并修改其中的错误，以提升题目再学习的价值。此外，教师命题的主要困难，在于新材料的发现、收集。许多已有题目的题干材料没有问题，也能够考查学生家国情怀素养水平，教师修改题目设问及对应的选项或答案，不失为便捷的途径。

第四，以素养目标为立意，寻找新材料建构新题目。教师发现建构命题材料情境，存在有意、无意两种情况。有意是基于明确的素养考查目标，查找论文、书籍，寻找相关的材料。无意则是在阅读论文、学术书籍的过程中，偶然发现可命题且有价值的历史材料。无论哪种，都需要教师具有历史学科素养，具备素养的眼光，能够发现各种历史材料中具备的素养命题价值，发现问题。此外，还需要教师养成阅读学科专业书籍、论文的习惯，以发现更多的可用历史材料。

（二）命题的水平立意

命题的水平，通俗理解就是命题的难度、难度系数。难度具有相对性，面对不同地区、不同师生群体、不同的学业需求而呈现不同的难度结果与要求。《课程标准》是国家对高中生的学业质量基本要求与规定，分为合格考和等级考两类。

家国情怀素养关键能力分层，主要从家国情怀素养发展的过程出发。《课程标准》在教学设计建议部分指出："学生历史学科核心素养的发展，绝不是取决于对现成的历史结论的记忆，而是要在解决学习问题的过程中理解历史，在说明自己对学习问题的看法中解释历史。"[①] 这里呈现两个层次：

[①] 中华人民共和国教育部. 普通高中历史课程标准（2017年版）[S]. 北京：人民教育出版社，2018：51.

要在解决学习问题的过程中理解历史,在说明自己对学习问题的看法中解释历史。理解历史又包含三个层次:一是能够基于人文价值做出是非判断;二是能够解释做出是非判断的人文价值理由;三是能够做出合理的价值关怀。我们结合家国情怀素养发展过程呈现的层次性,追求知行合一,考查学生在解决具体问题中的素养表现,形成以下水平分层建构逻辑,即评价量规:

水平 1　知道家国情怀素养的基本观念与价值取向,对历史做出是非判断。

水平 2　理解家国情怀素养的基本观念与价值取向,解析是非判断的理由。

水平 3　运用家国情怀素养的基本观念与价值取向,解决各种实践问题。

人类历史现象极其复杂,家国情怀素养内涵丰富、表现众多,很难予以具体规定。素养贵在知行合一。水平 1、2 是对家国情怀素养的基本观念与价值取向的理解掌握程度。水平 1 是知道层次,学生具有一定的家国情怀素养知识,表现在能够运用人文追求理解历史,做出判断。水平 2 则是对所知能够有深入的理解,并通过运用人文追求、价值关怀理解历史,在论证的过程中表现出来。水平 3 的运用,则具有特殊的含义:针对水平 1、2 所述家国情怀素养的基本观念与价值取向,一是有透彻的理解、融会贯通;二是已经认同,并融入学生思想;三是成为学生的信念。只有这样,学生面对各种各样的问题,才能够做到发于心、践于行,即知行合一。

例 5-50　(2019 年全国文综 I 卷第 42 题)

阅读材料,完成下列要求。

凡读本书请先具下列诸信念:

一、当信任何一国之国民,尤其是自称知识在水平线以上之国民,对其本国已往历史,应该略有所知。

二、所谓对其本国已往历史略有所知者,尤必附随一种对其本国已往历史之温情与敬意。

三、所谓对其本国已往历史有一种温情与敬意者,至少不会对其本国已往历史抱一种偏激的虚无主义,亦至少不会感到现在我们是站在已往历史最高之顶点,而将我们当身种种罪恶与弱点,一切诿卸于古人。

四、当信每一国家必待其国民备具上列诸条件者比数渐多,其国家乃再有向前发展之希望。

——钱穆《国史大纲》(1940)

评析材料中的观点(任意一点或整体),得出结论。(要求:结论不能重复材料中观点,持论有据,论证充分,表述清晰。)

试题问题体现了家国情怀素养主题论证设计的特征,能够运用家国情怀素养三个水平层次进行评价。题目呈现"评析"观点、"得出结论"两项要求。评析材料中观点的过程有三个步骤:选出观点;对观点进行判断;论证。得出结论则要求学生在评析过程认知的基础上,运用家国情怀人文追求与价值关怀展开思考,结合时代解释钱穆观点,得出结论。完成这两个问题,需要整体理解钱穆的观点逻辑。钱穆的论证具有演绎推理逻辑形式的特点。

  大前提:国民要了解本国历史。
  小前提:了解本国历史的态度(温情与敬意)前提;方法(不要虚无主义、诿卸于古人)。
  结论:对历史"温情与敬意"的国民渐多,国家才有希望。

如果能够理解钱穆的论证逻辑,就能够准确把握钱穆的整体观点,针对性结合史实论证,再结合时代进行评析。但是,学生一般难以达到,需要分解题目"评析"要求。

选出观点:任意一点或整体。这是材料论证,具体的大致有:国民要了解本国历史,有文化的国民更要了解本国历史,对历史有温情与敬意,反对虚无主义,反对诿卸于古人,国家发展希望在于对历史"温情与敬意"的国民渐多等。对应水平1知道家国情怀素养的基本观念与价值取向,对历史做出是非判断。是非判断体现在学生对虚无主义、诿卸于古人等方面的态度。如认为钱穆主张虚无主义,认同诿卸于古人,就属于判断错误。而能够从家国情怀人文追求、价值关怀出发,选出正确的钱穆观点,就属于判断正确,给3分。

论证观点:对选出的钱穆观点进行论证,即指定论证。首先要对钱穆观点做出判断,同意、认同是一种判断;不全面,或需要具体问题具体分析等也是一种判断。否定判断不符合材料内容,如上文所述,不给分。这部分答案可以和材料论证结合呈现,如认同钱穆了解本国历史需要"温情与敬意"等。严格意义上,具有判断的观点才能够给3分,直接概述钱穆观点,不做判断则不给分。其次，就做出的钱穆观点进行论证，即解释认同的理由等。对应水平 2 理解家国情怀素养的基本观念与价值取向，解析是非判断的理由。论证一是要与观点判断逻辑一致；二是要呈现两个以上的论据（孤证无据）。逻辑一致的论据 1 个可以得 3 分，两个 6 分，不超过 6 分。

开放论证：得出结论。《课程标准》关于教学设计"以问题为引领"的描述："在说明自己对学习问题的看法中解释历史。"题目得出结论的要求与教学要求一致，体现了高考素养考查与教学的一致性。关键是如何得出结论，得出怎样的结论。樊百玉认为"历史知识的生成性"① 表现有三个方面：以问题为核心的学生认识水平的提高、以方法为核心的学生历史思维能力的提高、由历史感悟升华出的家国情怀。其中，"由历史感悟升华出的家国情怀"与《课程标准》课程目标、学业质量要求一致。所以，要从家国情怀（人文追求、价值关怀）角度解释钱穆观点，得出结论。对应水平 3 运用家国情怀素养的基本观念与价值取向，解决各种实践问题。给 3 分。

综合上述，我们建构了一种参考答案及评分规则样例（见表 5-1）。

表 5-1　例 5-50 的参考答案及评分规则样例表

水平	特征描述	逻辑评价	赋分
水平 1	知道家国情怀素养的基本观念与价值取向，对历史做出是非判断	能够准确提炼钱穆 1 个以上（含 1 个）观点，且有判断	3 分
水平 2	理解家国情怀素养的基本观念与价值取向，解析是非判断的理由	评析的史实论据呈现，1 个论据 2 分，2 个 4 分。逻辑一致 2 分	6 分
水平 3	运用家国情怀素养的基本观念与价值取向，解决各种实践问题	新结论 3 分。不得重复钱穆观点，观点要政治正确、积极正面	3 分

参考答案示例：
水平 1　知道家国情怀素养的基本观念与价值取向，对历史做出是非判断。

　　认同钱穆关于"了解本国历史需要温情与敬意的态度"观点。3 分。

---

① 樊百玉. 本科历史教学中的"知识生成性"探析［J］. 历史教学问题，2018（3）：130.

水平2　理解家国情怀素养的基本观念与价值取向,解析是非判断的理由。

　　历史承载了中华民族的形成与发展过程。通过了解历史,能够知道秦朝统一对多民族国家形成的意义;能够知道古今中国人,如戚继光等民族英雄为维护多民族国家所做出的努力,理解他们的价值追求。3分。

　　历史虚无主义否定历史,如对民族英雄的歪曲等;诿卸于古人常常表现为将现实问题理解为传统造成予以指责,如新文化运动对中国传统文化的全面否定。这两种错误观点都需要批判并引起高度重视。3分。

水平3　运用家国情怀素养的基本观念与价值取向,解决各种实践问题。

　　钱穆在1940年通过《国史大纲》表述这种历史观,具有重要的现实意义。时值抗日战争时期,钱穆的历史观有利于人们正确对待本国历史,凝聚中华民族精神。钱穆的历史观在今天同样具有价值,可以帮助我们形成正确的历史观,养成家国情怀。3分。

　　上述家国情怀素养的三个水平划分,不应该是"马后炮",即命题完成后才做的学生答题评价量规,而要在命题时就应该有清晰的素养水平分层立意。即在命题时,就应该重视这三个水平层次,对所命题目做出基本的素养目标设计。现有的常态命题,对于命题难度的把控一般凭借经验,或做出具体的样题学生测量,准确性值得怀疑。《课程标准》提出学科素养学业质量的理念,希望能够明确素养目标。然而,针对学生所学知识与能力容易建构比较准确的质量标准,而素养的独特性,尤其是家国情怀素养的独特性,决定了相关学业质量还需要更加深入的研究与实践探索。

三、问题情境的建构

　　课程标准纸笔命题原则要求"以新情境下的问题解决为重心",情境为问题服务,不能脱离问题孤立地谈情境,而要将两者结合起来,即问题情境。"新情境"有利于为问题提供服务,但也不排除师生熟悉的情境,通过改变问题设计而呈现新意。

　　命题立意确定以后,就需要寻找相关的历史材料,建构对应的新情境,即通常所说的"题干"。《课程标准》明确指出:"学生能否应对和解决陌生的、复杂的、开放性的真实问题情境,是检验其核心素养水平的重要方面。"家国情怀的评价，需要研究在一个具体的情境下，如何引导学生思考家国情怀问题。无论是选择题还是非选择题，情境的创设都非常重要，这也是新的高考命题与过去不同的地方。我们不是空谈家国情怀，要让学生明白情怀是在什么样的情境下产生的，这样才能让学生真正接受情怀的教育。情境设计也是题干材料的解释过程，兼顾历史学科核心素养各要素，能够为学生完成问题提供有效的帮助。

（一）问题情境命题的要素

创设问题情境要研究什么是情境。《辞海》解释情境为"一个人在行动时所处的情境环境"。情境源于情境理论，也有翻译为情境论或情境认知理论，大约与建构主义同时出现。21世纪以来，国内对情境的研究与实践日渐增多。从《课程标准》相关描述来看，也是情境理论不同程度的运用。学者各种研究文章呈现多种解读认知，在此呈现贾义敏、詹春青两人的观点[1]：情境理论的哲学思想更多的是多元论或转换论，其认识论基础是建构主义认识论和"情境理性"知识观。建构主义认识论强调知识是个体与环境在相互作用的过程中建构起来的；强调知识与经验是双向建构的，知识有主观性也有客观性。"情境理性"知识观最核心的思想就是人类的理性总是嵌入在具体情境里的，并随着情境的变化而变化；先验的、抽象的、普适的理性是不存在的。所以，它认为学习与知识都是具有情境性的，其中，情境性是指思维过程依赖于具体的、有联系的甚至活生生的上下文关系，而非形式化的、孤立的、脱离具体内容的单纯抽象过程。

综合《课程标准》规定性描述、贾义敏与詹春青的观点、纸笔命题的特点，我们梳理出家国情怀素养纸笔命题考查问题情境所包含的三个基本要素：真实的历史情境描述、学生能够与情境互动、有利于学生建构具有个性的认知（反思创造，或独立提出观点）。

由于选择题、非选择题不同题型的特点，问题情境三个要素的运用有所不同。选择题由于题干材料字数限制、题型限制，一般包含真实的历史情境描述、学生能够与情境互动两个要素。学生建构具有个性的认知，往往通过对选项的辨析做出判断的形式出现，基本属于生成性认知判断，而不能创造性独立提出观点。选择题中学生的个性认知，主要体现在新问题情境下，深入思考，用开放态度而不是所学结论对选项新解释做出理解与判断。

非选择题题干材料字数多，学生有用笔表达自己思想的机会，可以通过

---

[1] 贾义敏，詹春青. 情境学习：一种新的学习范式[J]. 开放教育研究，2011，17（5）：31.

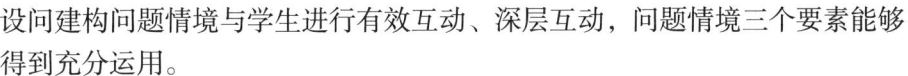

设问建构问题情境与学生进行有效互动、深层互动,问题情境三个要素能够得到充分运用。

例 5-51 (2018年全国文综Ⅰ卷第45题)

材料:汉武帝的诸多统一政策中,包含年号的制定。此前的纪年方法是,将新君即位后的第二年作为元年,以在位年序纪年。皇帝在位时没有特定的名号,如汉景帝在位的第三年即称为"二年",与其他皇帝的"二年"难以区分。此外,诸王国各以诸侯王之年纪事,更易产生混乱。汉武帝首次"封禅"泰山时,创制了"元封"年号,将当年称为"元封元年",朝廷所定的年号通用于全国所有地方,后世根据年号也能明白是哪一年。此后,直到清朝末年,年号制都被沿用,且影响到朝鲜、日本、越南等国。

——据(日)宫崎市定《中国史》等

……

(2)根据材料并结合所学知识,简析汉武帝年号制改革的历史意义。(9分)

【参考答案】方便纪年(2分);有利于君主集权和维护国家统一(3分);长期使用,影响深远(2分);传播到其他国家,为世界文明做出贡献(2分)。

本题的情境设计就是依据论从史出的思路,对宫崎市定《中国史》相关部分的内容整合而成。通过第二问"简析汉武帝年号制改革的历史意义"实现对家国情怀素养目标的考查。情境设计基于对真实历史材料的描述,符合真实情境的要求。通过"简析汉武帝年号制改革的历史意义"的问题,引导学生与材料情境互动,并生成新的认知。"有利于纪年"结论得自材料。"有利于君主集权和维护国家统一""为世界文明做出贡献"两个答案,在材料中并没有呈现,学生需要从家国情怀素养观念出发,对材料信息进行升华得出,这就是一般意义上的互动与生成。

(二)问题情境命题材料的选择

《课程标准》明确要求学生能够"应对和解决陌生的、复杂的、开放性的真实问题情境"。这是对情境的总体要求,主要包含两个方面:一是"陌生的、复杂的、开放性的"情境,这应该是高层次要求。选择题可以采用陌生与复杂的情境,但开放性情境就不适合;非选择题情境设计复杂,一般可以综合运用。根据考查水平等级需要，陌生、复杂与开放同样有程度划分。此外，家国情怀素养主要聚焦价值追求，意味着可以对师生熟知材料重新解读，面对家国情怀素养新问题，师生熟知的材料同样可以构建新情境。这里所说的命题材料的选择，主要指师生一般比较陌生的历史材料选择。二是"真实问题情境"。纸笔命题情境设计需要的历史材料，无论"新""旧"，必须要真实。不能虚构情境，所用材料更需要考证。

家国情怀素养问题情境选材范围很广，大致有两类。一类是价值观念主题鲜明的历史材料，如爱国主义题材等；另一类是蕴含家国情怀素养因素，通过问题设计，推动学生相关发现与价值认知。这一类材料非常普遍，关键在于设计问题，推动学生运用家国情怀素养，重新认识与解决情境问题。无论怎样选材，要立足真实、严谨、合理的情境为问题服务。

家国情怀素养问题情境命题材料的选择，还要注意以下几个问题。

首先，坚持思想性原则。家国情怀素养命题以人文性价值观念为主，所选的材料有些会涉及价值观念冲突问题，命题者及学生容易陷入错误认知。因此，命题选材坚持政治正确是首要原则。坚持思想性选材，一般需要注意几个方面：一是以社会主义核心价值观为主要判断依据；二是从生命意识、家国情怀、人类命运共同体方面，选择正面价值导向、具有积极意义的历史题材；三是拒绝历史虚无主义的历史观点及材料；四是拒绝封建迷信、反动宗教的题材等。

其次，尽量不要制造阅读障碍。阅读障碍有两层意思：一是晦涩难懂的古文表述；二是陌生的概念与观点。在近些年的全国卷各卷命题中，古文很少，即使有也是通俗易懂。命题者对所用古文予以现代语言呈现，对陌生的概念与观点，需要做出解释，否则，就是"偏、繁、怪、难"。

例5-52 （2014年全国新课标Ⅰ卷第24题）中国古代，"天"被尊为最高神。秦汉以后，以"天子"自居的皇帝举行祭天大典，表明自己"承天"而"子民"，官员、百姓则祭拜自己的祖先。这反映了秦汉以后（　　）

  A．君主专制缘于宗教权威 B．政治统治借助于人伦秩序
  C．皇权至上促成祖先崇拜 D．祭天活动强化了宗法制度

【参考答案】B

本题基本遵循演绎逻辑推理结构，"中国古代，'天'被尊为最高神"

构成大前提；秦汉以后出现了变化，天子祭天为子民，官员、百姓祭祖为后人，正确选项 B 进一步迁移升华为"政治统治借助于人伦秩序"构成小前提；正确选项构成结论。演绎推理，大前提一定要合理、正确，后续情境内容、设问及正确选项的设计，要遵循演绎推理逻辑。本题属于家国情怀素养考查范畴，但带有旧观念的痕迹。如果用今天的观念，正确选项的设计是"社会治理借助于人伦秩序"。

最后，尽量避免选择"碎片化"材料现象。真实的历史情境描述，要求选择命题材料需要考证。这主要有两层含义：一是真实性考证；二是内容的考证。尤其是内容的考证，一定要搞清楚材料所述历史发生的历史情境，所表达的真实含义。

例 5-53 朱熹主张"革尽人欲，复尽天理"，李贽提出"穿衣吃饭，即是人伦物理"。二者的主张（　　）

A．完全一致　　B．大同小异　　C．针锋相对　　D．互为补充

这道题目常见于学生习题练习及测试卷。题目材料没头没尾。如"革尽人欲，复尽天理"只是一个孤立的材料，断章取义，缺乏逻辑。这就是典型的材料"碎片化"现象。因此，命题应该给出一组完整的史料，形成逻辑结构。如朱熹"饮食者，天理也；要求美味，人欲也""欲富贵而恶贫，人之常情，君子小人未尝不同""如夏葛冬裘，汤饮饥食，此理所当然。葛必欲精细，食必求饱美，这便是欲"，很明显，朱子提出正常的吃饭穿衣、人间富贵是天理，反之才是人欲。在这方面，朱子完全不同于"食不厌精，脍不厌细"的孔子。这样呈现出一个逻辑结构，形成一个逻辑情境，在此情境前提下，对"灭人欲"才可能形成比较客观的解读。对于朱熹主张"革尽人欲，复尽天理"的观点，比较完整的情境如下：

例 5-54（原创）朱熹主张"革尽人欲，复尽天理"。他说："饮食者，天理也；要求美味，人欲也。""如夏葛冬裘，汤饮饥食，此理所当然。葛必欲精细，食必求饱美，这便是欲。"由此看来，朱熹（　　）

A．主张存天理、灭人欲　　　　B．认为天理与人欲并行不悖
C．反对人的贪婪欲望　　　　　D．天理、人欲需要辩证看待

【参考答案】D

通过对朱熹论断的比较完整的情境再现，得出对天理、人欲需要辩证看

待的思考，从而避免误读。

（三）问题情境命题材料的整合

纸笔命题主要涉及学习情境、学术情境，倡导多维度地创设试题情境，多角度、多层次地考查学生在新情境下如何解决问题。《课程标准》指出，学习情境，指在历史学习中遇到的问题，如史料、图表、历史叙述、史论等问题；学术情境，指历史学术研究中的问题，如历史学家对某一历史问题有多种看法等。就命题而言，很难找到合适的原始历史材料直接作为题干情境设计，这就需要命题教师对各种可信的历史材料进行组合加工，建构历史情境解释。

首先，教师对历史材料的整合要合理，表述要准确。这大致有三层意思。一是古文翻译要准确。正如上文所说不以古文制造学生阅读障碍，命题者需要对古文进行现代语言翻译，要尽可能追求准确。二是整合要有逻辑，如例5-52，运用演绎推理结构。此外，还有归纳逻辑等。三是定论引用要恰当。引用定论不恰当是教师命题常见问题。

例 5-55　（原创）林则徐在虎门海滩将收缴的鸦片当众销毁，极大地鼓舞了中国人民的斗志。此事发生的时间是（　　）

A. 1839 年 6 月　　　　　　　　　　B. 1840 年 6 月
C. 1841 年 6 月　　　　　　　　　　D. 1842 年 6 月

【参考答案】A

林则徐虎门销烟是初中历史教材（八年级）的开篇内容，属于学科重要内容。但是，在能力立意命题思维影响下，历史最基础的要素——时间，却往往被忽略。历史时序是历史学习的前提，忽略历史时间，必然导致时空错乱，影响到诸多的历史理解与判断；历史时间具有特殊的历史含义，对于家国情怀素养尤为凸显。

历史事物要赋予意义才有生命，家国情怀是历史意义赋予的角度之一，情境设计要严谨。学生做历史习题的过程，本身也是一个学习的过程。在虎门销烟题中，最初题干赋予"极大地鼓舞了中国人民的斗志"的意义，这是中国史学定论。但是，这一意义的形成是一个长期的过程，题目描述没有体现这一过程。为此，做出以下调整。

例 5-56　（原创）林则徐在虎门海滩将收缴的鸦片当众销毁，史称虎门

销烟。这是中国人民禁烟斗争的伟大胜利，显示了中华民族反对外来侵略的坚强意志。此事发生的时间是（　　　）

A. 1839年6月　　　　　　　　　　B. 1840年6月
C. 1841年6月　　　　　　　　　　D. 1842年6月

【参考答案】A

题目这一观点来自于初中历史教材原文，意义赋予符合历史时空环境，更加合理。换言之，情境设计所用材料，需要命题者严谨的史料考证、准确的解释，避免历史材料"碎片化""片面化"现象。

本题是宝安区高一年级历史期末调研考试卷的原创命题（2019年1月），全体学生参加考试。命题预估难度0.75，实测0.72。深圳市宝安区的学生历史学习整体水平属于广东省中等层次，测试数据具有一定的代表性。本题命题与实践反思之一，就是重大典型的历史事件，时间记忆仍需要加强。

此外，教师通过对历史材料的加工整合建构题干情境，一般有两个基本思路：论从史出或以论带史整合；依据历史解释基本要素（时间、地点、主人、经过、内容、结果）整合。无论哪种思路，都强调有利于学生从情境中发现问题、提出问题，进而解决问题。也就是说，情境要为问题服务，问题要有明确的素养考查目标。

例5-57 （2018年全国文综Ⅱ卷第41题）

阅读材料，完成下列要求。

材料：1889年，两广总督张之洞从英国预购炼铁机炉，有人提醒先要确定煤、铁质地才能配置合适的机炉，张之洞认为不必"先觅煤、铁而后购机炉"，张之洞调任湖广总督，购得大冶铁矿，开始筹建汉阳铁厂，由于找不到合适的煤，耗费六年时间和巨资，仍未能炼出合格的钢铁。盛宣怀接手后，招商股银200万两，并开办萍乡煤矿，但由于原来定购的机炉不适用，依然未能炼出好钢，只得贷款改装设备，才获得成功。通过克服种种困难，汉阳铁厂成为中国第一家大型的近代化钢铁企业，1949年后收归国有。

——摘自陈真等编《中国近代工业史资料》等

材料提供了一个中国近代企业发展的案例，蕴含了现代化的诸多启示。从材料中提炼一个启示，并结合所学的中国近现代史知识予以说明（要求：观点明确，史论结合，言之成理）。

这是比较理想的问题情境设计。题干运用历史解释（时间、地点、主人、经过、内容、结果），用寥寥230字左右简述了汉阳铁厂近60年的历史，实现了对汉阳铁厂建厂历史资料的整合。题干信息丰富，比较充分地呈现了真实的学生可以参与互动的情境。关键在于问题设计"从材料中提炼一个启示"，论从史出，"启示"设问进一步强化了学生与情境的互动及反思性创造性认知。学生获得的启示认知，深度层次多样，呈现出开放性与创造性，比较充分地反映出学生家国情怀素养水平的程度。

四、命题的技术路径

历史纸笔命题要以问题立意与要求为中心，问题情境、问题与正确选项或答案要前后逻辑一致。问题情境设计需要逻辑，问题与情境需要逻辑一致，这些在上文已经做了介绍。本文主要从试题整体结构逻辑、难度逻辑、答案设计逻辑三方面进一步展开思考。

（一）建构题目的思路

历史纸笔命题选择题整体结构由题干情境设计、问题设计、选项设计三部分组成，三位一体，逻辑一致。历史纸笔命题非选择题整体结构一般由题干情境设计、问题设计、答案设计三部分组成，三位一体，逻辑一致。

一般而言，建构题目比较清晰的思路主要是从材料出发，具体问题具体分析，追求题干情境、问题与正选项的一致性思路。这是最常见的使用最多的命题形式，也呈现出一些基本的特征。材料呈现比较完整的因果叙述，对情境整体形成判断是一种特征，如例5-5、例5-14。材料呈现比较单一的信息，针对性做出判断是一种思路特征，如例5-34，通过梭伦诗句设问"据此可知，梭伦……"做出评价性判断"具有人文精神"，建构命题思路，对事实做出判断。此外"言下之意""意在……"等设问，图片、表格等素材题，例5-2呈现三则史料证据，这些都属于同一类。情境材料呈现变化比较也是一种思路特征。如例5-1、例5-20，呈现前后不同变化；例5-44则呈现对同一事物的不同认知比较。

非选择题材料丰富，思路建构有多种方法。一种是按照现行高考历史文综命题的形式，可以分为一般意义上的第41题和第42题题型。第41题针对材料情境逐步设问，选择题一般也是这种思路，只是相对简单易做。第42题则是对材料综合设问，要求主题论证。另一种是从学生认知的形态出发，可以分为材料论证、指定观点论证与开放论证三种思路（参见本节后文"建构答案的逻辑"部分）。

在此，我们解释运用逻辑建构题目的思路，即归纳与演绎推理思路。

运用归纳逻辑建构题目整体结构的思路常见于非选择题，通常的呈现方式有概括题干材料中的特点；运用材料中的史料证据证明观点、意义等；或升华为启示、精神等。选择题亦可运用归纳逻辑,如前述例 5-16 远古神话题,就是运用归纳逻辑命题。我们再做案例解读。

例 5-58 (原创)夸父逐日、女娲补天、精卫填海、大禹治水、共工撞天柱、后羿射九日等中国远古神话故事反映了中华先民( )
A．先民与天抗争的不屈精神　　B．远古时期自然环境恶劣
C．古人丰富的思维想象能力　　D．以农耕为主的生产状况
【参考答案】A

本题题干情境设计采用 6 个具有共性的中国远古神话,不要求学生全部了解,熟悉其中 2 个就基本能够进行归纳概括。题干包含时间(中国远古)、地点(中国)、人物(夸父、女娲等)、内容(6 个神话故事)、结果(定性评价:神话故事)5 个要素,解释比较完整。学生自题干材料神话故事描述的情境现象中归纳抽离出本质:与天抗争。这就是概念思维的方式,为降低难度,B、D 选项分别使用时空观念、历史唯物史观相关解读设计,正确选项则呈现陌生的先民与天抗争的不屈精神话语。

本题为 2019 年 1 月宝安区高二年级文科历史期末调研考试卷的原创命题,命题预估难度 0.6,实测 0.59。本题命题与实践反思之一,就是师生在历史教与学过程中,理性认知思维为主,缺乏家国情怀素养人文性思考。这意味着家国情怀素养命题,对于师生均面临观念、话语、思维的转变。尤其是教师要具有历史核心素养基本理念,并用历史学科核心素养理念统领教学,有效推进学生素养的养成与发展。

新材料建构问题情境,容易出现学生陌生的概念、知识,这就需要解释。近些年高考命题对于古文材料采用通俗化解释,不以阅读难度制造学生解题障碍。然而,还有一些历史知识需要前提性解释,这就需要注意客观合理解释,遵循演绎推理逻辑。所谓演绎推理,就是从一般性的前提出发,通过推导即"演绎",得出具体陈述或个别结论的过程。演绎推理有三段论、选言推理、假言推理、关系推理等形式,选择题命题运用普遍的是三段论。三段论是由两个含有一个共同项的性质判断做前提,得出一个新的性质判断为结论的演绎推理。三段论是演绎推理的一般模式,包含三个部分:大前提——已知的一般原理,小前提——所研究的特殊情况,结论——根据一般原理,对特殊情况做出判断。演绎推理逻辑是纸笔命题常用方式,前述例 5-12、例 5-52、例 5-54 均属于这种命题方式。

例 5-59 （原创）所谓"比德"，一般是指以具体形象的某些特征比附抽象的道德品质。盛唐时书法艺术及理论发生了变化，人们为书法艺术注入了如"中庸""含蓄""守礼""忠义"等道德因素，表现出极强的系统性。这反映了当时（　　）

　　A．魏晋士人浮夸之风得到遏制　　B．书法艺术进入辉煌阶段
　　C．科举制度扩大儒家影响范围　　D．儒道佛三家融合的趋势

【参考答案】C

本题采用演绎推理模式建构。大前提解释学生陌生的概念：所谓"比德"，一般是指以具体形象的某些特征比附抽象的道德品质。小前提介绍学生需研究的问题：盛唐时期书法艺术及理论发生了变化，人们为书法艺术注入了如"中庸""含蓄""守礼""忠义"等道德因素，表现出极强的系统性。结论从"比德"、小前提演绎推理出 C 项"科举制度扩大儒家影响范围"。这样构成道德品质—书法中儒家道德—书法艺术受儒家影响的逻辑链条。该变化在书法艺术的主体是儒家知识分子，影响因素是以儒家思想为中心的科举制度。

演绎三段论推理要求大前提正确合理，还要求小前提合理，结论解释跳跃度不宜太大，呈现逻辑思维的一致性。否则，就容易出现逻辑错乱。

例 5-60 （2014 年全国新课标Ⅰ卷第 26 题）人性是先秦以来一直讨论的问题。基于对人性的新认识，宋明理学家主张"存天理，灭人欲"，他们认为人性（　　）

　　A．本质是善　　　　　　　　　　B．本质为恶
　　C．非善非恶　　　　　　　　　　D．本善习远

【参考答案】D

本题大前提没有争议，人性是先秦以来一直讨论的问题，也是生命教育的核心问题。人性善恶是哲学、伦理学等学科讨论的主题之一，人性为恶，治理靠法律，是法家学派的理论基础；人性为善，治理靠德，是儒家学派的理论基础。马克思主义哲学更强调人所处生长、发展环境的影响，更为客观。本题问题出在小前提：基于对人性的新认识，宋明理学家主张"存天理，灭人欲"，这种解释过于标语化，各种研究文章非常多，争议很大。《朱子语类》卷十三第二十二条载："饮食者，天理也；要求美味，人欲

也。"也就是说,自然需求是"天理",欲壑难填则是"人欲"。而单纯地呈现"存天理,灭人欲",容易出现绝对化的认知,出现曲解。在高考题中如此呈现,不严谨、不严肃。结论"本善习远"与小前提距离太远,需要更多的知识承接、过渡,而这些知识一般而言,教师、学生常态课堂没有触及。命题者心中明白,但命题情境、问题、正选项结论三位一体逻辑的断裂、缺失,或许就是此时期高考历史部分命题晦涩难懂、屡遭诟病的原因。

(二)控制难度的方法

在前文,我们介绍了家国情怀素养三个水平层次的水平立意内涵及基本实践思路。然而,影响一道题目难度的因素是多样的,需要问题情境、问题与选项等因素的综合思考。在此,主要研究选择题的难度设计因素。非选择题难度设计的逻辑,在下文"建构答案的逻辑"中综合分析与呈现。

首先,问题情境陌生、复杂及开放程度影响命题难度。问题情境的陌生程度,主要指与学生所学的距离。这种"距离"的形成,有知识层面、态度情感层面、价值观念层面、思维方式等,是一种综合素养的体现。选择题问题情境的复杂程度一般表现为三层结构。题干呈现一层含义,如上述例5-16、例5-32、例5-56、情境材料表述一层含义,但就问题情境而言,思维水平低,难度低。在学业等级考中,二层结构设计较多。前述演绎推理结构,呈现大前提、小前提,构成两层结构。呈现历史事物前后变化,也是两层结构。复杂程度高、难度最大的是三层结构,如上述例5-52,"天是最高神"构成大前提;小前提呈现两层结构:天子祭天,官员、百姓祭祖。此外,认真比较近年全国文综Ⅰ、Ⅱ、Ⅲ卷历史题,能够对上述结构有更清晰的认知。

例5-61 (原创)20世纪80年代初,团中央首次号召全国大学生在暑期开展"三下乡"社会实践活动。1996年,中央宣传部等十部委联合下发《关于开展文化科技卫生"三下乡"活动的通知》。1997年,"三下乡"活动在全国正式开展。文中"三"指的是(　　)

A. 文化、科技、卫生　　　　B. 官员、专家、大学生
C. 法治、选举、扶贫　　　　D. 资金、绿色、技术

【参考答案】A

本题情境由学生完全陌生的材料呈现,虽然呈现三段材料,含义一致,实际属于一层结构,比较简单,也不具有开放性。本意是引导学生思考改革开放以来,国家推动城乡一体化发展,追求"共同富裕"的实践探索。由于材料陌生,难度很大,因此就材料信息进行设计问题。李瑞锋老师在审题过程中,提出材料信息过于明显,没有难度。由于时间仓促,来不及重新命

题，依旧在 2019 年 1 月高二期末考试（文科高考方向）调研卷中使用。预估难度 0.9，实测难度 0.79。预估与实测出现 0.11 的差距，出乎意料。这种现象值得反思，不少学生习惯了运用所学理解材料，而不能认真研读材料，从中获得解题信息，这主要是部分教师长期讲授教学导致的结果。

例 5-62（原创）古希腊哲学家毕达哥拉斯说："首先，灵魂是个不朽的东西，它可以转变成别种生物；其次，凡是存在的事物，都要在某种循环里再生，没有什么东西是绝对新的；一切生来具有生命的东西都应该认为是亲属。"因此，他所创立的团队（　　）

　　A. 相信天堂地狱　　　　　　B. 信奉水是世界的本源
　　C. 男女都可参加　　　　　　D. 主要由职业教师组成
【参考答案】C

本题考查水平 3 "家国情怀素养运用实践"。立意是对人文精神内涵外延的深入理解与拓展，是"发于心""践于行"的基础。本题与上题同卷，命题预估难度 0.45，实测难度 0.36。预估难度基于材料题干信息复杂，需要一层层推理，得出男女平等的结论。学生习惯了古希腊选择题命题一般考人文精神的思维，即正选项中一般有"人文精神"这个显性词汇，而本题没有。同时，学生又受所学古希腊妇女地位低下的认知影响，想当然地认为女性不能参与社会活动。本题同样是对开放性原则在选择题命题中的一种理解与运用。

其次，设问立意影响命题难度。设问所问一般包括问所学（例 5-32 等）、问材料信息（例 5-61）、问材料信息的背景原因（例 5-59 等）、问对材料信息的判断评价（例 5-52 等）、问材料信息的运用（例 5-62 等）等几个方面，从而呈现出不同的素养水平考查，并影响题目难度。

例 5-63（原创）晚清新式学堂内开设了乐歌课程。辛亥革命时期出现了《中国男儿》《何日醒》《惟我同胞》《抵制美约》《国耻》《劝用国货》《婚姻祝词》《演说》等"学堂乐歌"。这些乐歌在当时（　　）

　　A. 成为宣传革命的主要途径　　B. 起到了一定的宣传鼓动作用
　　C. 都采用西方现代音乐形式　　D. 标志着中国音乐教育的创立
【参考答案】B

本题采用归纳逻辑命题，采用了具有家国情怀素养意蕴的题干材料，设问立足于学生熟知的时代背景分析影响。通过设问（问材料信息的运用）与相应变化的选项设计，可以增加难度。这里渗透史料实证及历史解释素养判断，回到当时的历史时空环境综合分析，即"起到了一定的宣传鼓动作用"。

例 5-64 （原创）晚清新式学堂内开设了乐歌课程。辛亥革命时期出现了《中国男儿》《何日醒》《惟我同胞》《抵制美约》《国耻》《劝用国货》《婚姻祝词》《演说》等"学堂乐歌"。这些乐歌反映了（　　）
A．晚清政府比较注重乐歌教育　　B．新时代国民教育的价值追求
C．从忠君爱国到国民教育的变化　　D．对传统乐歌的继承与发展
【参考答案】B

本题是材料信息的运用，题干不变，改变设问，相应地改变选项解释。关注时代的变化，干扰项"从忠君爱国到国民教育的变化"干扰力度很强，但是材料没有呈现晚清乐歌内容，没有比较的条件。而"新时代国民教育的价值追求"符合辛亥革命的历史特征及价值追求。相对于上题，难度进一步增加。

最后，选项设计影响命题难度。选项设计的难度主要体现在两个方面：一是比较，二是距离。所谓比较，常见的就是干扰项设计。教师训练学生做选择题常用的技巧之一就是排除法，通过排错提升正选的概率。针对部分选择题有效，但属于典型的应试教育。"距离"一般指的是问题情境与选项的思维空间距离，不同距离构成不同难度。运用新观点（念）解读设计正确选项，是"距离"难度呈现的主要方式。如上述例 5-52，正确选项"政治统治借助于人伦秩序"，新的观点及话语表现与学生认知形成较大"距离"，从而导致题目难度大幅度提升。学生难以理解，教师同样理解困难，这或许就是排除法盛行的原因。极端的做法，就是教师指导学生，看上去陌生难解，似乎与材料情境无关的选项，就是正确选项。这或许就是不少人责难部分高考命题是"推测"而不是"推理"的原因。

例 5-65 （原创）夸父逐日、女娲补天、精卫填海、大禹治水、共工撞天柱、后羿射九日等中国远古神话故事。这些神话反映了中华先民（　　）
A．原始色彩的天人感应观念　　　　B．崇尚伟大英雄的风俗

C. 当时丰富的宗教思想观念　　　　D. 与天抗争的不屈精神

【参考答案】D

本题是对例5-16的修改。题干与设问不变,四个选项均从家国情怀素养立意观念出发,解释题干材料情境信息,加强干扰项干扰的力度,也就是选项比较的难度,从而提升题目难度。选项采用学生比较陌生的话语习惯解释,即上述选项"距离"难度的一种理解与呈现方式。

还有一种比较典型的选项"距离"建构形式,就是将孤立的历史事物放到所处历史时空中综合分析,同样构成难度。

例5-66　(2014年全国新课标Ⅰ卷第25题)唐高祖李渊自认为是老子后裔,规定老子地位在孔子之上,佛教位居第三;武则天时明令佛教位在道教之上;后来唐武宗又大规模地"灭佛"。这反映出唐代(　　)

A. 皇帝的好恶决定宗教兴亡　　　　B. 道教的社会影响最大
C. 儒学的政治地位最为稳固　　　　D. 佛教的社会基础薄弱

【参考答案】C

本题正确选项就是通过题干信息呈现的"变化"制造"不确定"矛盾,再通过"这反映出唐代……"的设问,引导学生回到"唐代"思考,得出"儒学的政治地位最为稳固"的结论。题目逻辑严谨,导向正确,是一道很好的例题。但是,题干材料与干扰项都有显性关联,正选项显得突然,呈现出较大的认知"距离",部分教师理解困难,于是得出"看上去陌生难解,似乎与材料情境无关的选项,就是正选项"的结论,并对学生做题做出"推测"的错误指导。这种现象需要高度重视。

(三)建构答案的逻辑

答案建构在选择题中表现为正选项设计,在非选择题中则体现为针对学生所答做出评分标准。我们主要探讨后者。一般而言,评分标准有内容标准与逻辑标准两种形式。内容标准具有指定性、比较确定性,如从材料中获取信息等;逻辑标准一般运用于开放性试题,答案一般没有确定内容,为保证公平,需要建构规制性评价。

非选择题题型多样,问题设计多样,总结其特征主要是论证。论证大致可以分为三种:材料论证、指定论证与开放论证三种形式。不同论证形式下，对答案建构及评分标准的设计要求不同。答案建构要围绕设问，依托材料或结合所学（包括家国情怀观念等）进行建构，题干、问题与答案逻辑一致。保持逻辑一致需要注意答案建构由题干、问题到答案的思维过程；还需要注意答案本身，尤其是开放性论证答案的逻辑。

首先，材料论证。即对材料信息进行获取与提炼，形成答案结论的过程。这种答案建构一般依据材料，体现现行高考考核目标"获取与提炼信息"能力考查，师生熟知且基本能够熟练运用。可以参见前述例5-15。

其次，指定论证。指定论证是指通过题干材料呈现指定的论题，学生结合材料与所学建构论证过程答案。通常有两种形式，也呈现出不同的难度。常见形式如例5-15，题目要求的"概括刘源张对中国现代化建设的贡献"隐含在材料中，提供多种选择，学生据此做出的回答均为常态能力训练内容，答案根据设问要求一步步建构即可。少见的形式是通过材料情境建构概念性认知，学生据此展开思维，材料信息结合所学回答问题。

例5-67 （2017年全国文综Ⅰ卷第41题）

阅读材料，完成下列要求。

材料一：在专制王权下的法国，国王曾自视为民族的代表，路易十四声称"朕即国家""朕即民族"，启蒙思想家主张人民主权，抨击君主专制，阐述了与之相适应的民族思想：一个民族可以没有国王而将国家治理得井井有条，相反，一个国王若无国民则不存在，更不必说治理国家了，甚至表示"专制之下无祖国"，在法国大革命中，人们认为法兰西民族的成员不仅居住在同一地域、使用相同的语言，而且相互之间是平等的，全体法国人组成法兰西民族，一般认为，法国大革命是法兰西民族诞生和民族主义形成的标志。

——摘编自李宏图《西欧近代民族主义思潮研究》

材料二：盖民族主义，对于任何阶级，其意义皆不外免除帝国主义之侵略。其在实业界，苟无民族主义，则列强之经济的压迫，致自国生产永无发展之可能。其在劳动界，苟无民族主义，则依附帝国主义而生存之军阀及国内外之资本家，足以蚀其生命而有余。故民族解放之斗争，对于多数之民众，其目标皆不外反帝国主义而已。

——《中国国民党第一次全国代表大会宣言》（1924年）

（1）根据材料一并结合所学知识，说明法国大革命对近代民族主义形成的促进作用。

（2）根据材料一、二并结合所学知识，概括国民党"一大"《宣言》中的民族主义与近代法国民族主义内涵的相同之处，并说明不同之处及其产生的原因。

本题也是家国情怀正确的民族观目标立意考查的题目。两问的设计思路都建立在对民族主义概念建构的基础上，即材料信息—概念建构—思考回答问题。民族主义是学生比较陌生的概念，学界争议更大。材料提供了丰富的信息：启蒙思想主张人民主权，抨击君主专制；法国大革命时期有法兰西民族意识形成（共同的文化与地域、平等）；法国是全体法国人的国家；甚至直接给出法兰西民族诞生的答案。这些信息构成此时期法国人理解的民族主义，据此结合所学对题干材料所述国王的国家观进行比较，形成题目要求的"促进作用"答案。第二问也是要求学生对当时国共两党民族主义认知的概念性建构，据此与法国民族主义认知进行比较，再结合时代特征分析不同的原因。所以，洞悉题干信息——问题的关联逻辑，是答案建构的基础。

最后，开放论证。严格意义上的开放论证，指的是题目设问要求学生根据问题情境信息，生成新的观点，结合材料信息或所学进行论证以建构答案。开放性论证要求学生与问题情境的深层互动，以及发展性评价要求的新知识的生成，也是水平 3 素养目标实践运用的典型体现。这种论证要求很高，对师生都构成观念层面的挑战。如前述例 5-57，网上也有教师作答，启示答案大多聚焦官僚武断、技术、资金、民用企业优势等题干材料的显性信息，这种答案属于现象总结归纳，而缺乏家国情怀素养观念提升。正如鲁迅在《绛洞花主》小引中讲道："《红楼梦》是中国许多人所知道，至少，是知道这名目的书。谁是作者和续者姑且勿论，单是命意，就因读者的眼光而有种种：经学家看见《易》，道学家看见淫，才子看见缠绵，革命家看见排满，流言家看见宫闱秘事……"同一段材料描述，不同的观念看到及认识理解的观点不同。为此，我们从家国情怀素养立意高度，运用演绎逻辑，建构以价值判断为核心的评价答案。

大前提：启示（观点）汉阳铁厂建厂体现了中华民族的奋斗精神。

小前提：张之洞筹集资金，从英国购买炼铁机炉、购买大冶铁矿、选址兴办汉阳铁厂，没有取得成功。盛宣怀继续筹集资金，购买煤矿、改进技术，终于取得成功，最终建立起近代远东第一家大型钢铁企业。

结论：我们看待历史要有人文追求、价值关怀。张之洞、盛宣怀及汉阳铁厂员工不畏艰难、不断努力，取得办厂成功，表现出了中华民族的奋斗精神。

前文我们提到，奋斗精神是考试中心对本题的家国情怀的解读，提醒我们本题所要求"启示"的高度。由于开放性很强，学生的答案会多样，这就对阅卷教师素养提出了较高要求。为追求公平公正，还可以建构分层规则评价答案。如前述例5-57。

第一等级：6~12分。

启示评价标准：水平3 运用家国情怀素养的基本观念与价值取向，解决各种实践问题。

启示能够从家国情怀素养体现的人文追求、价值关怀出发解释汉阳铁厂建厂历史。观点明确，立意水平高。如"感悟张之洞、盛宣怀兴办近代企业的奋斗精神""先进中国人为实现富强的艰难探索"等。给3分。启示从材料中客观提炼给2分。如技术、资金、民用企业优势等。价值判断错误0分。如认为封建官僚愚昧等，不能够从人文追求、价值关怀看待历史。

论据：论据与论点一致。1个论据3分，2个6分。给6分。

结论：3分。重复启示观点，完成论证逻辑过程，如上述证据证明，汉阳铁厂办厂历史能够反映出中华民族伟大的奋斗精神，给2分。能够结合启示观点进一步深层思考，给1分。如今天，我们看待历史要有人文追求与价值关怀，感悟近代中华民族为实现民族复兴所做出的艰苦努力，树立民族自信与自尊。

后记

家国情怀素养是历史学素养的重要组成部分,是历史学五个核心素养在价值观领域的体现,它与唯物史观素养共同构成了中学生情感和价值观的基本要素。家国情怀素养是中学生学习和探究历史必备的人文素养,它以对生命的尊重为前提,以对家国的炽热情怀为价值坐标,以对人类命运共同体的追求为终极目标。家国情怀教育不仅是历史学教育的基本职责,也是哲学、文学、政治学、社会学、教育学、心理学等诸多学科共同的任务,但每个学科实现家国情怀素养教育的方式和所教育的内容是有所区别的,即每个学科所承担的功能亦是有所差异的。历史学的家国情怀素养教育是从真实的历史出发,对整个人类发展历程进行梳理,提炼出人类之所以具有文明的精神价值所在。人类的精神文明内涵丰富,家国情怀是其中的极为核心的价值所系,是人类奋斗历程的优秀品质。对家国情怀素养的培育,历史学教育具有得天独厚的优势,因为真实的人类历史所呈现的情怀是灿烂绚丽进而夺目的,更能震撼人的灵魂而具有教育的功能。

本书虽然初步建立了通过历史学进行家国情怀教育的基本框架,也设计了一些中学历史教育实现目标的案例,但这仍然只是幼稚的探索而已,因为这仅仅是我们的一家之言,而且缺乏血肉灵魂的支撑。我们期待通过本书的抛砖行动,能够吸引更多读者共同探讨这个有意义的领域,探索出适合我们进行家国情怀教育的方式方法。

本书第一章理论部分由张庆海撰写,其余各章在张庆海、黄牧航两人指导下,从第一章理论出发,研究探索家国情怀素养在中学历史教育中的实践方式。第三章和第五章由周朝阳独立完成,第二章和第四章由周朝阳带领优秀中学历史教师共同撰写。

张庆海

2019 年 12 月 23 日